1형식부터 5형식까지, 빈칸을 채우면 영작 완성!

문장의 5형식 영작문

5형식 문장
4형식 문장
3형식 문장
2형식 문장
1형식 문장
Writing

이지스에듀

지은이 | E&E 영어 연구소의 대표 저자 • **이정선**

이정선 선생님은 YBM시사, EBS, 다락원, 교학미디어, 종로 엠스쿨 등에서 출간된 100여 종이 넘는 영어 교재 개발에 참여하였고, 초등, 중등, 고등학생을 대상으로 한 영어 학습 프로그램도 개발한 영어 학습 프로그램 개발 전문가이다. EBS 고등학교 영어 교재 개발에도 참여하여, 최근의 입시 영어 경향도 잘 이해하고 있다. 집필 도서로는 비상교육의 《알찬 문제집》 중학 1, 2, 3학년용과 《바빠 초등 영문법 - 5 • 6학년용》 시리즈 등이 있다.
전국 최대 규모의 영어 학력평가인 'Yoon's BEFL Contest'와 '해법영어 경시대회(HEAT) 올림피아드' 등 초등학생과 중학생을 위한 다수의 영어능력 평가 문제를 출제했다. 그동안의 영어 교재 및 학습 프로그램 개발과 강의 경험을 집대성해 바로 이 책, 《바빠 초등 문장의 5형식 영작문》을 집필하였다. 중앙대학교 영어영문과를 졸업하고 숙명여자대학교 교육대학원 TESOL을 이수했다.

E&E 영어 연구소는 쉽고 효과적인(easy & effective) 영어 학습 방법을 개발하는 연구소이다.

원어민 감수자 | William Link

William Link는 미국 플로리다 주립대에서 문학 석사 과정을 마쳤으며, 현재 안양외국어고등학교에서 학생들에게 영어를 가르치고 있다.

1형식부터 5형식까지, 빈칸을 채우면 영작 완성!

바빠 초등 문장의 5형식 영작문

(이 책은 2015년 7월에 출간된 '바쁜 5 • 6학년을 위한 빠른 영작문'을 개정 증보한 판입니다.)

초판 1쇄 발행 2024년 8월 19일
초판 2쇄 발행 2025년 1월 7일
지은이 E&E 영어 연구소 이정선
발행인 이지연
펴낸곳 이지스퍼블리싱(주)
출판사 등록번호 제313-2010-123호
주소 서울시 마포구 잔다리로 109 이지스 빌딩 5층(우편번호 04003)
대표전화 02-325-1722 팩스 02-326-1723
이지스퍼블리싱 홈페이지 www.easyspub.com 이지스에듀 카페 www.easysedu.co.kr
바빠 아지트 블로그 blog.naver.com/easyspub 인스타그램 @easys_edu
페이스북 www.facebook.com/easyspub2014 이메일 service@easyspub.co.kr

기획 및 책임 편집 정지연 | 이지혜, 박지연, 김현주 표지 및 내지 디자인 손한나
원어민 감수 윌리엄 링크 조판 책돼지 일러스트 김학수 인쇄 보광문화사 독자 지원 박애림, 김수경
영업 및 문의 이주동, 김요한(support@easyspub.co.kr) 마케팅 라혜주

ISBN 979-11-6303-633-3 63740
가격 15,000원

추천의 글

평펑 쏟아져야 눈이 쌓이듯,
공부도 집중해야 실력이 쌓인다.

교과서 집필자, 강남 인강 강사, 공부법 전문가, 명강사들이
적극 추천한 **'바빠 초등 문장의 5형식 영작문'**

믿고 볼 수 있는 훌륭한 영작 지침서!

이 책은 영어 문장의 구조를 쉽게 이해할 수 있도록 설명함과 동시에 직접 연습하게 함으로써 영어 글쓰기를 잘할 수 있도록 도와줍니다. 학생들이 믿고 볼 수 있는 훌륭한 영작 지침서라고 생각합니다.

유요셉 선생님
강남구청 인터넷수능방송 중등 영어 강의

원리 이해와 연습, 꼭 필요한 두가지가 다 있다!

영작은 원래 어려운 일이기도 하지만 우리말과 영어의 어순 차이를 잘 이해하지 못했기 때문이기도 하다. 원리는 이해되지만 영어 문장 형식에 대한 연습이 부족하면 이 역시 어려운 일이 된다. 원리 이해와 연습, 꼭 필요한 두가지가 이 교재에는 있다!

박재원 소장님
㈜에듀니티랩 학습과학연구소

영작에 필요한 모든 것, 한 권으로 총정리!

이 책은 어휘부터 문장 구성 원리, 영작에 필요한 핵심 구문까지 한 권으로 모두 정리할 수 있습니다. 문장의 5형식을 이용하여 우리말과 다른, 영어 문장의 어순 감각까지 키워 줍니다.

안선모 선생님
초등 영어 교과서 집필진

자기 생각을 영어로 표현할 수 있다!

읽고 듣는 것에는 익숙하지만 간단한 문장조차도 표현하지 못해 자신감이 부족한 학생들이 많습니다. 이 책은 그런 학생들에게 영작의 기본부터 5형식의 의문문까지 본인이 의도하는 것을 자유롭게 영어로 표현할 수 있도록 도와줍니다. 영작, 더 이상 어려워하지 마세요!

허성원 원장님
YBM egloo 인창2학원/허성원 어학원

반복해서 쓰면서 체득하는 영작문!

중학 영어를 대비하는 초등 고학년이라면 영문법으로 기본기를 다지고 영작문을 본격적으로 시작할 시기입니다.
처음 영작문을 시작한다면 문장을 만드는 원리부터 반복적으로 쓰면서 공부하는 것을 권합니다.

이현희 원장님
시흥 Links English Club

영작에 필요한 문법부터 기본이 탄탄한 책!

영어의 4대 영역 중 쓰기는 영어의 기본기가 마련되었을 때 제대로 된 학습이 가능한 영역입니다. 이 책은 영작에 필요한 문법을 우선 학습할 수 있어 그 기본기를 닦는 데 도움이 되는 교재입니다. 영작 공부, 이제 이 책으로 제대로 시작할 수 있습니다.

유영록 원장님
윤선생 영어숲 일산주엽학원

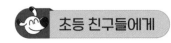

이 책을 끝내면 1~5형식 문장을 혼자서도 만들 수 있어요!

1~5형식 문장을 알아야 영작이 쉽다!

초등 영어에서는 영어 회화를 중심으로 공부했지요? 하지만 중학교에 들어가면 시험 위주의 학습으로 바뀝니다. 더구나 중학교에서는 수행평가의 비중도 높고, 시험이 서술형으로 출제되는 비중도 높기 때문에 영작에 익숙해져야 해요.

《바빠 초등 문장의 5형식 영작문》(이하 '바빠 초등 영작문')은 영어 문장의 뼈대인 1~5형식 문장을 익히며 영작 실력을 키우는 책입니다. 가장 기본적인 1형식 문장부터 책 속의 빈칸을 한 칸 두 칸 늘려 써 보세요. 각 형식별로 갖춰야 할 문장 요소들을 문장에서 제 위치에 맞게 채울 수 있어야 합니다. 이 책을 마치고 나면 1~5형식을 대표하는 기본 문장은 확실히 쓸 수 있습니다.

1형식 주어, 동사만으로 의미를 전달할 수 있다.

I	go.
주어	동사

2형식 주어, 동사 다음에 주어를 설명해 주는 보어가 온다.

I	am	tall.
주어	동사	주격 보어

3형식 주어, 동사 다음에 목적어가 온다.

I	like	her.
주어	동사	목적어

4형식 주어, 동사 다음에 목적어가 2개 온다.

I	gave	her	a cap.
주어	동사	간접 목적어	직접 목적어

5형식 주어, 동사, 목적어 다음에 목적어를 설명해주는 보어가 추가된다.

I	told	her	to go.
주어	동사	목적어	목적격 보어

문장 구조가 손에 익도록 직접 쓰면서 '내 문장'을 만든다!

input
output

문장 훈련으로 확실히 기억!

이 책은 학습 효율성을 극대화하는 방식으로 만들어졌습니다. '바빠 초등 영작문'의 학습 시스템은 읽고 이해하는 input(구문 및 문장 구성의 원리 이해, 그리고 단어의 두뇌 입력)과, 쓰는 과정인 output(머리에 입력된 문장 구성의 원리를 이용해 문장으로 출력해 보는 훈련) 활동을 통해 영작문 기술이 머리에 기억되도록 설계되어 있습니다.

특히, 이 책의 아웃풋 과정에서 풀게 되는 훈련 문제들은 아주 특별합니다. '바빠 초등 영작문'의 훈련 문제들은 테스트용이 아니라 훈련용으로 최적화된 문장들입니다.

선생님이 없어도 공부할 수 있는 첫 영작 책

이 책의 문제들은 과학적으로 설계된 영작 훈련용 문제들이므로 약간 어려운 문제가 나오더라도 앞뒤 문장에서 힌트를 얻어 답을 쓸 수 있습니다. 선생님이 없어도 훈련 문장을 채우다 보면 영작을 하게 됩니다. 혼자서도 충분히 영작 공부를 할 수 있는 거죠.
또한 본격적인 영작 훈련에 앞서 '꼭 알아야 할 단어'로 기초 어휘는 채우고, 문장 형식은 각 형식을 대표하는 문장을 성분별로 쪼개어 기억하도록 설계되어 있습니다. 그동안 복잡해 보이던 긴 문장도 주어, 동사 등으로 구분하면 문장이 쉽게 파악됩니다.

뇌에 새겨지도록 과학적으로 설계된 훈련용 문장!

각 훈련 문장들은 나선형 사다리 모형으로 설계되어 있습니다. 나선형 사다리를 한 칸씩 차근차근 따라가다 보면 새로운 단어를 익히고 문장 구성의 원리를 이해하는 동시에, 이미 학습한 단어 및 문장 구성의 원리가 다음 단계와 그 다음 단계에도 계속 누적되어 반복되는 나선형식 학습 흐름입니다. 따라서 각 단계의 뒷부분에 주로 나오는 영작 문제는 앞의 훈련 문장을 다 썼다면 누구나 쓸 수 있게 됩니다. 두뇌의 망각 곡선을 고려하여 배치된 영작 문장들을 만나 보세요!

바빠 초등 영작문은 서술형, 수행평가에도 통한다!

실제 중학교에서 치르는 수행평가나 서술형 시험에도 나의 글을 완성하는 문제들이 출제됩니다. '바빠 초등 영작문'의 STEP 04는 영어 문장을 만드는데서 그치지 않고 배운 문장 형식을 활용해 하나의 이야기를 완성합니다.

04 서술형, 수행평가에도 통하는 영작문!

◆ STEP 01

그와 나는 토요일마다 만난다. 우리는 함께 노래한다. 그녀와 나는 일요일마다 만난다. 우리는 함께 춤춘다.

_______ _______ _______ meet every Saturday. We _______ together. She and I _______ every Sunday. _______ dance _______.

◆ STEP 02

그들과 나는 수요일마다 만난다. 우리는 함께 논다. 너와 나는 금요일마다 만난다. 우리는 함께 노래한다.

____
____
____
____
____

서술형,
수행평가
준비까지
OK!

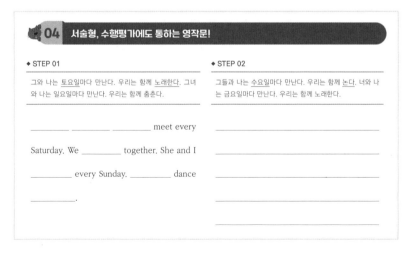

이 책을 끝내고 나면 중학 영어 시험에 대한 막연한 두려움을 없앨 수 있을 거예요.

바빠 초등 문장의 5형식 영작문

1~5형식
문장을 쓸 수
있어요!

이 책을 효과적으로 보는 방법

▌1단계

개념부터 이해하기

대표 문장을 보고 1~5형식 문장 구조를 파악해요.

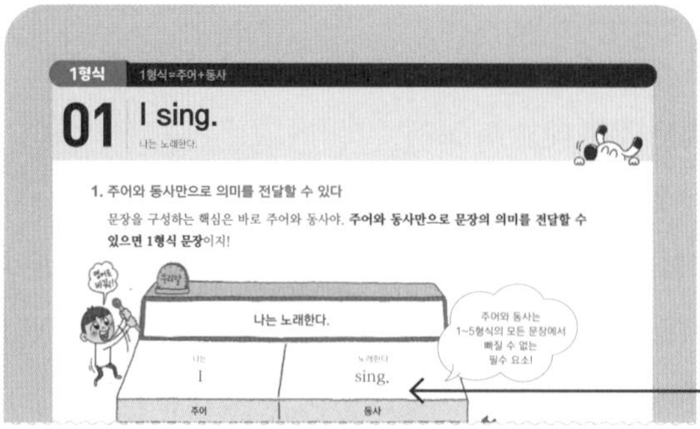
1형식 1형식=주어+동사

01 I sing.

나는 노래한다.

1. 주어와 동사만으로 의미를 전달할 수 있다

문장을 구성하는 핵심은 바로 주어와 동사야. **주어와 동사만으로 문장의 의미를 전달할 수 있으면 1형식 문장**이지!

나는 노래한다.
주어와 동사는 1~5형식의 모든 문장에서 빠질 수 없는 필수 요소!
나는
I
노래한다
sing.
주어
동사

대표 문장을 문장 성분으로 쪼개어 이미지로 기억해요!

▌2단계

1~5형식 문장 내 것 만들기

빈칸의 답을 채워 나가세요. 이 책의 문장들은 각 문장 형식들을 자연스럽게 습득할 수 있도록 단계별로 구성했습니다.

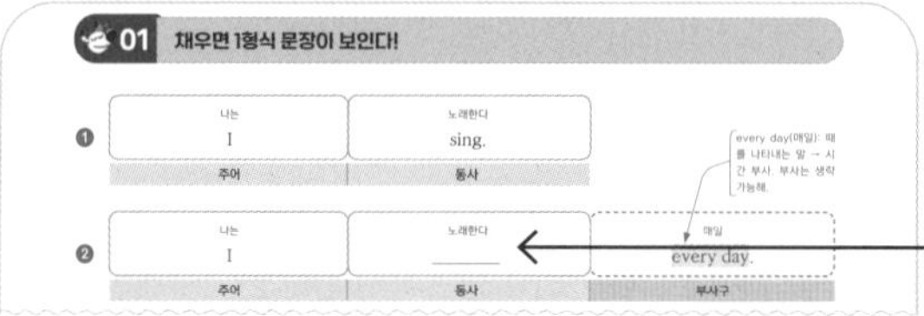
01 채우면 1형식 문장이 보인다!

❶ 나는 I 노래한다 sing.
주어 동사
❷ 나는 I 노래한다 ______ 매일 every day.
주어 동사 부사구

빈칸에 답을 채워 나가며 익혀요!

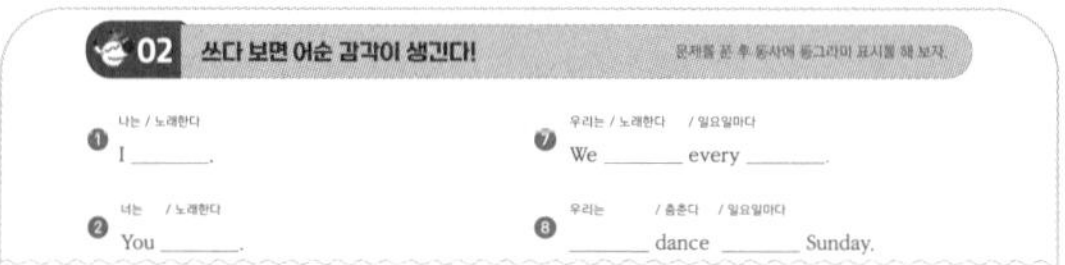
02 쓰다 보면 어순 감각이 생긴다!

❶ 나는 / 노래한다
I ______.
❷ 너는 / 노래한다
You ______.
❼ 우리는 / 노래한다 / 일요일마다
We ______ every ______.
❽ 우리는 / 춤춘다 / 일요일마다
______ dance ______ Sunday.

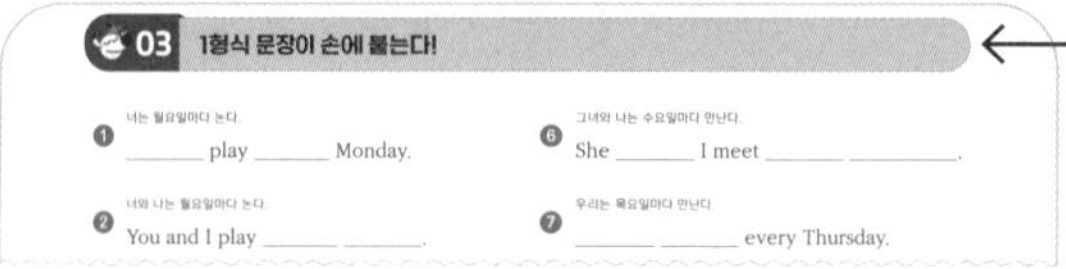
03 1형식 문장이 손에 붙는다!

❶ ______ play ______ Monday.
❷ You and I play ______ ______.
❻ She ______ I meet ______ ______.
❼ ______ ______ every Thursday.

문장의 5형식을 자연스럽게 체득하는 3단계 학습법

▌3단계

영어 글쓰기 완성!

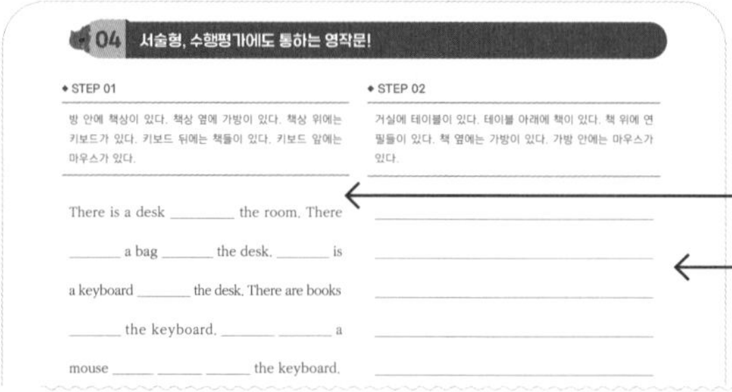
04 서술형, 수행평가에도 통하는 영작문!

STEP 01
방 안에 책상이 있다. 책상 옆에 가방이 있다. 책상 위에는 키보드가 있다. 키보드 뒤에는 책들이 있다. 키보드 앞에는 마우스가 있다.
STEP 02
거실에 테이블이 있다. 테이블 아래에 책이 있다. 책 위에 연필들이 있다. 책 옆에는 가방이 있다. 가방 안에는 마우스가 있다.
There is a desk ______ the room. There ______ a bag ______ the desk. ______ is a keyboard ______ the desk. There are books ______ the keyboard. ______ ______ a mouse ______ ______ ______ the keyboard.

STEP 01은 빈칸을 채워 글을 완성해요.

STEP 02는 STEP 01에서 쓴 글을 발전시켜 글을 쓸 수 있어요!

이 책을 지도하시는 부모님과 선생님께

1 문장을 소리 내서 읽는 습관을 길러 주세요.

입으로 문장을 읽으면서 공부할 수 있도록 지도해 주세요. 자연스럽게 문장을 기억하는 데 도움이 됩니다.

2 오답은 문장 통째로 외우게 해 주세요.

부분 오답이더라도 한 번 더 문장을 상기시킬 수 있도록 훈련시켜 주세요. 그 자리에서 안 보고 외울 수 있게 하거나, 숙제로 내서 문장 전체를 외우게 해 주세요.

1형식부터 5형식까지, 빈칸을 채우면 영작 완성!

바빠 초등 문장의 5형식 영작문

Writing
5형식 문장
4형식 문장
3형식 문장
2형식 문장
1형식 문장

준비운동

영작의 기본, 영어 문장을 뜯어 보자

◆ 영어 문장은 어떤 순서로 만들어질까?

영작을 하려면 단어는 기본이고 말의 순서, 즉 어순을 잘 알아야 해. 우리말과 영어의 가장 큰 차이는 문장에서 단어를 배열하는 순서야. 우리말은 〈누가, 무엇을, 어떻게 하다〉 순서로 써. 그런데 영어는 〈누가, 어떻게 하다, 무엇을〉 순으로 말을 해. 영어는 중요하다고 생각하는 말을 먼저 하고 그 뒤에 설명을 계속 붙이는 식이야.

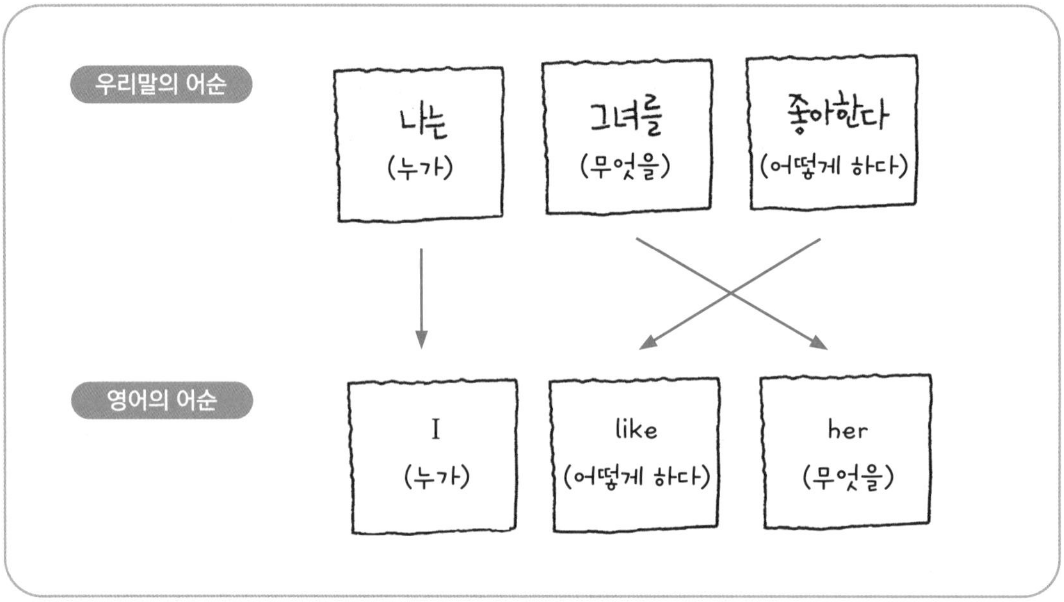
우리말의 어순
나는
(누가)
그녀를
(무엇을)
좋아한다
(어떻게 하다)
영어의 어순
I
(누가)
like
(어떻게 하다)
her
(무엇을)

우리말은 끝까지 들어 봐야 안다구!
영어는 '어떻게 하다'라고 결론부터 먼저 말해!

◆ 영어 문장은 무엇으로 만들어질까?

우리말 문장에서 단어들이 어떤 역할을 하는지 알아보자.

우리말

나는	그녀를	좋아해.
누가	무엇을	어떻게 하다
주어	목적어	동사

'나는 그녀를 좋아해.'라는 문장에서, 문장의 주인이 되는 '나는'을 주어라고 불러! 그리고 주어가 하는 행동을 나타내는 '어떻게 하다'는 동사, '무엇을'에 해당하는 것은 목적어야. 우리말과 영어 모두 '문장'에는 '주어'와 '동사'가 꼭 있어야 해.

영어도 이런 성분들로 문장이 구성돼. 아래 문장에서 'I'는 주어, 'like'는 동사, 'her'는 목적어야.

영 어

I	like	her.
누가	어떻게 하다	무엇을
주어	동사	목적어

이 외에도 주어나 목적어를 보충해 주는 보어와 같은 성분들이 있어.

문장의 핵심 성분	역할 및 의미
주어	'나는', '우리가' 처럼 문장의 주인이 되는 말.
동사	'간다', '있다' 처럼 주어의 동작이나 상태를 나타내는 말.
목적어	'동생에게', '너를' 처럼 동작의 대상이 되는 말.
보어	주어나 목적어를 보충해 주는 말. 주어를 보충 설명하는 것은 주격 보어, 목적어를 보충 설명하는 것은 목적격 보어라고 한다.

이 네 가지 핵심 성분 외에도 문장의 핵심 성분을 꾸며 주는 말들이 있어. 형용사가 주어나 목적어를 꾸며 주거나, 부사가 동사를 꾸며 줄 때는 이런 말들이 없어도 완전한 영어 문장이 돼.

초간단 품사 공부!

- 바쁜 초등학생 명사나 대명사를 꾸며 주는 게 형용사야.
  (바쁜: 형용사 → 초등학생: 명사)
- 빨리 달린다 동사 등을 꾸며 주는 게 부사야.
  (빨리: 부사 → 달린다: 동사)

◆ 영어에는 다섯 가지 형식의 문장 구조가 있다.

영어 문장의 구조를 나누어 보면 1~5형식의 다섯 가지가 있어. 이 다섯 가지 형식의 문장 구조를 배우면 영어 문장을 자신 있게 쓸 수 있어! 또 구조가 한눈에 파악되니 해석도 잘 돼.

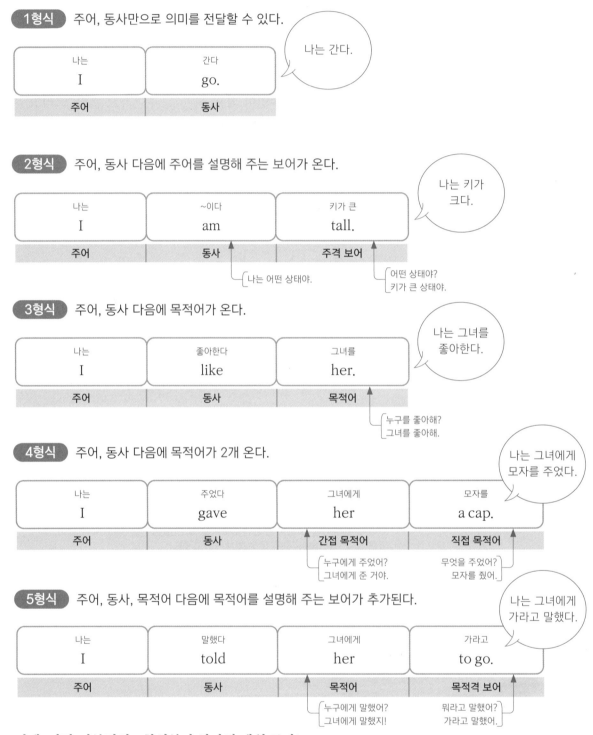

1형식 주어, 동사만으로 의미를 전달할 수 있다.

나는	간다
I	go.
주어	동사

나는 간다.

2형식 주어, 동사 다음에 주어를 설명해 주는 보어가 온다.

나는	~이다	키가 큰
I	am	tall.
주어	동사	주격 보어

나는 키가 크다.

동사: 나는 어떤 상태야.

주격 보어: 어떤 상태야? 키가 큰 상태야.

3형식 주어, 동사 다음에 목적어가 온다.

나는	좋아한다	그녀를
I	like	her.
주어	동사	목적어

나는 그녀를 좋아한다.

목적어: 누구를 좋아해? 그녀를 좋아해.

4형식 주어, 동사 다음에 목적어가 2개 온다.

나는	주었다	그녀에게	모자를
I	gave	her	a cap.
주어	동사	간접 목적어	직접 목적어

나는 그녀에게 모자를 주었다.

간접 목적어: 누구에게 주었어? 그녀에게 준 거야.

직접 목적어: 무엇을 주었어? 모자를 줬어.

5형식 주어, 동사, 목적어 다음에 목적어를 설명해 주는 보어가 추가된다.

나는	말했다	그녀에게	가라고
I	told	her	to go.
주어	동사	목적어	목적격 보어

나는 그녀에게 가라고 말했다.

목적어: 누구에게 말했어? 그녀에게 말했지!

목적격 보어: 뭐라고 말했어? 가라고 말했어.

이제, 가장 기본적인 1형식부터 하나씩 배워 보자!

01 I sing.

나는 노래한다.

1. 주어와 동사만으로 의미를 전달할 수 있다

문장을 구성하는 핵심은 바로 주어와 동사야. **주어와 동사만으로 문장의 의미를 전달할 수 있으면 1형식 문장**이지!

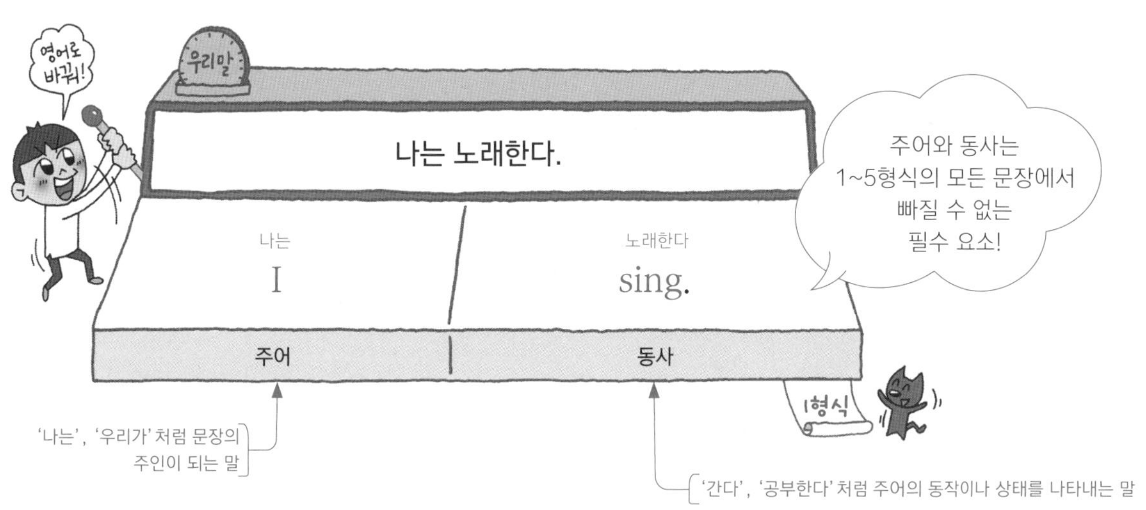
영어로 바꿔!
우리말
나는 노래한다.
나는
I
노래한다
sing.
주어
동사
주어와 동사는 1~5형식의 모든 문장에서 빠질 수 없는 필수 요소!
1형식
'나는', '우리가' 처럼 문장의 주인이 되는 말
'간다', '공부한다' 처럼 주어의 동작이나 상태를 나타내는 말

2. '언제'를 붙여 더 자세하게 말하자

'언제' 노래하고, 놀고, 만나는지 자세히 전하고 싶다면 동사 뒤에 '때를 나타내는 말'을 쓰면 돼. '때를 나타내는 말'은 없어도 문장이 되지만 동사를 도와 더 자세하게 설명해 주지. 이런 말이 '부사'인데, 두 단어 이상이면 '부사구'라고 해.

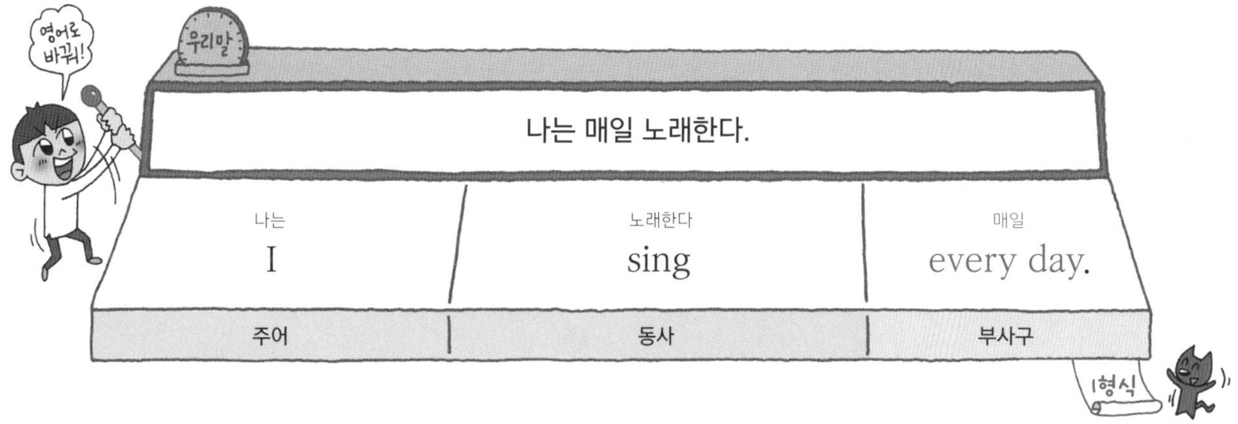
영어로 바꿔!
우리말
나는 매일 노래한다.
나는
I
노래한다
sing
매일
every day.
주어
동사
부사구
1형식

◆ **꼭 알아야 할 단어** 주어 자리에 쓰는 말을 찾아 동그라미 표시를 해 보자.

meet 만나다	they 그들, 그것들	sing 노래하다	we 우리들
he 그	play 놀다	every Sunday 일요일마다	you 너, 너희들

01 채우면 1형식 문장이 보인다!

❶

주어	동사	
나는 I	노래한다 sing.	

❷

주어	동사	부사구
나는 I	노래한다 ________	매일 every day.

every day: 때를 나타내는 말 → 시간 부사. 부사는 생략 가능해.

❸

주어	동사	부사구
우리는 ________	노래한다 sing	매일 ________________.

❹

주어	동사	부사구
그와 나는 He and I	노래한다 ________	매일 every day.

and: ~와/과
He and I(그와 나)가 문장의 주어

부사구는 왜 점선으로 되어 있을까? 부사구가 없어도 1형식 문장이 되거든.

02 쓰다 보면 어순 감각이 생긴다!

문제를 푼 후 **동사**에 동그라미 표시를 해 보자.

❶ 나는 / 노래한다
I ________.

❷ 너는 / 노래한다
You ________.

❸ 우리는 / 노래한다
________ sing.

❹ 그들은 / 노래한다
____

❺ 그들은 / 노래한다 / 일요일마다
They ________ every Sunday.

every ~: ~마다, 매 ~

❻ 너는 / 노래한다 / 일요일마다
____

❼ 우리는 / 노래한다 / 일요일마다
We ________ every ________.

❽ 우리는 / 춤춘다 / 일요일마다
________ dance ________ Sunday.

❾ 나는 / 춤춘다 / 일요일마다
____

❿ 나는 / 춤춘다 / 매일
________ ________ every day.

every day는 부사구로 동사(dance)를 꾸며 주고 있어.

⓫ 너는 / 춤춘다 / 매일
________ ________ every day.

⓬ 그들은 / 춤춘다 / 매일
____

03 1형식 문장이 손에 붙는다!

1 너는 월요일마다 논다.

________ play ________ Monday.

2 너와 나는 월요일마다 논다.

You and I play ________ ________.

3 너와 나는 화요일마다 만난다.

________ ________ ________ meet every Tuesday.

4 그와 나는 화요일마다 만난다.

He and I ________ every ________.

5 그와 나는 수요일마다 만난다.

________ ________ ________ ________ every Wednesday.

6 그녀와 나는 수요일마다 만난다.

She ________ I meet ________ __________.

7 우리는 목요일마다 만난다.

________ ________ every Thursday.

8 그들은 목요일마다 만난다.

____

9 그들은 금요일마다 만난다.

____

10 그들과 나는 일요일마다 논다.

____

TIP •

요일을 나타내는 말	Monday	Tuesday	Wednesday	Thursday	Friday	Saturday	Sunday
	월요일	화요일	수요일	목요일	금요일	토요일	일요일

04 서술형, 수행평가에도 통하는 영작문!

◆ STEP 01

그와 나는 토요일마다 만난다. 우리는 함께 노래한다. 그녀와 나는 일요일마다 만난다. 우리는 함께 춤춘다.

________ ________ ________ meet every Saturday. We ________ together. She and I ________ every Sunday. ________ dance ________.

문장 마지막에 마침표를 붙이는 것을 잊지 마.

◆ STEP 02

그들과 나는 수요일마다 만난다. 우리는 함께 논다. 너와 나는 금요일마다 만난다. 우리는 함께 노래한다.

문장의 첫 글자는 항상 대문자로 시작해.

____

____

____

____

____

1형식 동사의 형태를 주어에 맞춰 쓰자

02 He works in France.

그는 프랑스에서 일한다.

◆ 주어로 he나 she가 오면 동사 모양이 바뀐다!

영어는 주어에 따라 동사의 모양이 바뀌기도 해. 우리말과 달라서 실수를 많이 하고, 그래서 시험에도 자주 나오지. 영작을 잘하려면 이런 기초 문법에 강해야 해. **주어 자리에 he나 she** 처럼 나와 너를 제외한 사람이 1명만 오면 **동사를 〈동사원형-(e)s〉**로 꼭 바꿔 써 주자!

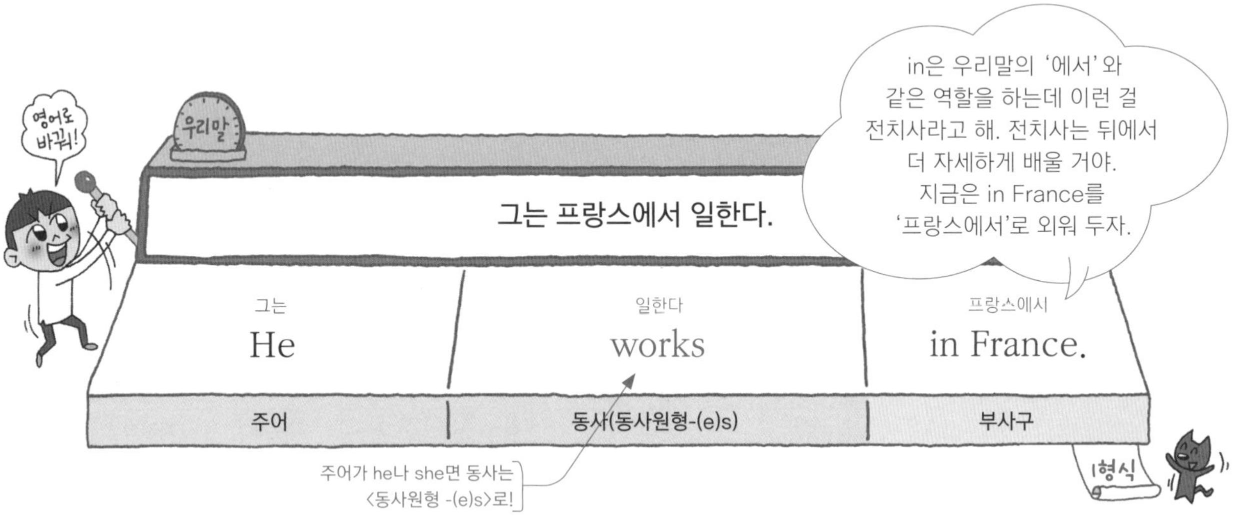

영어로 바꿔!
우리말
그는 프랑스에서 일한다.
in은 우리말의 '에서'와 같은 역할을 하는데 이런 걸 전치사라고 해. 전치사는 뒤에서 더 자세하게 배울 거야. 지금은 in France를 '프랑스에서'로 외워 두자.
그는
He
일한다
works
프랑스에서
in France.
주어
동사(동사원형-(e)s)
부사구
주어가 he나 she면 동사는 〈동사원형 -(e)s〉로!
1형식

어디서 일하는지까지 붙여 더 자세하게 쓰려면 동사 뒤에 장소를 나타내는 말을 덧붙이기만 하면 돼. in France처럼 장소를 나타내는 말이 동사를 꾸며 주면 부사(구)야.

확인 문제 빈칸에 알맞은 형태의 동사를 써 보자.

❶ 나는 일한다.
I work.
He ______________.
그는 일한다.

❷ 너는 춤춘다.
You dance.
She ______________.
그녀는 춤춘다.

❸ 그들은 간다.
They go.
He ______________.
그는 간다.

◆ 꼭 알아야 할 단어 동사를 찾아 동그라미 표시를 해 보자.

in Paris 파리에서	work 일하다	in Suwon 수원에서	in the library 도서관에서
go 가다	in the park 공원에서	live 살다	in France 프랑스에서

01 채우면 1형식 문장이 보인다!

work-works / live-lives
play-plays / go-goes

1

그녀는 She	일한다 ________	매일 every day.
주어	동사	부사구

2

그는 He	산다 ________	프랑스에서 in France.
주어	동사	부사구

3

그는 ________	논다 ________	공원에서 in the park.
주어	동사	부사구

4

그녀는 ________	간다 ________	공원에 to the park.
주어	동사	부사구

he나 she는 3인칭 단수 주어

in: (장소) 안에(위치를 나타냄)
to: (장소)로(방향을 나타냄)

02 쓰다 보면 어순 감각이 생긴다!

1 그녀는 / 산다 / 프랑스에서
________ lives in France.

도시나 국가처럼 큰 장소 앞에는 in을 써.

2 그녀는 / 산다 / 파리에서
She ________ in Paris.

3 그는 / 산다 / 파리에서
He lives ________ ________.

4 나는 / 산다 / 파리에서
____

5 나는 / 일한다 / 파리에서
I work ________ Paris.

보통 <장소 부사+시간 부사>의 순서로 써.

6 나는 / 일한다 / 수원에서 / 토요일마다
________ ________ in Suwon every Saturday.

7 그는 / 일한다 / 수원에서 / 토요일마다
He ________ in Suwon ________ Saturday.

8 그는 / 일한다 / 중국에서 / 토요일마다
He ________ in China every ________.

9 그들은 / 일한다 / 중국에서 / 매일
________ work ________ ________ every day.

10 그녀는 / 일한다 / 중국에서 / 매일
____

11 그는 / 일한다 / 프랑스에서 / 매일
________ ________ in France every day.

12 그녀는 / 일한다 / 프랑스에서 / 일요일마다
____

03 1형식 문장이 손에 붙는다!

1. 그는 공원에 간다.
   ________ goes to the ________.

2. 그는 일요일마다 공원에 간다.
   ________ ________ ________ ________ ________ every Sunday.

3. 그는 일요일마다 공원에서 노래한다.
   He ________ in the park ________ ________.

4. 나는 일요일마다 공원에서 노래한다.
   ____

5. 나는 일요일마다 일한다.
   I ________ every Sunday.

6. 그녀와 나는 일요일마다 일한다.
   ________ ________ ________ ________ every Sunday.

7. 그녀는 금요일마다 일한다.
   ________ ________ every Friday.

8. 그녀는 금요일마다 도서관에서 일한다.
   She works ________ the library ________ ________.

9. 그녀는 금요일마다 도서관에 간다.
   ____

10. 그들은 금요일마다 도서관에 간다.
   ____

TIP •
〈in+ the+구체적인 장소〉 in the park 공원(안)에서 in the library 도서관(안)에서
〈in+도시/국가명〉 in Suwon 수원에서 in Paris 파리에서 in France 프랑스에서 in China 중국에서

04 서술형, 수행평가에도 통하는 영작문!

◆ STEP 01

그는 서울에서 일한다. 그는 도서관에서 일한다. 그는 수원에서 산다. 나도 수원에서 산다. 우리는 일요일마다 만난다. 우리는 공원에 가서 그곳에서 논다.

He works in Seoul. He ________ in the library. He ________ in Suwon. ________ ________ in Suwon, too. ________ ________ every Sunday. We go to the park and ________ there.

too: 또한, 역시

there: 그곳에서(= in the park)

◆ STEP 02

그녀는 수원에서 일한다. 그녀는 공원에서 일한다. 그녀는 서울에서 산다. 나도 서울에서 산다. 우리는 토요일마다 만난다. 우리는 도서관에 간다.

____

____

____

____

____

03 I don't go to school.

나는 학교에 가지 않는다.

◆ '~하지 않는다'고 쓰려면 don't/doesn't를 동사 앞에 붙인다!

우리말에서 '나는 학교에 간다.'를 반대 의미로 쓰려면 '나는 학교에 가지 않는다.'라고 하면 되잖아. 영어에서 **'~하지 않는다'는 don't/doesn't야**. 그런데 순서가 중요해. 꼭 동사 앞에 넣어 줘야 해! 그리고 그 동사는 동사원형으로 고쳐 써야 해.

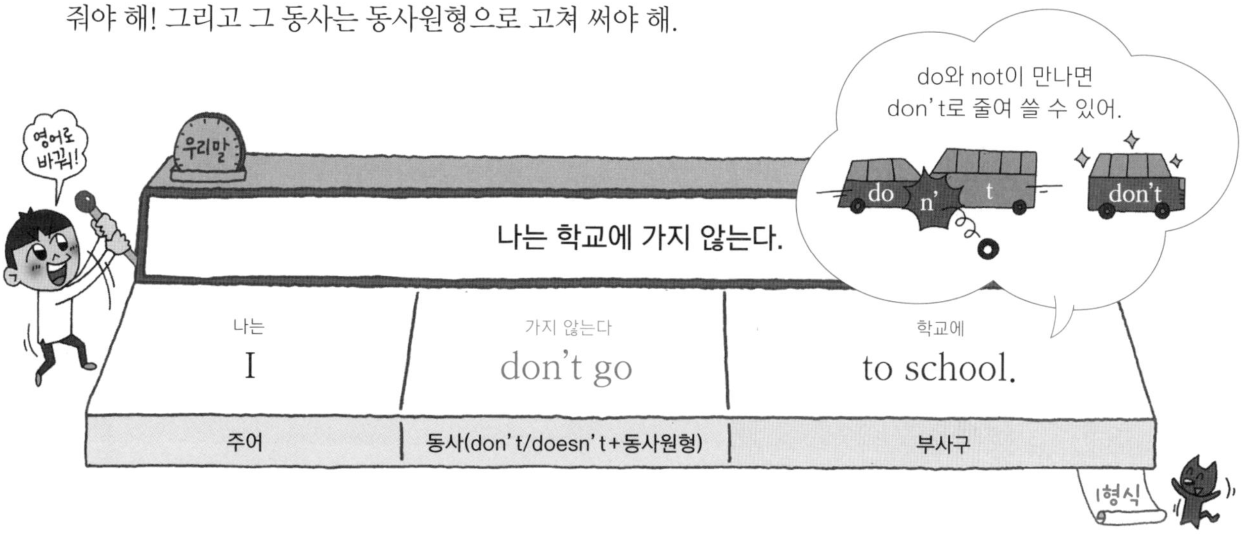

영어로 바꿔!
우리말
나는 학교에 가지 않는다.
do와 not이 만나면 don't로 줄여 쓸 수 있어.
do
n'
t
don't
나는
I
가지 않는다
don't go
학교에
to school.
주어
동사(don't/doesn't+동사원형)
부사구
1형식

go to school은 '학교에 다니다, 등교하다'란 뜻이야. '~로, ~에'라는 의미로 목적을 나타낼 때는 목적어 앞에 to가 필요하고 위 문장에서 to school은 동사를 도와주기 때문에 부사구 역할을 하는 거야.

확인 문제 부정문을 완성해 보자.

❶ 우리는 간다.
We go.
We ______________.
우리는 가지 않는다.

❷ 그는 걷는다.
He walks.
He ______________.
그는 걷지 않는다.

❸ 너는 논다.
You play.
You ______________.
너는 놀지 않는다.

◆ 꼭 알아야 할 단어 동사를 찾아 동그라미 표시를 해 보자.

U.S. 미국	to the park 공원에	walk 걷다	to school 학교에
from China 중국으로부터	come 오다	to the library 도서관에	drive 운전하다

01 채우면 1형식 문장이 보인다!

<do/does+not>은 줄임말로 써 보자.

❶

나는 I	가지 않는다 don't go.
주어	동사

← I/You/We/They+don't+동사원형

❷

그는 ________	가지 않는다 doesn't go.
주어	동사

← He/She/It+doesn't+동사원형

❸

그녀는 She	가지 않는다 ____________	공원에 to the park.
주어	동사	부사구

❹

우리는 We	가지 않는다 ________ go	학교에 to school.
주어	동사	부사구

02 쓰다 보면 어순 감각이 생긴다!

<do/does+not>은 줄임말로 써 보자.

❶ 그들은 / 가지 않는다 / 학교에
They ________ ________ to school.

❷ 그들은 / 가지 않는다 / 학교에 / 오늘
They don't ________ ________ ________ today.

❸ 그는 / 가지 않는다 / 학교에 / 오늘
________ ________ ________ to school today.

❹ 그는 / 가지 않는다 / 도서관에 / 오늘
He ________ go to the library ________.

❺ 그녀는 / 가지 않는다 / 도서관에 / 오늘
____

❻ 그녀는 / 가지 않는다 / 시장에 / 오늘
She ________ ________ to the market today.

❼ 나는 / 가지 않는다 / 시장에 / 오늘
I don't go ________ ________ ________ today.

❽ 나는 / 가지 않는다 / 공원에
________ ________ ________ to the park.

❾ 나는 / 걸어가지 않는다 / 공원에
I don't walk ________ ________ ________.

❿ 우리는 / 걸어가지 않는다 / 공원에
____

⓫ 우리는 / 운전해서 가지 않는다 / 공원에
We ________ drive ________ the park.

⓬ 그는 / 운전해서 가지 않는다 / 공원에
____

03 1형식 문장이 손에 붙는다!

<do/does+not>은 줄임말로 써 보자.

1. 그는 프랑스 출신이 아니다.
He ________ come from France.
come from: ~ 출신이다

2. 그는 프랑스 출신이다.
He comes ________ ________.

3. 나는 프랑스 출신이다.
____

4. 나는 프랑스 출신이 아니다.
____

5. 나는 중국 출신이 아니다.
I don't ________ ________ China.

6. 그들은 중국 출신이 아니다.
____

7. 그들은 중국 출신이다.
They ________ from China.

8. 그녀는 중국 출신이다.
________ ________ from China.

9. 그녀는 미국 출신이다.
She ________ ________ the U.S.
the United States: 미국

10. 그녀는 미국 출신이 아니다.
____

04 서술형, 수행평가에도 통하는 영작문!

◆ STEP 01

그는 서울에서 산다. 그는 한국 출신이 아니다. 그는 프랑스 출신이다. 그는 학교에 걸어간다. 나는 서울에서 살지 않는다. 나는 수원에서 산다. 나도 한국 출신이 아니다. 나는 미국 출신이다. 나는 학교에 가지 않는다.

He ________ in Seoul. He doesn't ________ ________ Korea. He ________ from France. He ________ to school. I ________ ________ in Seoul. I live ________ Suwon. I ________ ________ from Korea, either. I come ________ the U.S. I don't ________ ________ ________.

either: (부정문에서) 또한, 역시

◆ STEP 02

나는 파리에서 산다. 나는 프랑스 출신이 아니다. 나는 한국 출신이다. 나는 학교에 걸어간다. 그녀는 파리에서 살지 않는다. 그녀는 서울에서 산다. 그녀는 한국 출신이 아니다. 그녀는 미국 출신이다. 그녀는 학교에 가지 않는다.

____
____
____
____
____
____

04 She is sleeping.

그녀는 자고 있다.

◆ '~하고 있는 중이다'는 현재진행 시제를 활용하자!

'놀고 있다, 먹는 중이다'처럼 '~하고 있다'는 말은 어떻게 쓸까? **'~하고 있다'**는 말을 하려면 동사 형태를 **⟨am/are/is+(동사원형)-ing⟩**로 바꿔 주면 돼.

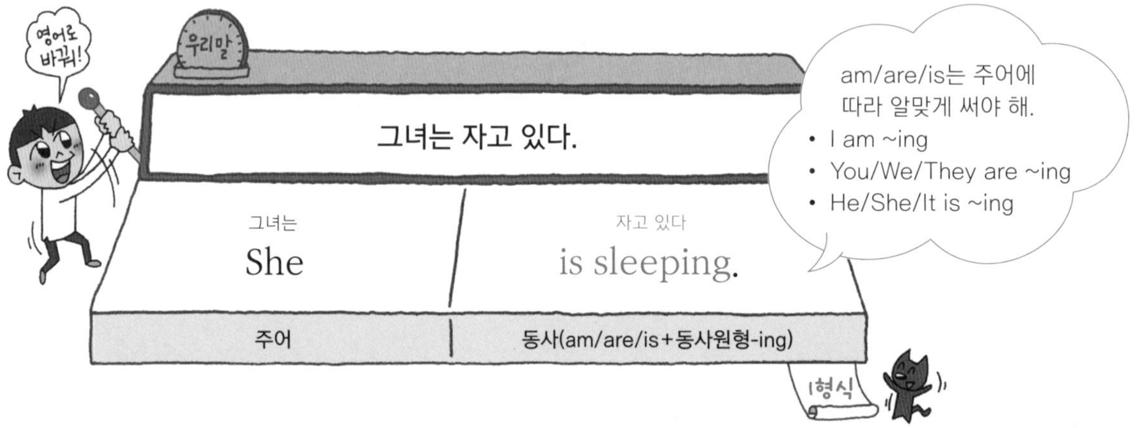
영어로 바꿔!
우리말
그녀는 자고 있다.
그녀는
She
자고 있다
is sleeping.
주어
동사(am/are/is+동사원형-ing)
1형식
am/are/is는 주어에 따라 알맞게 써야 해.
• I am ~ing
• You/We/They are ~ing
• He/She/It is ~ing

확인 문제 빈칸에 알맞은 형태의 동사를 써 보자.

1. 나는 잔다.
   I sleep.
   I am sleeping.
   나는 자고 있다.

2. 너는 먹는다.
   You eat.
   You ______________.
   너는 먹고 있다.

3. 그는 노래한다.
   He sings.
   He ______________.
   그는 노래하고 있다.

4. 우리는 논다.
   We play.
   We ______________.
   우리는 놀고 있다.

5. 그녀는 춤춘다.
   She dances.
   She ______________.
   그녀는 춤추고 있다.

6. 그들은 일한다.
   They work.
   They ______________.
   그들은 일하고 있다.

-e로 끝나는 동사는 e를 빼고 +ing: dance-dancing

◆ 꼭 알아야 할 단어 동사를 찾아 동그라미 표시를 해 보자.

restaurant 식당	work 일하다	kitchen 부엌	eat 먹다
living room 거실	bedroom 침실	sleep 잠자다	clean 청소하다, 닦다

01 채우면 1형식 문장이 보인다!

❶

주어	동사
그녀는 She	식사하고 있다 ________.

← He/She/It is ~ing

❷

주어	동사
나는 I	식사하고 있다 am ________.

← I am ~ing

❸

You/We/They are ~ing

주어	동사	부사구
그들은 ________	식사하고 있다 are eating	식당에서 in the restaurant.

❹

주어	동사	부사구
그는 He	일하고 있다 ________	식당에서 in the restaurant.

in the restaurant은 부사구라서 생략할 수 있어.
→ 〈주어+동사〉의 1형식 문장

02 쓰다 보면 어순 감각이 생긴다!

❶ 그는 / 자고 있다
________ is sleeping.

❷ 그들은 / 자고 있다
They are ________.

❸ 그들은 / 청소하고 있다
________ ________ cleaning.

❹ 나는 / 청소하고 있다
I am ________.

❺ 너는 / 청소하고 있다
____

❻ 너는 / 일하고 있다
________ are working.

❼ 너는 / 일하고 있다 / 레스토랑에서
You ________ ________ in the restaurant.

❽ 우리는 / 일하고 있다 / 레스토랑에서
____

❾ 그녀는 / 일하고 있다 / 레스토랑에서
________ is working ________the restaurant.

❿ 그녀는 / 식사하고 있다 / 레스토랑에서
She ________ ________ in the ________.

⓫ 나는 / 식사하고 있다 / 레스토랑에서
________ ________ eating in the restaurant.

⓬ 나는 / 일하고 있다 / 레스토랑에서
____

03 1형식 문장이 손에 붙는다!

① 나는 놀고 있다.
________ ________ playing.

② 그와 나는 놀고 있다.
He and I are ________.

He and I(그와 나)는 2명이므로 동사는 are를 써야 해.

③ 그와 나는 거실에서 놀고 있다.
________ ________ ________ ________
________ in the living room.

④ 그는 거실에서 놀고 있다.
____

⑤ 그는 거실에서 노래하고 있다.
He is singing ________ ________ ________
________.

⑥ 그들은 거실에서 노래하고 있다.
They are ________ in the living room.

⑦ 그들은 침실에서 노래하고 있다.
________ ________ ________ in the bedroom.

⑧ 나는 침실에서 노래하고 있다.
____

⑨ 나는 침실에서 춤추고 있다.
I am dancing in the ________.

⑩ 그녀는 침실에서 춤추고 있다.
____

TIP • 〈in+the+구체적인 장소〉 in the restaurant 레스토랑(안)에서 in the living room 거실에서 in the bedroom 침실에서 in the kitchen 부엌에서

04 서술형, 수행평가에도 통하는 영작문!

◆ STEP 01

그녀는 침실에서 자고 있다. 그는 거실에서 놀고 있다. 나는 부엌에서 식사하고 있다.

She ________ ________ in the bedroom. He ________ ________ in the living room. I ________ ________ in the kitchen.

◆ STEP 02

그들은 거실에서 놀고 있다. 우리는 침실에서 춤추고 있다. 그는 부엌에서 식사하고 있다.

____
____
____
____
____

05 She is in the kitchen.

그녀는 부엌에 있다.

◆ am/are/is로 '있다'라는 뜻을 나타낼 수 있다

1형식 문장에서 am/are/is가 동사 자리에 단독으로 있으면 '있다'라는 존재의 의미를 나타내. in the kitchen 처럼 '장소'를 나타내는 말과 자주 함께 써.

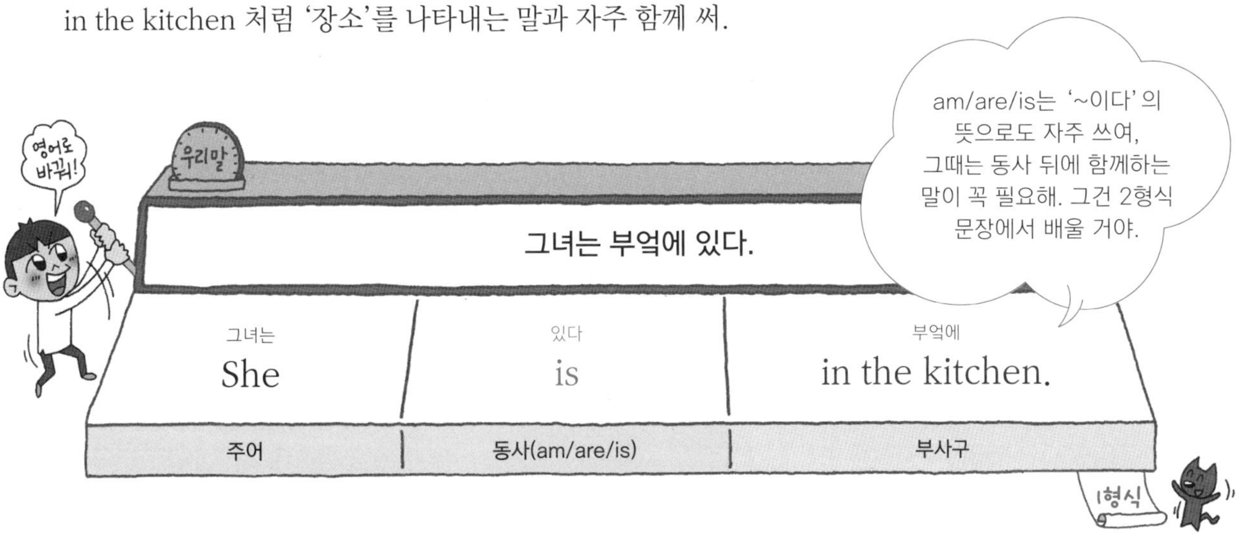
영어로 바꿔!
우리말
그녀는 부엌에 있다.
am/are/is는 '~이다'의 뜻으로도 자주 쓰여, 그때는 동사 뒤에 함께하는 말이 꼭 필요해. 그건 2형식 문장에서 배울 거야.
그녀는
She
있다
is
부엌에
in the kitchen.
주어
동사(am/are/is)
부사구
1형식

확인 문제 빈칸에 알맞은 형태의 동사를 써 보자.

1. 우리는 부엌에 있다. → We are ______ in the kitchen.
   나는 부엌에 있다. → I ______ in the kitchen.
2. 그는 거실에 있다. → He ______ in the living room.
   그들은 거실에 있다. → They ______ in the living room.
3. 너는 수원에 있다. → You ______ in Suwon.
   그녀는 수원에 있다. → She ______ in Suwon.

◆ 꼭 알아야 할 단어 동사를 찾아 동그라미 표시를 해 보자.

my 나의	mother 어머니	am 있다, ~이다	is 있다, ~이다
are 있다, ~이다	sister 누나, 언니, 여동생	parents 부모	brother 형, 오빠, 남동생

01 채우면 1형식 문장이 보인다!

주어	동사	부사구
❶ 내 어머니는 My mother	있다 is	침실에 in the bedroom.
❷ 내 아버지는 My father	있다 ________	부엌에 ________ the kitchen.
❸ 나는 I	있다 ________	화장실에 in the bathroom.
❹ 내 형들은 ________________	있다 are	거실에 ____________________.

my(나의): I의 소유격. 소유를 나타내기 때문에 소유격이라고 해.

02 쓰다 보면 어순 감각이 생긴다!

❶ 내 부모님은 / 계신다 / 거실에
My parents ________ in the living room.

❷ 내 어머니는 / 계신다 / 거실에
My mother is ______ ______ ______ ______.

❸ 내 어머니는 / 계신다 / 침실에
________ ________ ________ in the bedroom.

❹ 나는 / 있다 / 침실에
____

❺ 내 형은 / 있다 / 침실에
My brother ________ in the bedroom.

❻ 내 형들은 / 있다 / 침실에
________ ________ are in the ________.

❼ 내 형들은 / 있다 / 부엌에
________ ________ ________ in the kitchen.

❽ 내 아버지는 / 계신다 / 부엌에
____

❾ 내 아버지는 / 계신다 / 화장실에
My father ________ ________ the bathroom.

❿ 내 여동생은 / 있다 / 화장실에
My ________ is in the ________.

⓫ 내 여동생들은 / 있다 / 화장실에
________ ________ ________ in the bathroom.

⓬ 내 여동생과 나는 / 있다 / 화장실에
____

03 1형식 문장이 손에 붙는다!

❶ 나는 부엌에 있다.
I ________ in the kitchen.

❷ 내[우리] 어머니는 부엌에 계신다.
My mother is ________ ________ ________.

❸ 내[우리] 부모님은 부엌에 계신다.
________ parents are in the kitchen.

❹ 내[우리] 부모님은 정원에 계신다.
My ________ ________ in the garden.

❺ 내 누나들은 정원에 있다.
____

❻ 내 누나는 정원에 있다.
My sister ________ in the garden.

❼ 내 누나는 뒤뜰에 있다.
________ ________ is ________ the backyard.

❽ 내[우리] 아버지는 뒤뜰에 계신다.
____

❾ 내 남동생들은 뒤뜰에 있다.
My ________ are in the backyard.

❿ 나는 뒤뜰에 있다.
____

TIP 우리 어머니는 my mother?

우리말에서는 '우리 어머니' 또는 '어머니'라고 하잖아. 이럴 때 영어는 my mother(내 어머니)라고 써. 여기서 중요한 핵심 하나! '우리말 단어=영어 단어'로 그대로 옮기면 자연스럽지 않은 때가 많아. 다양한 문장을 많이 써 보면서 영어 사용자의 생각을 감각적으로 익히는 게 좋아.

04 서술형, 수행평가에도 통하는 영작문!

◆ STEP 01

우리 어머니는 부엌에 계신다. 그녀는 요리하고 계신다. 우리 아버지는 침실에 계신다. 그는 주무시고 계신다. 나는 거실에 있다. 나는 노래하며 춤추고 있다.

My ________ ________ in the kitchen. She ________ cooking. ________ ________ ________ in the bedroom. He ________ ________. ________ ________ in the living room. I am ________ and dancing.

◆ STEP 02

우리 아버지는 부엌에 계신다. 그는 요리하고 계신다. 우리 어머니는 화장실에 계신다. 내 형과 나는 거실에 있다. 우리는 노래하며 춤추고 있다.

____

____

____

____

____

1형식 ‘있지 않다[없다]’는 의미를 나타내려면?

06 He isn’t in his room.

그는 그의 방 안에 없다.

◆ ‘있지 않다’는 의미를 나타낼 때는 am/are/is 뒤에 not을 붙인다

‘~에 있지 않다’, ‘없다’는 〈am/are/is+not〉으로 쓰면 돼. be동사와 not은 줄임말로 자주 쓰니 아래 모양을 익혀 두자.

〈be동사+not〉의 줄임말		
am not → 줄임말 없음	are not → **aren’t**	is not → **isn’t**

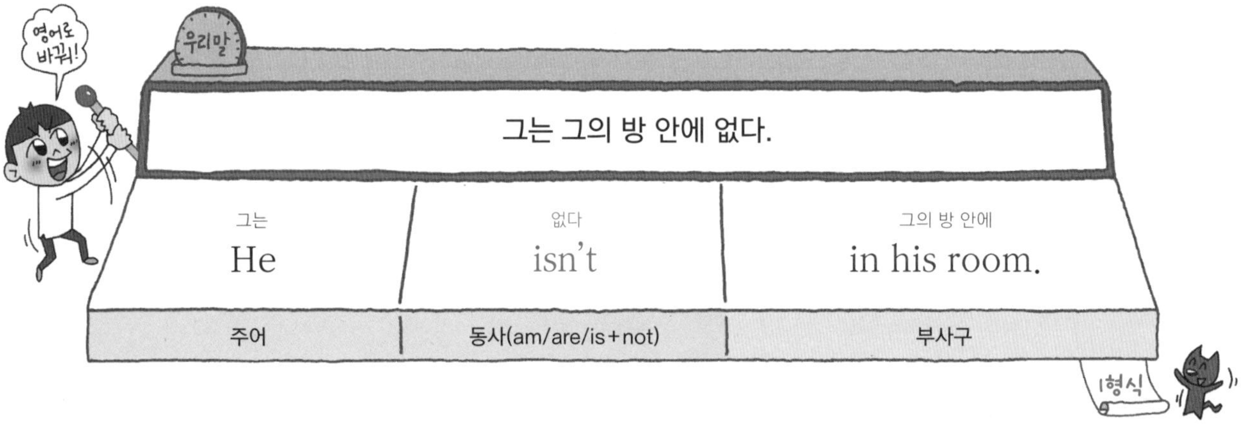

영어로 바꿔!
우리말
그는 그의 방 안에 없다.
그는
He
없다
isn’t
그의 방 안에
in his room.
주어
동사(am/are/is+not)
부사구
1형식

확인 문제 부정문을 완성해 보자. (be동사+not의 줄임말로 쓰기)

❶ 그는 집에 있다.
He is at home.
He ________ at home.
그는 집에 없다.

❷ 그녀는 집에 있다.
She is at home.
She ________ at home.
그녀는 집에 없다.

❸ 그들은 집에 있다.
They are at home.
They ________ at home.
그들은 집에 없다.

❹ 너는 집에 있다.
You are at home.
You ________ at home.
너는 집에 없다.

◆ 꼭 알아야 할 단어 부사구를 찾아 동그라미 표시를 해 보자.

at home 집에서	her 그녀의	their 그들의	not 아니다, 않다
his 그의	in his room 그의 방 안에	and 그리고	garden 정원

01 채우면 1형식 문장이 보인다!

am not은 줄임말이 없어.

	주어	동사	부사구
1	나는 I	없다 ________	집에 at home.
2	알렉스는 Alex	없다 isn't[is ________]	집에 at home.
3	에밀리는 Emily	없다 ________ [is not]	그녀의 방 안에 in her room.
4	에밀리와 사라는 Emily and Sarah	없다 ________ [are not]	그들의 방 안에 in their room.

주격-소유격
I - my / you - your / we - our /
he - his / she - her / they - their /
it - its

02 쓰다 보면 어순 감각이 생긴다!

<be동사+not>은 줄임말로 써 보자.

1. 알렉스와 사라는 / 없다 / 그들의 방 안에
   Alex and Sarah ________ in their room.
2. 사라는 / 없다 / 그녀의 방 안에
   Sarah ________ ________ her room.
3. 사라는 / 없다 / 집에
   ________ ________ at home.
4. 그녀는 / 없다 / 집에
   ____
5. 그들은 / 없다 / 집에
   They aren't ________ ________.
6. 그들은 / 없다 / 그들의 방 안에
   They ________ in their room.
7. 그들은 / 없다 / 그들의 차 안에
   ________ ________ in ________ car.
8. 알렉스는 / 없다 / 그의 차 안에
   Alex ________ in his ________.
9. 알렉스는 / 없다 / 그의 방 안에
   ____
10. 나는 / 없다 / 내 방 안에
    I ________ ________ in my room.
11. 나는 / 없다 / 정원에
    ________ ________ ________ in the garden.
12. 우리는 / 없다 / 정원에
    ____

03 1형식 문장이 손에 붙는다!

〈be동사+not〉은 줄임말로 써 보자.

1. 알렉스와 사라는 정원에 없다.
   Alex and Sarah ________ in the garden.

2. 알렉스는 정원에 없다.
   Alex ________ ________ ________ ________.

3. 알렉스는 부엌에 없다.
   Alex ________ ________ the kitchen.

4. 나는 부엌에 없다.
   ____

5. 나는 거실에 없다.
   I ________ ________ in the living room.

6. 에밀리는 거실에 없다.
   Emily isn't ________ ________ ________ ________.

7. 에밀리와 나는 거실에 없다.
   ____

8. 우리는 거실에 없다.
   We ________ in the living room.

9. 우리는 침실에 없다.
   ________ ________ in the bedroom.

10. 사라는 침실에 없다.
    ____

TIP •
and(~와/과)
and는 '~와/과' 또는 '그리고'라는 의미의 단어야. and로 두 단어 이상을 연결할 때는 앞뒤에 오는 단어 성질이 같아야 해. 〈명사 and 명사〉, 〈동사 and 동사〉, 〈형용사 and 형용사〉 식으로 연결하는 거지.
또 Emily and I(에밀리와 나)처럼 주어에 2명이 오면 be동사는 are로 써야 해.

04 서술형, 수행평가에도 통하는 영작문!

◆ STEP 01

알렉스는 식사하고 있지 않다. 그는 부엌에 없다. 그는 거실에 있다. 에밀리는 자고 있지 않다. 그녀는 침실에 없다. 그녀는 정원에 있다.

Alex isn't eating. He ________ in the kitchen. ________ is ________ the living room. Emily ________ sleeping. She isn't ________ ________. She ________ in the garden.

◆ STEP 02

사라는 요리하고 있지 않다. 그녀는 부엌에 없다. 그녀는 화장실에 있다. 나는 놀고 있지 않다. 나는 정원에 없다. 나는 내 방 안에 있다.

____

____

____

____

____

07 There is a party.

파티가 있다.

1. There is/are ~의 표현은 주어가 be동사 뒤에 온다

정말 유용한 표현이니 잘 익혀 두어야 해. 〈주어+be동사〉의 '있다'와 다른 점은 **주어가 is나 are 뒤에 온다**는 거야. 여기서 there는 별다른 뜻이 없어. 주어와 동사만으로 충분한 문장이니까 역시 1형식이야.

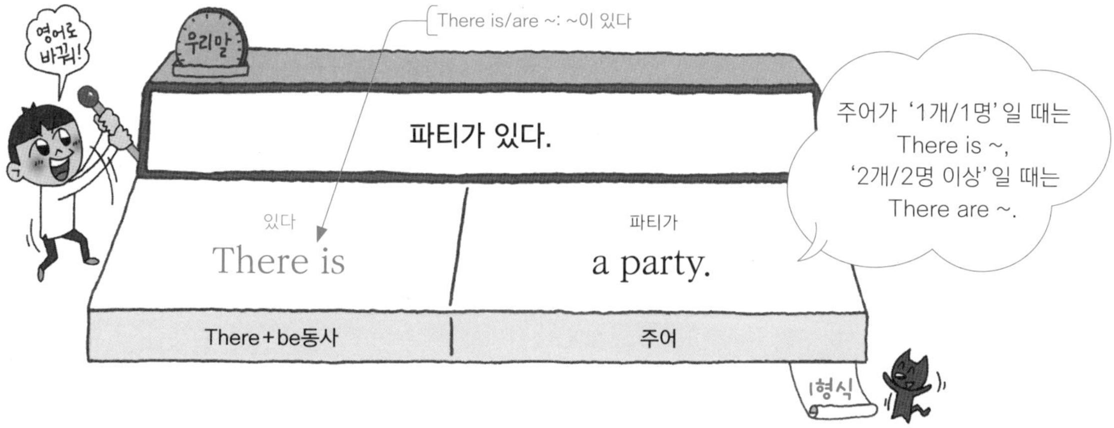

영어로 바꿔!
우리말
There is/are ~: ~이 있다
파티가 있다.
있다
There is
파티가
a party.
There+be동사
주어
주어가 '1개/1명'일 때는 There is ~, '2개/2명 이상'일 때는 There are ~.
1형식

2. There is/are ~의 표현은 주어 뒤에 장소 부사나 시간 부사가 올 수 있다

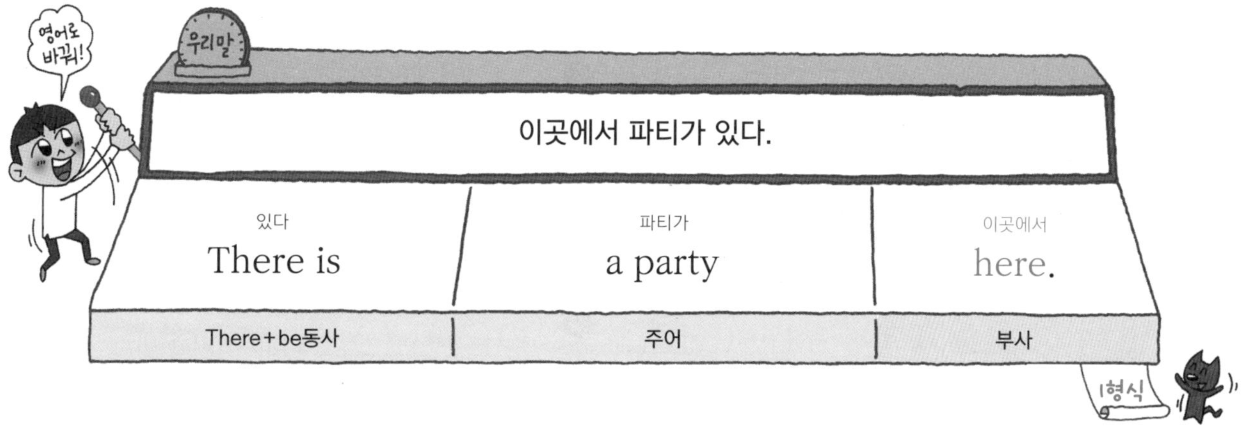

영어로 바꿔!
우리말
이곳에서 파티가 있다.
있다
There is
파티가
a party
이곳에서
here.
There+be동사
주어
부사
1형식

◆ **꼭 알아야 할 단어** 명사를 찾아 동그라미 표시를 해 보자.

party 파티, 잔치	museum 박물관	here 이곳에, 여기에	house 집, 주택
together 함께	game 게임, 경기	pond 연못	neighborhood 동네, 근처

01 채우면 1형식 문장이 보인다!

<be동사+not>은 줄임말로 써 보자.

	있다	경기가	
1	There is	a game.	
	There+be동사	주어	

a: '하나의'라는 뜻이 있어. 단수 명사 앞에만 쓰고 복수 명사 앞에는 쓰지 않아.

	있다	경기들이	
2	There are	________.	
	There+be동사	주어	

	있다	경기들이	매일
3	________	games	every day.
	There+be동사	주어	부사구

	없다	경기들이	저곳에서
4	There ________	games	there.
	There+be동사	주어	부사

There isn't/aren't ~: ~이 없다

there: 저기에, 저곳에서

02 쓰다 보면 어순 감각이 생긴다!

1. 있다 / 경기가 / 이곳에서
There is ________ ________ here.

2. 있다 / 경기들이 / 이곳에서
There ________ ________ here.

3. 있다 / 경기들이 / 이곳에서 / 주말마다
________ ________ games ______ every weekend.

4. 있다 / 파티들이 / 이곳에서 / 주말마다
There are parties here ________ ________.

5. 있다 / 파티들이 / 저곳에서 / 주말마다
________ ________ ________ there ______ weekend.

6. 있다 / 파티들이 / 주말마다
____

7. 있다 / 파티들이 / 매일
There are ________ every day.

8. 있다 / 파티가 / 매일
There is ________ ________ every day.

9. 있다 / 파티가 / 5시에
________ ________ a party at 5:00.

at+시간: ~ 시에

10. 있다 / 파티가 / 5시에 / 저곳에서
____

11. 있다 / 경기가 / 5시에 / 저곳에서
________ ________ a game at 5:00 there.

12. 있다 / 경기들이 / 5시에 / 저곳에서
____

03 1형식 문장이 손에 붙는다!

<be동사+not>은 줄임말로 써 보자.

1. 공원 안에 연못들이 있다.
_______ _______ ponds in the park.

2. 공원 안에 연못이 있다.
____

3. 공원 안에 연못이 없다.
There isn't a _______ in the _______.

4. 이 동네에 연못이 없다.
_______ _______ _______ _______ in this neighborhood.

5. 이 동네에 박물관이 없다.
_______ _______ a museum _______ this neighborhood.

6. 이 동네에 박물관이 있다.
____

7. 저기에 박물관이 있다.
_______ _______ a museum there.

8. 저기에 박물관들이 있다.
____

9. 저기에 박물관들이 없다.
_______ _______ museums _______.

10. 저기에 집들이 없다.
____

TIP 명사의 복수형 만들기

대부분의 단수 명사	명사-(e)s	a game → games
-y로 끝나는 단수 명사	명사의 y를 i로 고치고 -es	a party → parties

04 서술형, 수행평가에도 통하는 영작문!

◆ STEP 01

우리 마을에 공원이 있다. 공원에 연못은 없다. 나는 매일 공원에 간다. 알렉스와 나는 공원에서 만난다. 우리는 공원에서 함께 논다.

There _______ a park in my neighborhood.

_______ _______ a pond _______ the park.

I go _______ the park every day. Alex and I

_________ in the park. We play together

_______ _______ _______.

◆ STEP 02

우리 마을에 공원이 있다. 주말마다 공원에서 파티들이 있다. 사라[Sarah]와 나는 주말마다 공원에 간다. 우리는 공원에서 함께 논다.

____

____

____

____

____

1형식 사물의 위치를 설명해 보자

08 There is a book under the desk.

책상 아래에 책이 있다.

◆ 사물의 위치를 설명할 때는 전치사를 쓴다

위, 아래, 옆, 앞, 뒤 등 위치를 설명할 때는 **on(~의 위에)**, **under(~의 아래에)**, **beside(~의 옆에)**, **in front of(~의 앞에)**, **behind(~의 뒤에)** 같은 단어를 잘 활용해야 해. 이런 단어들을 전치사라고 불러. 〈전치사+a, an/the+명사〉 순서도 명심하자.

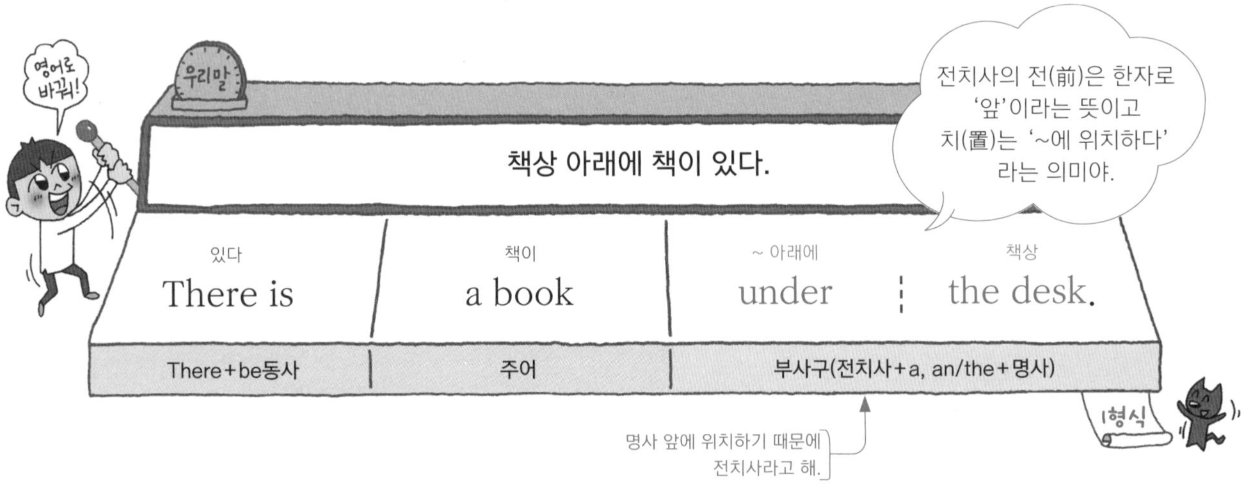
영어로 바꿔!
우리말
책상 아래에 책이 있다.
전치사의 전(前)은 한자로 '앞'이라는 뜻이고 치(置)는 '~에 위치하다'라는 의미야.
있다
There is
책이
a book
~ 아래에
under
책상
the desk.
There+be동사
주어
부사구(전치사+a, an/the+명사)
명사 앞에 위치하기 때문에 전치사라고 해.
1형식

확인 문제 그림을 보고 빈칸에 알맞은 전치사를 써 보자.

❶ 가방 안에 책들이 있다.
There are books ________ the bag.

❷ 책상 위에 가방이 있다.
There is a bag ________ the desk.

◆ 꼭 알아야 할 단어 위치 전치사를 익혀보자.

in ~의 안에	on ~의 위에	under ~의 아래에
beside ~의 옆에	in front of ~의 앞에	behind ~의 뒤에

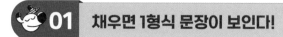

01 채우면 1형식 문장이 보인다!

〈be동사+not〉은 줄임말로 써 보자.

	있다	키보드가	책상 위에
1	There ________	a keyboard	________ the desk.
	There+be동사	주어	부사구

	없다	키보드들이	책 옆에
2	There ________	keyboards	________ the book.
	There+be동사	주어	부사구

	그 책이	있다	가방 안에
3	The book	________	________ the bag.
	주어	동사	부사구

	그 책들이	있다	테이블 아래에
4	The books	________	________ the table.
	주어	동사	부사구

02 쓰다 보면 어순 감각이 생긴다!

1. 그 책들이 / 있다 / 테이블 위에
   The books are ________ the table.
2. 그 책이 / 있다 / 테이블 위에
   ____
3. 그 책이 / 있다 / 테이블 옆에
   The book ________ beside the table.
4. 그 책이 / 있다 / 키보드 옆에
   The ________ ________ ________ the keyboard.
5. 그 마우스가 / 있다 / 키보드 옆에
   The mouse is ________ ________ ________.
6. 그 마우스가 / 있다 / 책 옆에
   ____
7. 그 마우스가 / 있다 / 책 위에
   The mouse is ________ ________ ________.
8. 그 키보드가 / 있다 / 책 위에
   ________ keyboard ________ on the book.
9. 그 키보드가 / 있다 / 책 뒤에
   ________ ________ ________ behind the book.
10. 그 키보드가 / 있다 / 모니터 뒤에
    The keyboard is ________ the monitor.
11. 그 연필들이 / 있다 / 모니터 뒤에
    The pencils ________ ________ ________ ________.
12. 그 연필들이 / 있다 / 모니터 옆에
    ____

03 1형식 문장이 손에 붙는다!

1 모니터 옆에 연필들이 있다.
There ______ pencils ________ the monitor.

2 모니터 옆에 키보드가 있다.
There _____ a keyboard ______ the monitor.

3 모니터 앞에 키보드가 있다.
________ ________ ________ keyboard in front of the monitor.

4 모니터 앞에 마우스가 있다.
There is a mouse ________ ________ ________ the monitor.

5 가방 앞에 마우스가 있다.
____

6 가방 안에 마우스가 있다.
There ________ ________ ________ in the bag.

7 가방 안에 연필이 있다.
There is a pencil ________ ________ ________.

8 가방 안에 연필들이 있다.
____

9 책상 아래에 연필들이 있다.
________ ________ pencils under the desk.

10 책상 아래에 책들이 있다.
____

TIP

a(an)/the는 언제 쓰는 걸까?
영어에는 명사 앞에 쓰는 관사라는 게 있어. 명사가 하나일 때는 a나 an을, 특정한 것일 경우는 the를 붙여. a(an)은 '하나의', the는 '그, 저'라는 뜻이 있기는 하지만 해석하지 않을 때가 많아.

the의 대표적인 두 가지 쓰임
1. 앞에 나온 명사를 다시 말할 때
2. 어느 것을 가리키는지 다들 이미 알고 있을 때

04 서술형, 수행평가에도 통하는 영작문!

◆ STEP 01

방 안에 책상이 있다. 책상 옆에 가방이 있다. 책상 위에는 키보드가 있다. 키보드 뒤에는 책들이 있다. 키보드 앞에는 마우스가 있다.

There is a desk ________ the room. There ________ a bag ________ the desk. ________ is a keyboard ________ the desk. There are books ________ the keyboard. ________ ________ a mouse ______ ______ ______ the keyboard.

◆ STEP 02

거실에 테이블이 있다. 테이블 아래에 책이 있다. 책 위에 연필들이 있다. 책 옆에는 가방이 있다. 가방 안에는 마우스가 있다.

____
____
____
____
____

09

1형식

주어 + 동사 총정리

01 채우면 1형식 문장이 보인다!

부정형은 줄임말로 써 보자.

1 나는 노래한다.

I	sing.
주어	동사

2 그는 프랑스에서 일한다.

He	______	________.
주어	동사	부사구

3 나는 학교에 가지 않는다.

______	________	________.
주어	동사	부사구

4 그녀는 자고 있다.

______	________.
주어	동사

5 그녀는 부엌에 있다.

She	______	________.
주어	동사	부사구

6 그는 그의 방에 없다.

______	______	________.
주어	동사	부사구

7 여기서 파티가 있다.

________	________	______.
There+be동사	주어	부사

02 쓰다 보면 어순 감각이 생긴다!

부정형은 줄임말로 써 보자.

1. 우리는 / 노래한다
We ________.

2. 우리는 / 노래한다 / 함께
________ ________ together.

3. 그들은 / 노래한다 / 함께
____

4. 그들은 / 일한다 / 함께
They work ________.

5. 그녀와 나는 / 일한다 / 함께
She and I ________ together.

6. 그녀와 나는 / 일한다 / 파리에서
________ ________ ________ ________ in Paris.

7. 그녀는 / 일한다 / 파리에서
____

8. 그녀는 / 산다 / 파리에서
She lives ________ Paris.

9. 그녀는 / 살지 않는다 / 파리에서
____

10. 나는 / 살지 않는다 / 파리에서
I ________ ________ in Paris.

11. 나는 / 학교에 다니지 않는다 / 파리에서
I ________ go to school ________ ________.

12. 나는 / 학교에 다닌다 / 파리에서
____

13. 나는 / 간다 / 도서관에
I ________ ________ the library.

14. 그는 / 간다 / 도서관에
____

15. 그는 / 공부한다 / 도서관에서
He studies in ________ ________.

16. 내 형은 / 공부한다 / 도서관에서
My brother ________ in the library.

17. 내 형은 / 공부하지 않는다 / 도서관에서
____

18. 내 형은 / 공부하고 있지 않다 / 도서관에서
My brother isn't ________ in the library.

19. 내 누나들은 / 공부하고 있지 않다 / 도서관에서
My sisters ________ studying in the library.

20. 내 누나는 / 공부하고 있지 않다 / 도서관에서
____

21. 나는 / 공부하고 있지 않다 / 도서관에서
I ________ ________ ________ in the library.

22. 나는 / 없다 / 도서관에
____

TIP 일반동사의 긍정문과 부정문

긍정문	부정문
You **work** in Paris. 너는 파리에서 일한다.	You **don't work** in Paris. 너는 파리에서 일하지 않는다.
They **sing** together. 그들은 함께 노래한다.	They **don't sing** together. 그들은 함께 노래하지 않는다.
She **goes** to the library. 그녀는 도서관에 간다.	She **doesn't go** to the library. 그녀는 도서관에 가지 않는다.

03 1형식 문장이 손에 붙는다!

1 나는 집에 없다.
________ ________ ________ at home.

2 나는 내 방 안에 없다.
I ________ not ________ my room.

3 우리 부모님은 그들의 방 안에 안 계신다.
My parents ________ ________ in their room.

4 우리 부모님은 거실에 안 계신다.
________ ________ ________ ________ in the living room.

5 우리 부모님은 거실에 계신다.
____

6 우리 아버지는 거실에 계신다.
____

7 거실에 테이블이 하나 있다.
There is a table in ________ ________ ________.

8 거실에 테이블들이 있다.
____

9 거실에 의자들이 있다.
________ ________ chairs in the living room.

10 의자 아래에 공들이 있다.
There are balls ________ ________ ________.

11 의자 위에 공들이 있다.
________ ________ ________ ________ the chair.

12 공 앞에 책이 있다.
There is a book ________ ________ ________ ________ ________.

13 책 옆에 가방이 있다.
____

14 가방 뒤에 모니터가 있다.
____

04 서술형, 수행평가에도 통하는 영작문!

내 형은 제주도에 산다. 그는 매일 일한다. 그는 지금 일하고 있다. 내 누나는 파리에 산다. 그녀는 그곳에서 공부한다. 그녀는 지금 자고 있다.

____
____
____
____
____
____
____

10 I am a student.

나는 학생이다.

◆ am/are/is가 '~이다'의 뜻이라면 뒤에 보충해 주는 말이 필요하다

'I am a student.'에서 '나=학생'이잖아. 이렇게 be동사가 '~이다'의 의미일 때는 주어를 보충해 주는 보어가 필요해. 주어, 동사, 보어로 이루어진 문장은 2형식이야.

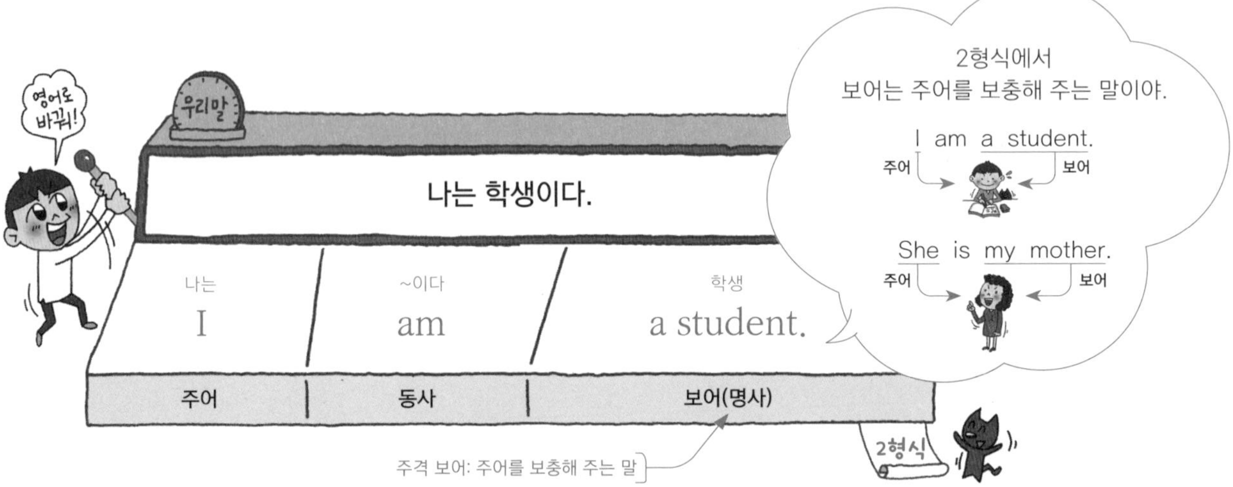
영어로 바꿔!
우리말
나는 학생이다.
나는
I
~이다
am
학생
a student.
주어
동사
보어(명사)
주격 보어: 주어를 보충해 주는 말
2형식
2형식에서
보어는 주어를 보충해 주는 말이야.
I am a student.
주어
보어
She is my mother.
주어
보어

확인 문제 다음 문장에서 보어를 찾아 써 보자.

❶ 그녀는 우리 어머니다.
She is my mother. → 보어: ____________

❷ 그는 선생님이다.
He is a teacher. → 보어: ____________

◆ 꼭 알아야 할 단어 직업을 나타내는 말을 찾아 동그라미 표시를 해 보자.

teacher 교사	hairdresser 미용사	engineer 엔지니어	aunt 이모, 고모, 아줌마
fashion model 패션 모델	uncle 삼촌, 외삼촌, 아저씨	on TV 텔레비전에	entertainer 연예인

01 채우면 2형식 문장이 보인다!

❶ 비교해 보자!

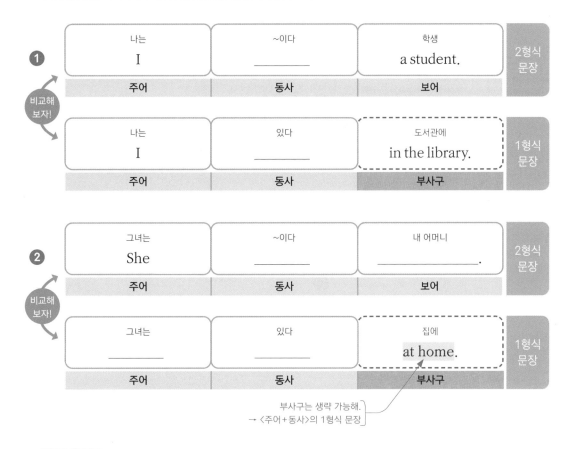

주어	동사	보어	
나는 I	~이다 ______	학생 a student.	2형식 문장

주어	동사	부사구	
나는 I	있다 ______	도서관에 in the library.	1형식 문장

❷ 비교해 보자!

주어	동사	보어	
그녀는 She	~이다 ______	내 어머니 ______________.	2형식 문장

주어	동사	부사구	
그녀는 ______	있다 ______	집에 at home.	1형식 문장

부사구는 생략 가능해.
→ <주어+동사>의 1형식 문장

02 쓰다 보면 어순 감각이 생긴다!

문제를 푼 후 **보어**에 동그라미 표시를 해 보자.

❶ 그는 / ~이다 / 엔지니어
He ________ an engineer.

❷ 그는 / ~이다 / 내 아버지
________ is my father.
I(나) - my(나의)

❸ 이분은 / ~이다 / 내 아버지
This is ________ ________.

❹ 이분은 / ~이다 / 내 어머니
________ ________ my mother.

❺ 그녀는 / ~이다 / 내 어머니
____

❻ 내 어머니는 / ~이다 / 미용사
________ ________ is a hairdresser.

❼ 나는 / ~이다 / 미용사
____

❽ 그들은 / ~이다 / 미용사들
________ are hairdressers.

❾ 내 언니들은 / ~이다 / 미용사들
My sisters ________ hairdressers.

❿ 내 언니들은 / ~이다 / 패션 모델들
________ ________ ________ fashion models.

⓫ 내 언니는 / ~이다 / 패션 모델
My sister is ________ ________ ________.

⓬ 내 오빠는 / ~이다 / 패션 모델
____

03 2형식 문장이 손에 붙는다!

<be동사+not>은 줄임말로 써 보자.

1 그는 패션 모델이다.
He ________ a ________ ________.

2 그는 연예인이다.
________ ________ an entertainer.

모음 소리(a, e, i, o, u)로 시작하는 단어 앞에는 an을 써.

3 그의 이모는 연예인이다.
His aunt ________ ________ ________.

he(그) - his(그의)

4 그의 이모는 연예인이 아니다.
____

5 그의 이모들은 연예인들이 아니다.
His aunts ________ entertainers.

6 그들은 연예인들이 아니다.
They aren't ____________.

7 그들은 연예인들이다.
____

8 그들은 내 삼촌들이다.
________ ________ my uncles.

9 그 연예인들은 내 삼촌들이다.
The entertainers ________ ________ ________.

10 그 연예인들은 그의 삼촌들이다.
____

TIP • be동사의 부정문

<be동사+not>	<be동사+not>의 줄임말
I am not a fashion model.	I am not a fashion model. (am not은 줄임말 없음)
He is not a fashion model.	He isn't a fashion model.
They are not fashion models.	They aren't fashion models.

04 서술형, 수행평가에도 통하는 영작문!

◆ STEP 01

우리 아버지는 엔지니어다. 그는 오늘 일한다. 우리 어머니는 연예인이다. 그녀는 매일 TV에 나온다. 나는 학생이다. 나는 지금 도서관에 있다.

My father ________ an engineer. ________ works today. ________ mother ________ an entertainer. ________ is on TV ________ day. I ________ a student. I am ________ the library now.

on TV: TV(화면)에

◆ STEP 02

우리 아버지는 연예인이다. 그는 매일 TV에 나온다. 우리 어머니는 디자이너다. 그녀는 매주 토요일에 일한다. 나는 학생이다. 나는 지금 집에 있다.

____
____
____
____
____

11 He is a kind teacher.

그는 친절한 선생님이다.

◆ 형용사로 보어의 뜻을 다양하게 표현할 수 있다

'그는 선생님이다.'는 사실만 전달하는 문장이잖아. '그는 **친절한** 선생님이다.'처럼 어떤 선생님인지 꾸며 주는 말을 덧붙일 때는 형용사를 활용하면 돼. 형용사는 아래에서 보듯이 〈a, an/the+**형용사(kind)**+명사(teacher)〉의 순서로 쓰는 거야.

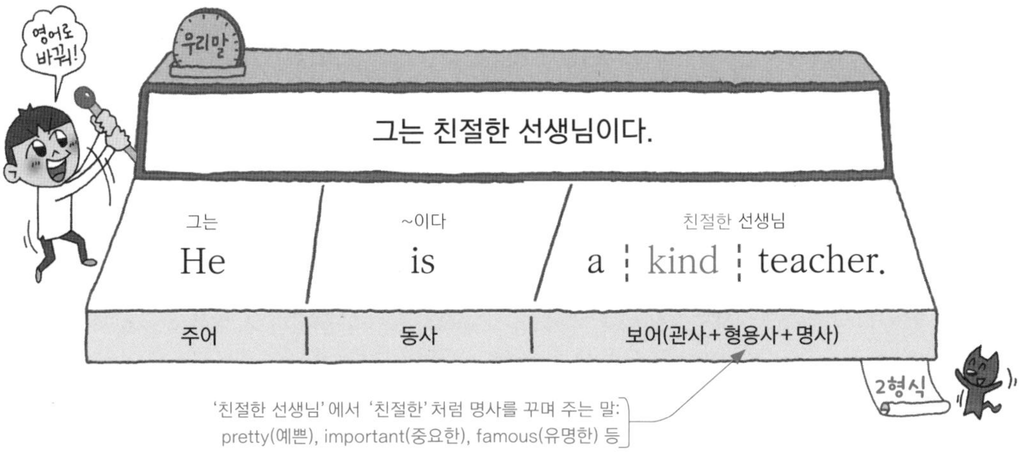
영어로 바꿔!
우리말
그는 친절한 선생님이다.
그는
He
~이다
is
친절한 선생님
a kind teacher.
주어
동사
보어(관사+형용사+명사)
2형식
'친절한 선생님'에서 '친절한'처럼 명사를 꾸며 주는 말: pretty(예쁜), important(중요한), famous(유명한) 등

확인 문제 우리말을 보고 주어진 단어를 바르게 배열해 보자.

❶ 사라는 똑똑한 소녀다.
Sarah is (smart, a, girl). → Sarah is ______________.

❷ 크리스는 키가 큰 소년이다.
Chris is (boy, tall, a). → Chris is ______________.

◆ 꼭 알아야 할 단어 형용사를 찾아 동그라미 표시를 해 보자.

girl 소녀	happy 행복한	people 사람들	smart 똑똑한
kind 친절한	a / an 하나의	tall 키가 큰	person 사람

01 채우면 2형식 문장이 보인다!

⟨a, an/the+형용사+명사⟩의 순서로 써.

❶

크리스는	~이다	(한 명의)	키가 큰	학생
Chris	________	a	tall	________.
주어	동사	보어(관사+형용사+명사)		

❷

밀러 씨는	~이다	(한 명의)	친절한	선생님
Ms. Miller	is	______	________	teacher.
주어	동사	보어(관사+형용사+명사)		

❸

나는	~이다	(한 명의)	행복한	선생님
I	________	a	happy	________.
주어	동사	보어(관사+형용사+명사)		

❹

우리는	~이다		행복한	선생님들
We	________	×	________	teachers.
주어	동사	보어(형용사+명사)		

2명/2개 이상일 때는 a, an을 쓰지 않아.

02 쓰다 보면 어순 감각이 생긴다!

❶ 우리는 / ~이다 / 행복한 사람들
________ ________ happy people.

❷ 그들은 / ~이다 / 행복한 사람들
They are ________ ________.

❸ 그는 / ~이다 / 행복한 사람
He ________ a ________ person.

단수 명사 - 복수 명사
person - people

❹ 크리스는 / ~이다 / 행복한 사람
____

❺ 크리스는 / ~이다 / 행복한 소년
________ ________ a happy boy.

❻ 그는 / ~이다 / 행복한 소년
____

❼ 그녀는 / ~이다 / 행복한 소녀
She is ________ ________ girl.

❽ 그녀는 / ~이다 / 똑똑한 소녀
________ ________ a smart girl.

❾ 에밀리는 / ~이다 / 똑똑한 소녀
Emily is ________ ________ ________.

❿ 에밀리와 알렉스는 / ~이다 / 똑똑한 학생들
Emily and Alex ________ smart ________.

⓫ 그들은 / ~이다 / 친절한 학생들
________ ________ kind students.

⓬ 크리스는 / ~이다 / 친절한 학생
____

03 2형식 문장이 손에 붙는다!

<be동사+not>은 줄임말로 써 보자.

1. 알렉스는 친절한 학생이다.
   Alex is a ________ student.

2. 알렉스는 친절한 학생이 아니다.
   Alex isn't ________ kind ________.

3. 나는 친절한 학생이 아니다.
   ____

4. 나는 키가 큰 학생이 아니다.
   ________ ________ not a tall ________.

5. 나는 키가 큰 학생이다.
   I am ________ ________ ________.

6. 크리스와 나는 키가 큰 학생들이다. (2명/2개 이상일 때는 a, an을 쓰지 않아.)
   Chris and I ________ ________ students.

7. 크리스와 나는 키가 큰 학생들이 아니다.
   Chris and I ________ ________ ________.

8. 우리는 키가 큰 학생들이 아니다.
   ____

9. 우리는 똑똑한 학생들이 아니다.
   ________ ________ smart students.

10. 그녀는 똑똑한 학생이 아니다.
    ____

04 서술형, 수행평가에도 통하는 영작문!

◆ STEP 01

존슨 씨는 친절한 선생님이다. 그녀는 우리 어머니다. 크리스는 똑똑한 학생이다. 그는 내 형이다. 에밀리는 키가 큰 소녀다. 그녀는 내 누나이다.

Ms. Johnson is a ________ teacher. She is ________ ________. Chris is a ________ student. ________ is my brother. Emily is ________ ________ ________. She is my ________.

◆ STEP 02

밀러 씨[Ms. Miller]는 똑똑한 엔지니어다. 그녀는 내 누나다. 알렉스는 키가 큰 소년이다. 그는 내 형이다. 나는 친절한 학생이다. 우리는 행복한 사람들이다.

____

____

____

____

____

12 I am tired.

나는 피곤하다.

1. am/are/is 다음에 감정이나 상태를 나타내는 말을 쓴다

'나는 행복해.', '그는 화가 났어.'처럼 주어의 **감정이나 상태를 나타낼 때는 〈주어+be동사+형용사(보어)〉의 2형식 문장**을 활용하면 돼.

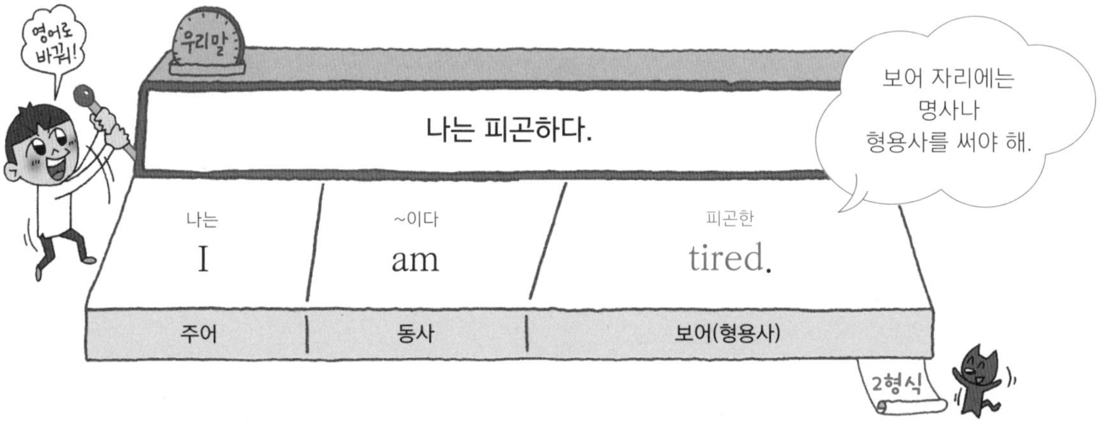
영어로 바꿔!
우리말
나는 피곤하다.
보어 자리에는 명사나 형용사를 써야 해.
나는
I
~이다
am
피곤한
tired.
주어
동사
보어(형용사)
2형식

2. was/were로 '~이었다'는 과거를 나타낸다

우리말은 보통 '했', '었'을 동사에 넣으면 과거가 되잖아. 영어에서 be동사의 과거형은 was/were로 동사의 형태가 바뀌어.

현재	→	과거
am/is		was
are		were

◆ **꼭 알아야 할 단어** 형용사를 찾아 동그라미 표시를 해 보자.

was ~이었다, 있었다	yesterday 어제	worried 걱정하는
tired 피곤한	angry 화가 난	were ~이었다, 있었다

01 채우면 2형식 문장이 보인다!

❶

주어	동사	보어
나는 I	~이다 ________	화가 난 angry.

be동사 뒤에 오는 형용사는 보어야.

❷

주어	동사	보어
나는 I	~이었다 was	화가 난 ________.

❸

주어	동사	보어
우리는 We	~이다 ________	피곤한 tired.

부사 yesterday는 생략할 수 있어.
→ <주어+동사+보어>의 2형식 문장

❹

주어	동사	보어	부사
우리는 We	~이었다 were	피곤한 ________	어제 yesterday.

02 쓰다 보면 어순 감각이 생긴다!

❶ 그들은 / ~이었다 / 피곤한
They were ________.

❷ 그들은 / ~이다 / 피곤한
They ________ tired.

❸ 알렉스와 크리스는 / ~이다 / 피곤한
Alex and Chris ________ ________.

❹ 알렉스와 크리스는 / ~이다 / 행복한
Alex and Chris ________ happy.

❺ 알렉스는 / ~이다 / 행복한
____

❻ 그는 / ~이다 / 행복한
________ is happy.

❼ 그는 / ~이었다 / 행복한 / 어제
He was ________ yesterday.

❽ 우리는 / ~이었다 / 행복한 / 어제
____

❾ 우리는 / ~이었다 / 화가 난 / 어제
We ________ angry yesterday.

❿ 나는 / ~이었다 / 화가 난 / 어제
I was ________ ________.

⓫ 에밀리와 나는 / ~이었다 / 화가 난 / 어제
Emily and I ________ angry ________.

⓬ 에밀리는 / ~이었다 / 화가 난 / 어제
____

03 2형식 문장이 손에 붙는다!

1. 에밀리는 어제 피곤했다.
Emily ________ ________ yesterday.

2. 에밀리는 오늘도 피곤하다.
________ ________ tired today, too.

3. 우리는 오늘도 피곤하다.
We are ________ ________, too.

4. 우리는 오늘도 행복하다.
________ ________ happy today, ________.

5. 우리는 어제도 행복했다.
____

6. 나는 어제도 행복했다.
I ________ happy yesterday, too.

7. 나도 행복했다.
____

8. 나도 걱정했다.
________ ________ worried, too.

9. 그들도 걱정했다.
They ________ worried, ________.

10. 그와 나도 걱정했다.
____

TIP •
주어+be동사의 과거형
'~이었다'라는 의미로 문장을 쓸 때 주어에 따라 be동사를 구분해 써야 해.

주어	be동사의 과거형
I/He/She/It	was
You/We/They	were

04 서술형, 수행평가에도 통하는 영작문!

◆ STEP 01

존슨 씨는 어제 피곤했다. 그는 오늘도 피곤하다. 그는 지금 일하고 있다. 그의 여동생도 일하고 있다. 그녀는 지금 화가 나 있다.

Mr. Johnson was ________ yesterday. He ________ ________ today, too. ________ is working now. His sister ________ ________, too. She is ________ now.

◆ STEP 02

밀러 씨[Ms. Miller]는 어제 행복했다. 그녀는 오늘도 행복하다. 그녀는 지금 식사하고 있다. 그녀의 남동생도 식사하고 있다. 그는 지금 피곤하다.

____
____
____
____
____

13 The pizza tastes good.

그 피자는 맛이 좋다.

◆ 감각을 나타낼 때는 look, sound, smell, taste, feel을 활용한다

보이고, 들리고, 맛이 나고, 냄새 나고, 느껴진다고 할 때에는 '어떻게'라는 형용사가 있어야 해. 이때는 **〈주어+감각동사+형용사(보어)〉**의 2형식 문장을 활용하면 돼.

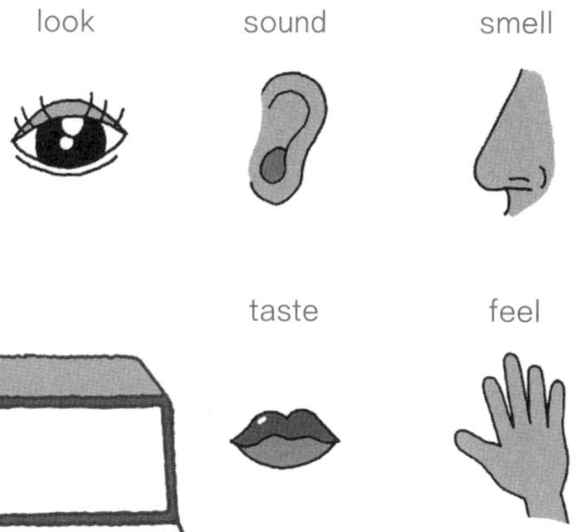
look
sound
smell
taste
feel

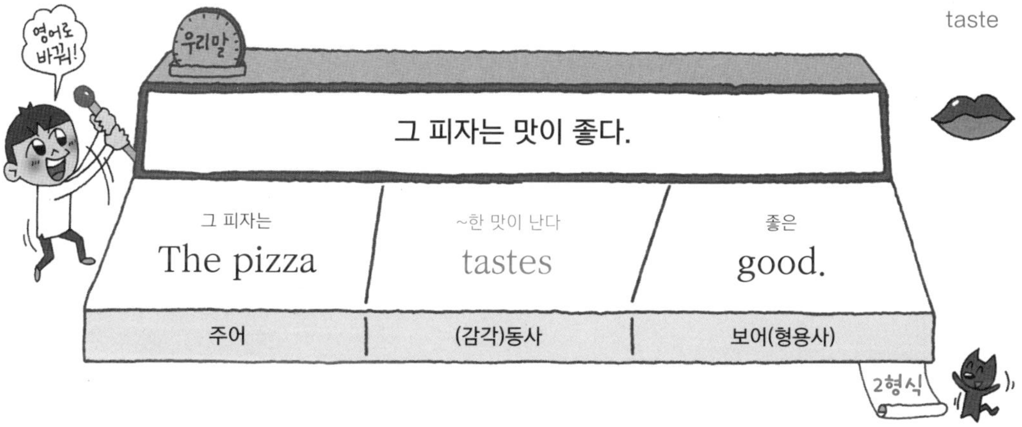
영어로 바꿔!
우리말
그 피자는 맛이 좋다.
그 피자는
The pizza
~한 맛이 난다
tastes
좋은
good.
주어
(감각)동사
보어(형용사)
2형식

확인 문제 우리말을 보고 주어진 단어를 바르게 배열해 보자.

❶ 나는 피곤하다.
(tired, feel, I) → I feel tired.

❷ 그것은 좋은 냄새가 난다.
(smells, it, good) → ______________________

❸ 너는 예뻐 보인다.
(look, you, pretty) → ______________________

◆ 꼭 알아야 할 단어 동사를 찾아 동그라미 표시를 해 보자.

story 이야기	feel 느끼다	boring 지루한, 따분한	sound 들리다
taste ~한 맛이 나다	smell ~한 냄새가 나다	look 보이다	wonderful 멋있는, 훌륭한

01 채우면 2형식 문장이 보인다!

1 나는 행복한 기분이다.

주어	동사	보어
나는 I	느낀다 ________	행복한 happy.

2 그 피자는 좋은 냄새가 난다.

주어	동사	보어
그 피자는 The pizza	냄새가 난다 ________	좋은 good.

3 그는 멋있어 보인다.

주어	동사	보어
그는 He	보인다 ________	멋있는 wonderful.

4 그것은 지루하게 들린다.

주어	동사	보어
그것은 That	들린다 ________	지루한 boring.

02 쓰다 보면 어순 감각이 생긴다!

1 그 이야기는 / 들린다 / 지루한
The story ________ ________.

2 그 이야기는 / 들린다 / 멋진
________ ________ sounds wonderful.

3 너는 / 보인다 / 멋진
You look __________.

4 그녀는 / 보인다 / 멋진
____

5 그녀는 / 보인다 / 예쁜
She ________ pretty.

6 그녀의 언니들은 / 보인다 / 예쁜
Her sisters ________ ________.

7 그녀의 언니들은 / 보인다 / 행복한
____

8 그녀의 언니들은 / 느낀다 / 행복한
Her ________ feel happy.

9 우리는 / 느낀다 / 행복한
we ________ ________.

10 우리는 / 느낀다 / 좋은
________ ________ good.

11 그는 / 느낀다 / 좋은
____

12 그는 / 느낀다 / 화가 난
____

03 2형식 문장이 손에 붙는다!

1 그 피자는 맛이 좋다.
The pizza ________ good.

2 그 케이크는 맛이 좋다.
The cake tastes ________.

3 그것은 맛이 좋다.
It ________ ________.

4 그것은 맛있다.
________ tastes delicious.

5 그것들은 맛있다.
____

6 그것들은 맛있는 냄새가 난다.
________ smell delicious.

7 그 피자는 맛있는 냄새가 난다.
____

8 그 피자는 상한 냄새가 난다.
The pizza ________ bad.

9 그것들은 상한 냄새가 난다.
They smell ________.

10 그것은 상한 냄새가 난다.
____

TIP • I am angry.와 I feel angry.

두 문장 모두 우리말로는 '나는 화가 난다.'는 의미야. 그런데 그냥 **화가 난 '상태'에 대해서 말할 때는 I am angry.로, 화가 나는 '기분' 또는 화가 나는 게 '느껴진다'는 것을 나타내고 싶으면 I feel angry.**라고 쓰면 돼. 둘 다 〈주어+동사+보어〉로 된 2형식 문장이야.

04 서술형, 수행평가에도 통하는 영작문!

◆ STEP 01

내 여동생과 나는 오늘 학교에 가지 않는다. 우리는 지금 집에 있다. 내 여동생은 피곤해 보인다. 그녀가 화난 것처럼 들린다. 그러나 나는 지금 행복한 기분이다. 왜냐고? 피자가 맛있는 냄새가 나니까.

My sister ________ I don't go ________ school today. We are at ________ now. My sister ________ tired. She sounds ________. But I ________ happy now. Why? The pizza smells ________.

◆ STEP 02

내 형과 나는 오늘 학교에 가지 않는다. 나는 지금 부엌에 있다. 나는 화가 난다[화나는 기분이다]. 피자가 상한 냄새가 난다. 내 형은 거실에 있다. 그는 행복해 보인다. 그는 지금 노래하고 있다.

____
____
____
____
____

2형식 날씨를 표현할 때는 It is ~를 쓴다

14 It is cloudy today.

오늘 날씨가 흐리다.

1. '날씨가 흐리다.'처럼 날씨를 영어로 나타낼 때는 It is ~를 쓴다

'지금 흐리다.', '오늘 바람이 분다.'처럼 날씨가 어떤지 쓸 때도 2형식을 활용할 수 있어. 'It is cloudy.'처럼 주어 자리에 it을 쓰고 be동사 다음에 날씨 형용사를 넣어 주면 돼. **〈It is+형용사(보어)〉**의 2형식 문장으로 쓰는 거야.

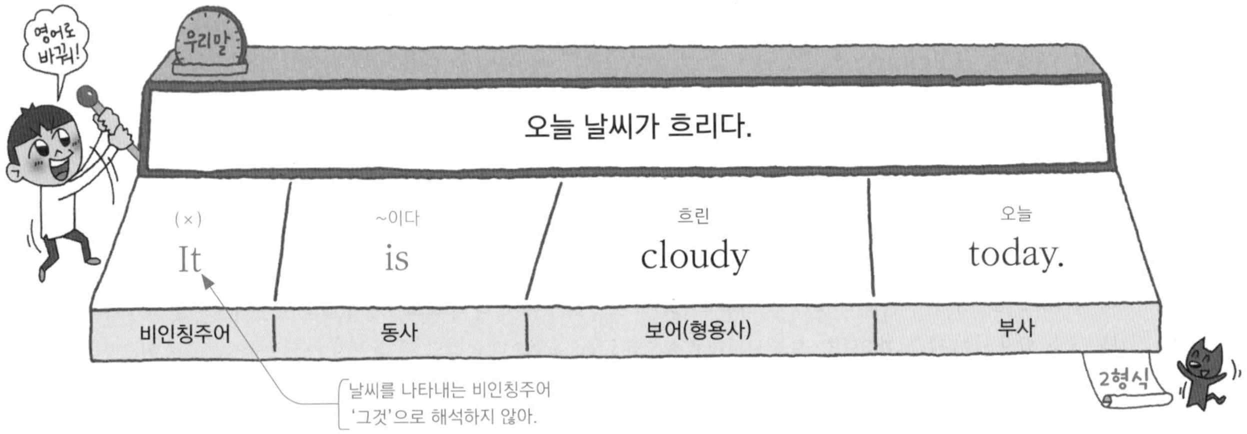

영어로 바꿔!
우리말
오늘 날씨가 흐리다.
(×) It
~이다 is
흐린 cloudy
오늘 today.
비인칭주어
동사
보어(형용사)
부사
날씨를 나타내는 비인칭주어 '그것'으로 해석하지 않아.
2형식

2. 시간, 요일 등을 나타낼 때도 It is ~의 표현을 쓴다

위와 똑같이 It is ~ 다음에 시간 또는 요일을 쓰면 돼.

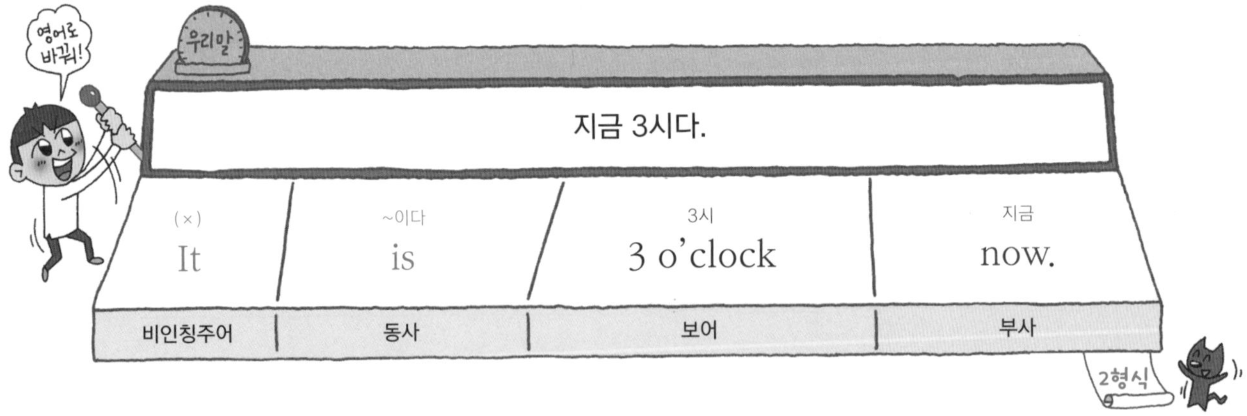

영어로 바꿔!
우리말
지금 3시다.
(×) It
~이다 is
3시 3 o'clock
지금 now.
비인칭주어
동사
보어
부사
2형식

◆ **꼭 알아야 할 단어** 형용사를 찾아 동그라미 표시를 해 보자.

windy 바람이 부는	hot 더운, 뜨거운	last Sunday 지난주 일요일에	cloudy 흐린, 구름이 낀
now 지금	last weekend 지난 주말에	warm 따뜻한	clear 맑은

01 채우면 2형식 문장이 보인다!

여기서 be동사 뒤에 온 형용사는 보어야.

1

비인칭주어	동사	보어	부사	
(해석 ×) It	~이다 ________	추운 cold	오늘 today.	오늘 날씨가 춥다.

2

비인칭주어	동사	보어	부사	
(해석 ×) ________	~이었다 was	바람이 부는 windy	어제 yesterday.	어제 바람이 불었다.

3

비인칭주어	동사	보어	부사	
(해석 ×) It	~이다 is	월요일 Monday	오늘 ________.	오늘은 월요일이다.

4

비인칭주어	동사	보어	부사	
(해석 ×) ________	~이다 ________	10시 10 o'clock	지금 now.	지금 10시다.

02 쓰다 보면 어순 감각이 생긴다!

1 (비인칭주어) / ~이다 / 더운 / 지금
________ ________ hot now.

2 (비인칭주어) / ~이다 / 추운 / 지금
It is cold ________.

3 (비인칭주어) / ~이었다 / 추운 / 어제
It was ________ yesterday.

4 (비인칭주어) / ~이었다 / 바람이 부는 / 어제
________ ________ windy ________.

5 (비인칭주어) / ~이었다 / 바람이 부는 / 지난주 일요일에
________ ________ ________ last Sunday.

6 (비인칭주어) / ~이었다 / 흐린 / 지난주 일요일에
It was cloudy last ________.

7 (비인칭주어) / ~이었다 / 흐린 / 그리고 / 바람이 부는 / 지난주 일요일에
____

8 (비인칭주어) / ~이다 / 흐리고 바람 부는 / 오늘
________ ________ cloudy and windy ________.

9 (비인칭주어) / ~이다 / 춥고 바람 부는 / 오늘
It is cold and ________ today.

10 (비인칭주어) / ~이다 / 덥고 맑은 / 오늘
________ ________ ________ and clear today.

11 (비인칭주어) / ~이다 / 맑은 / 오늘
____

12 (비인칭주어) / ~이다 / 따뜻한 / 오늘
____

03 2형식 문장이 손에 붙는다!

❶ 오늘은 화요일이다.
________ ________ Tuesday today.

❷ 오늘은 토요일이다. [It is~ 활용]
____

❸ 어제는 금요일이었다.
It ________ Friday yesterday.

❹ 어제는 맑았다.
It was clear __________.

❺ 지금은 맑다.
____

❻ 지금 4시다.
________ ________ 4 o'clock now.

❼ 지금 7시다.
____

❽ 지금 덥다.
It is hot ________.

❾ 지난 주말에 더웠다.
________ ________ ________ last weekend.

❿ 지난 주말에 추웠다.
____

TIP 비인칭주어 it

비인칭주어 it을 활용해서 거리나 명암에 대해서도 쓸 수 있어.

- It is dark in the room. 방 안이 어둡다.
- It is ten kilometers away. 10킬로미터 떨어져 있다.

이때 it에도 '그것'이라는 의미가 없다는 점을 기억해 둬.

<last+때>

last Monday 지난주 월요일 last week 지난주
last weekend 지난 주말 last month 지난달

04 서술형, 수행평가에도 통하는 영작문!

◆ STEP 01

어제는 추웠다. 알렉스는 피곤했다. 그래서 그는 집에 있었다. 오늘은 따뜻하다. 그는 기분이 좋다. 지금 6시다. 그는 식사하고 있다.

It was ________ yesterday. Alex was ________.

부사(today 등)는 문장 맨 앞에 써도 돼.

So, he ________ at home. Today, it is ________.

so: 그래서
앞의 내용에 대한 결과를 말할 때 사용해.

________ feels good. ________ is 6 o'clock now. He ________ ________.

◆ STEP 02

지난 주말에는 더웠다. 나는 피곤했다. 그래서 나는 집에 있었다. 오늘은 춥고 바람이 분다. 지금 8시다. 내 남동생이 지금 집에 없다. 나는 걱정된다.

____
____
____
____
____

15 It is getting cold.

추워지고 있다.

1. '날씨가 추워지고 있다'는 의미를 나타낼 때는 get을 활용한다

'~되고 있다'는 앞에서 배운 현재진행 시제를 쓰면 될 것 같지 않아? 맞아, be동사 다음에 '(~의 상태가) 되다'란 뜻의 get을 -ing 모양으로 쓰면 돼. '어떻게'는 형용사로 표현하자.

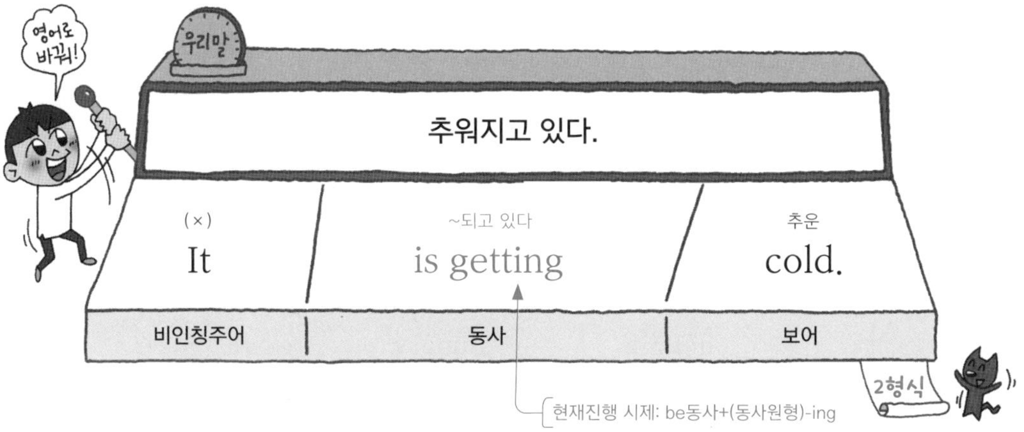
영어로 바꿔!
우리말
추워지고 있다.
(×)
It
비인칭주어
~되고 있다
is getting
동사
추운
cold.
보어
현재진행 시제: be동사+(동사원형)-ing
2형식

2. '배가 고파지고 있다'의 의미를 나타낼 때도 get을 쓴다

'배가 고파지고 있다'와 같은 문장에서는 '배'를 주어 자리에 쓰는 실수를 할 수 있는데, 형용사 hungry에 '배고픈'이라는 의미가 있기 때문에 영어로는 아래처럼 써야 해.

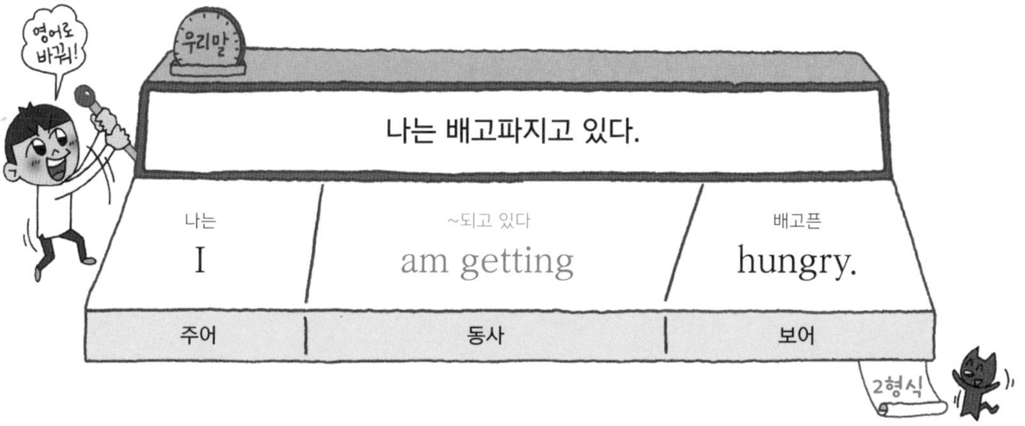
영어로 바꿔!
우리말
나는 배고파지고 있다.
나는
I
주어
~되고 있다
am getting
동사
배고픈
hungry.
보어
2형식

◆ **꼭 알아야 할 단어** 형용사를 찾아 동그라미 표시를 해 보자.

hungry 배고픈	get ~되다	outside 바깥에
inside 안에, 실내에	thirsty 목이 마른	warm 따뜻한

01 채우면 2형식 문장이 보인다!

❶

(×)	~되고 있다	따뜻한	실내에
It	is ________	warm	inside.
비인칭주어	동사	보어	부사

❷

(×)	~되고 있다	추운	바깥에
It	________ getting	cold	outside.
비인칭주어	동사	보어	부사

주어가 it이면 날씨가 추워지고 있다는 뜻

❸

나는	~해지고 있다	추운
I	____________	cold.
주어	동사	보어

주어가 I이면 내가 추워지고 있다는 뜻

❹

우리는	~해지고 있다	배고픈
We	________ getting	hungry.
주어	동사	보어

단모음+단자음으로 끝나는 동사는 마지막 자음을 하나 더 쓰고+ing: get-getting

02 쓰다 보면 어순 감각이 생긴다!

❶ 그들은 / ~해지고 있다 / 배고픈
They ________ ________ hungry.

❷ 그녀는 / ~해지고 있다 / 배고픈
____

❸ 그녀는 / ~해지고 있다 / 피곤한
________ ________ getting tired.

❹ 나는 / ~해지고 있다 / 피곤한
I am ________ ________.

❺ 그는 / ~해지고 있다 / 피곤한
____

❻ 그는 / ~해지고 있다 / 목이 마른
He ________ getting thirsty.

❼ 알렉스는 / ~해지고 있다 / 목이 마른
Alex ________ ________ ________.

❽ 알렉스와 크리스는 / ~해지고 있다 / 목이 마른
Alex and Chris ________ ________ thirsty.

❾ 그들은 / ~해지고 있다 / 목이 마른
________ ________ ________ thirsty.

❿ 우리는 / ~해지고 있다 / 목이 마른
____

⓫ 우리는 / ~해지고 있다 / 추운
We ________ getting cold.

⓬ 나는 / ~해지고 있다 / 추운
____

03 2형식 문장이 손에 붙는다!

1. (날씨가) 추워지고 있다.
_______ is getting _______.

2. (날씨가) 더워지고 있다.
It _______ _______ hot.

3. 바깥이 더워지고 있다.
_______ _______ _______ _______ outside.

4. 바깥이 따뜻해지고 있다.
It is _______ warm _______.

5. 실내가 따뜻해지고 있다.
_______ _______ _______ _______ inside.

6. 실내가 더워지고 있다.
____

7. 실내가 추워지고 있다.
____

8. 크리스는 추워지고 있다.
Chris _______ getting cold.

9. 크리스는 배고파지고 있다.
_______ is _______ hungry.

10. 나는 배고파지고 있다.
____

TIP • It is getting cold.와 I am getting cold.

cold, hot 같은 형용사들은 날씨를 나타낼 때도 쓰지만, 사람이 춥거나 덥다고 느낄 때도 쓸 수 있어.
날씨를 나타낼 때는 주어 자리에 it, 사람이 춥거나 더울 때는 주어 자리에 사람을 쓰면 되는 거지.

It is cold. (날씨가) 춥다. It **is getting** cold. (날씨가) 추워지고 있다.
I am cold. 나는 춥다. I **am getting** cold. 나는 추워지고 있다.

04 서술형, 수행평가에도 통하는 영작문!

◆ STEP 01

오늘은 월요일이다. 지금 5시다. 바깥이 추워지고 있다. 나는 배고파지고 있다. 우리 어머니는 요리하고 계신다. 그녀도 배고파지고 있다.

It is _______ today. _______ is 5 o'clock _______. It is _______ cold outside. I am getting _______. My mother is _______. She is _______ hungry, too.

◆ STEP 02

오늘은 일요일이다. 지금 12시다. 바깥이 따뜻해지고 있다. 내 여동생과 나는 청소하고 있다. 나는 피곤해지고 있다. 나는 또한 배고파지고 있다.

____
____
____
____
____

16 It will be cold tomorrow.

내일은 추울 것이다.

◆ 미래를 나타낼 때는 will을 활용한다

'오늘은 따뜻하다.'처럼 오늘 일을 쓸 때는 'It is warm today.'라고 한다고 배웠지? '내일은 추울 것이다.'는 어떻게 쓸까? **'~일[할] 것이다'라는 뜻의 will을 쓰면 돼**. will 같은 조동사가 오면 다음의 동사는 꼭 동사원형으로 써 주어야 해.

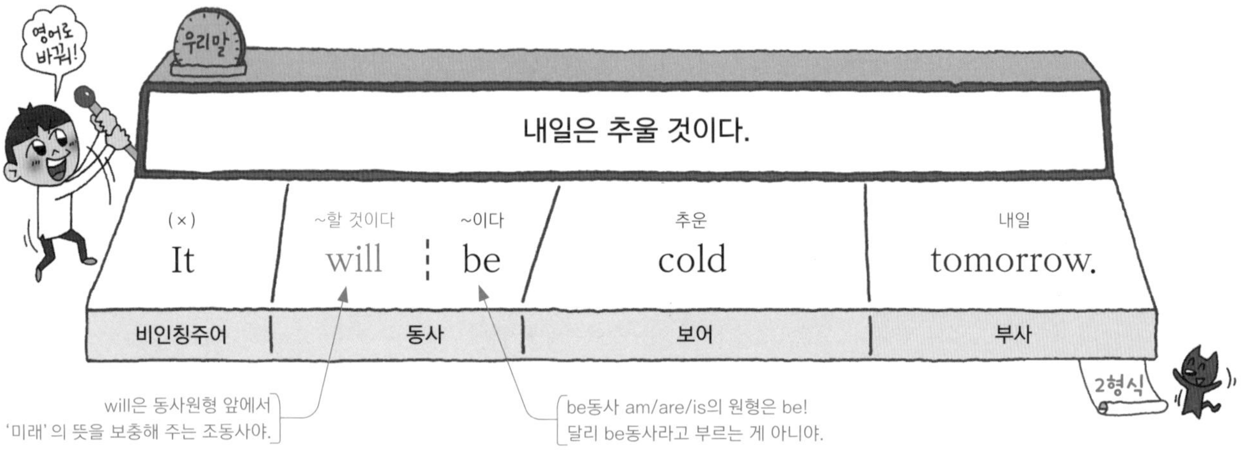

영어로 바꿔!
우리말
내일은 추울 것이다.
(×)
It
~할 것이다
will
~이다
be
추운
cold
내일
tomorrow.
비인칭주어
동사
보어
부사
will은 동사원형 앞에서 '미래'의 뜻을 보충해 주는 조동사야.
be동사 am/are/is의 원형은 be! 달리 be동사라고 부르는 게 아니야.
2형식

확인 문제 우리말을 보고 주어진 단어를 바르게 배열해 보자.

1. 더워질 것이다.
   (hot, it, be, will) → It will be hot.
2. 나는 피곤해질 것이다.
   (be, will, tired, I) → ______________________
3. 그녀는 행복해질 것이다.
   (be, will, happy, she) → ______________________

◆ 꼭 알아야 할 단어 형용사를 찾아 동그라미 표시를 해 보자.

tomorrow 내일	in the afternoon 오후에	sunny 화창한, 햇살이 눈부시게 내리쬐는	be ~이다, 있다
bored 지루한, 따분한	about you 너에 대해	foggy 안개 낀	will ~일[할] 것이다

01 채우면 2형식 문장이 보인다!

❶

비인칭주어	동사	보어	부사
(×) It	~일 것이다 ________	따뜻한 warm	바깥에 outside.

❷

비인칭주어	동사	보어
(×) It	~해질 것이다 ________ get	안개 낀 foggy.

about: ~에 관하여. 전치사라서 명사 앞에 써.

❸

주어	동사	보어	부사구
그녀는 She	~일 것이다 ________	걱정하는 worried	너에 대해 about you.

❹

주어	동사	보어
그들은 They	~해질 것이다 ________ get	피곤한 tired.

02 쓰다 보면 어순 감각이 생긴다!

❶ 나는 / ~일 것이다 / 피곤한
I ________ be tired.

❷ 에밀리는 / ~일 것이다 / 피곤한
Emily will ________ ________.

❸ 에밀리는 / ~일 것이다 / 지루한
Emily ________ ________ bored.

❹ 에밀리와 나는 / ~일 것이다 / 지루한
Emily and I will ________ ________.

❺ 우리는 / ~일 것이다 / 지루한
____

❻ 우리는 / ~해질 것이다 / 지루한
We ________ get bored.

❼ 우리는 / ~해질 것이다 / 걱정하는
________ ________ ________ worried.

❽ 우리는 / ~해질 것이다 / 걱정하는 / 너에 대해
We will get ________ about you.

❾ 나는 / ~해질 것이다 / 걱정하는 / 너에 대해
____

❿ 그들은 / ~해질 것이다 / 걱정하는 / 너에 대해
They ________ get worried ________ you.

⓫ 너는 / ~해질 것이다 / 걱정하는
You ________ ________ ________.

⓬ 너는 / ~해질 것이다 / 행복한
____

03 2형식 문장이 손에 붙는다!

1. 내일 추워질 것이다.
It ________ get cold tomorrow.

2. 내일 따뜻해질 것이다.
It ________ ________ warm ____________.

3. 내일 화창해질 것이다.
It ________ get sunny ____________.

4. 내일 흐릴 것이다.
________ ________ be cloudy tomorrow.

5. 내일 바람이 불 것이다.
It will be windy ____________.

6. 오후에 바람이 불 것이다.
________ ________ ________ ________ in the afternoon.

7. 오후에 따뜻할 것이다.
____

8. 오후에 안개가 낄 것이다.
________ ________ ________ foggy in the afternoon.

9. 오전에 안개가 낄 것이다.
It ________ ________ ________ in the morning.

10. 오전에 안개가 끼게 될 것이다.
____

TIP • It will be warm.과 It will get warm.
'내일은 따뜻할 것이다.'를 영어로 'It **will be** warm tomorrow.'라고 하지? be동사를 쓰면 단순히 '~이다'라는 상태를 나타내.
'내일은 (점점) 따뜻해질 것이다.'처럼 '~되어 가는' 변화를 보여 주려면 'It **will get** warm tomorrow.'와 같이 get을 써 주면 돼.

04 서술형, 수행평가에도 통하는 영작문!

◆ STEP 01

내일은 날씨가 더울 것이다. 나는 바닷가에 갈 것이다. 사라도 바닷가에 올 것이다. 우리는 그곳에서 수영할 것이다. 그 다음 우리는 함께 박물관에 갈 것이다.

It ____________ be ____________ tomorrow. I ____________ ____________ to the beach. Sarah will come ____________ the beach, too. We ________ swim there. Then ________ ________ go to the museum together.

◆ STEP 02

내일은 날씨가 맑을 것이다. 나는 공원에 갈 것이다. 에밀리[Emily]도 공원에 올 것이다. 우리는 그곳에서 놀 것이다. 그 다음 우리는 함께 박물관에 갈 것이다.

____

____

____

____

____

17 2형식
주어 + 동사 + 보어 총정리

01 채우면 2형식 문장이 보인다!

1 나는 학생이다.

I	am	a student.
주어	동사	보어

2 그는 친절한 선생님이다.

He	________	________________.
주어	동사	보어(관사+형용사+명사)

3 나는 피곤하다.

________	________	________.
주어	동사	보어

4 그들은 행복했다.

________	________	________.
주어	동사	보어

5 그 피자가 맛이 좋다.

________	________	good.
주어	동사	보어

6 오늘은 날씨가 흐리다.

It	________	________	________.
비인칭주어	동사	보어	부사

7 내일은 추울 것이다.

________	____________	________	____________.
비인칭주어	동사	보어	부사

02 쓰다 보면 어순 감각이 생긴다!

1. 알렉스는 / ~이다 / 학생
Alex ________ a student.

2. 알렉스는 / ~이다 / 똑똑한 학생
Alex is ________ smart ________.

3. 알렉스와 에밀리는 / ~이다 / 똑똑한 학생들
Alex and Emily are ________ ________.

4. 그들은 / ~이다 / 친절한 학생들
________ ________ kind students.

5. 그들은 / ~이다 / 친절한 선생님들
____

6. 그는 / ~이다 / 친절한 선생님
He is ________ ________ ________.

7. 그는 / ~이다 / 친절한
____

8. 그는 / ~이다 / 화가 난
________ ________ angry.

9. 나는 / ~이다 / 화가 난
____

10. 나는 / ~이었다 / 화가 난 / 어제
I was ________ yesterday.

11. 그들은 / ~이었다 / 화가 난 / 어제
____

12. 그들은 / ~이었다 / 행복한 / 어제
They were happy ________.

13. 그들은 / ~이었다 / 피곤한 / 어제
________ ________ tired yesterday.

14. 에밀리는 / ~이었다 / 피곤한 / 어제
____

15. 에밀리는 / ~이었다 / 추운 / 어제
Emily ________ cold yesterday.

16. (비인칭주어) / ~이었다 / 추운 / 어제
____

17. (비인칭주어)/ ~이었다 / 덥고 화창한 / 어제
______ ________ hot and sunny ________.

18. (비인칭주어) / ~이다 / 덥고 화창한 / 오늘
____

19. (비인칭주어)/ ~이다 / 흐리고 바람 부는 / 오늘
______ ______ cloudy ______ windy today.

20. (비인칭주어) / ~일 것이다 / 흐리고 바람 부는 / 내일
____

21. (비인칭주어) / ~일 것이다 / 따뜻한 / 내일
It ________ ________ warm tomorrow.

22. (비인칭주어) / ~일 것이다 / 안개가 끼는 / 내일
____

TIP •
형용사 smart 똑똑한 kind 친절한 angry 화가 난 tired 피곤한 sleepy 졸린
날씨 형용사 cold 추운 hot 더운, 뜨거운 sunny 화창한 cloudy 흐린, 구름이 낀 warm 따뜻한 foggy 안개가 끼는

03 2형식 문장이 손에 붙는다!

1. 바람이 불고 추워지고 있다.
It is getting ________ ________ ________.

2. 추워지고 있다.
It ________ ________ cold.

3. 나는 추워지고 있다.
____

4. 그들은 추워지고 있다.
They are ________ ________.

5. 그 피자가 차가워지고 있다.
The pizza ________ ________ cold.

6. 그 피자가 차갑다.
____

7. 그 피자가 맛이 좋다.
The pizza tastes ________.

8. 그 피자가 좋은 냄새가 난다.
____

9. 그것은 좋은 냄새가 난다.
________ smells good.

10. 그것은 훌륭한[아주 좋은] 냄새가 난다.
It ________ wonderful.

11. 그것은 훌륭해[아주 좋아] 보인다.
It looks ________.

12. 그것은 예뻐 보인다.
________ ________ pretty.

13. 너는 예뻐 보인다.
____

14. 네 언니는 예뻐 보인다.
____

04 서술형, 수행평가에도 통하는 영작문!

밖이 추워지고 있다. 나는 지금 내 방 안에 있다. 나는 공부하고 있다. 나는 졸리다. 내 여동생은 거실에 있다. 그녀는 놀고 있다. 그녀는 행복하다.

____

____

____

____

____

____

be동사를 써서 물어본다면?

18 Are you at home?

너는 집에 있니?

1. be동사로 물어볼 때는 <be동사+주어 ~?>의 순서로 쓴다

이번에는 1, 2형식 문장을 복습하면서 의문문도 같이 익혀 보자. 1, 2형식 문장에 자주 쓰이는 be동사(am/are/is)로 물어보는 문장을 만들어 볼까? 의문문을 만들 때는 **be동사를 앞에 먼저 쓰고 그다음 주어만 쓰면 끝!**

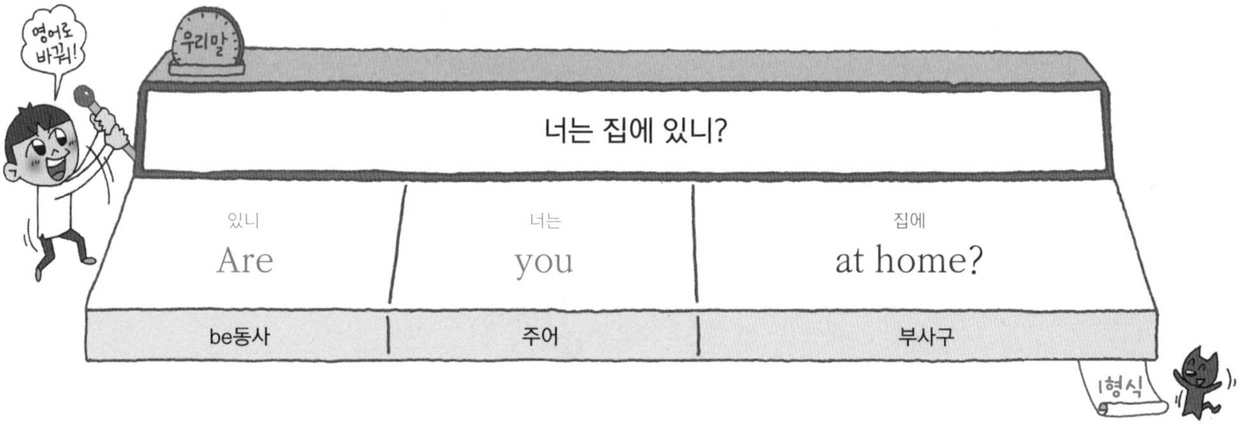

영어로 바꿔!
우리말
너는 집에 있니?
있니
Are
너는
you
집에
at home?
be동사
주어
부사구
1형식

2. '~이었니?'라고 물어볼 때도 be동사를 주어 앞에 쓴다

지난 일을 물어볼 때는 am/are/is의 과거형 was/were를 먼저 쓰고 그다음에 주어를 써.

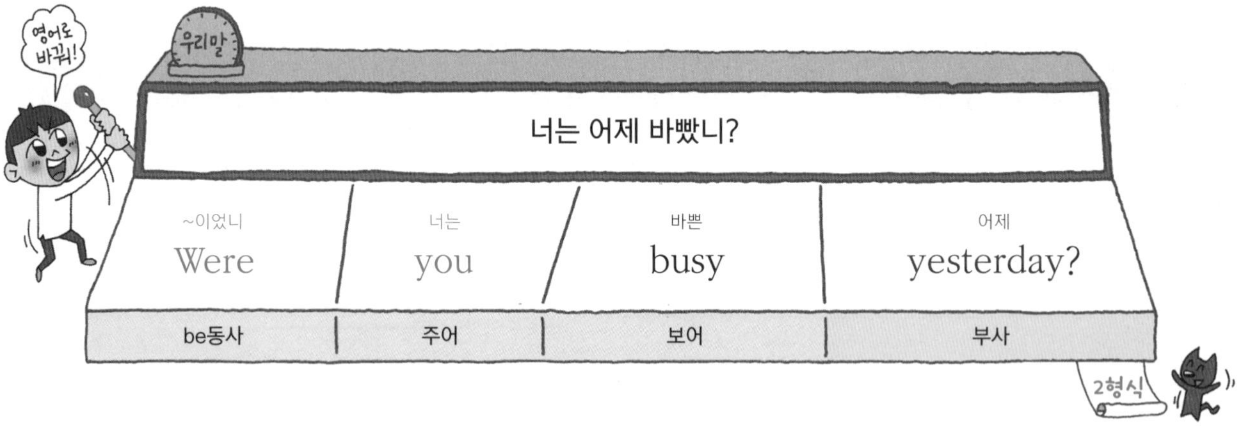

영어로 바꿔!
우리말
너는 어제 바빴니?
~이었니
Were
너는
you
바쁜
busy
어제
yesterday?
be동사
주어
보어
부사
2형식

확인 문제 우리말을 보고 주어진 단어를 바르게 배열해 보자.

❶ 그는 선생님이니?
(teacher, he, a, is) → ______________________

❷ 너는 도서관에 있었니?
(you, in, were, library, the) → ______________________

01 채우면 문장이 보인다!

❶

동사	주어	부사구	
있니 ________	그들은 they	그들의 방 안에 _____ their room?	1형식 문장

❷

동사	주어	부사구	
있었니 ________	그녀는 she	정원에 _____ the garden?	1형식 문장

❸

동사	주어	보어	
~이니 ________	그는 ________	네 형 your ________?	2형식 문장

❹

동사	주어	보어	
~이었니 ________	너는 you	바쁜 busy?	2형식 문장

02 쓰다 보면 어순 감각이 생긴다!

❶ ~이니 / 너는 / 그의 누나
Are ________ his sister?

❷ ~이니 / 너는 / 알렉스의 누나
________ you Alex's sister?

❸ ~이니 / 그녀는 / 알렉스의 누나
____

❹ ~이니 / 그들은 / 알렉스의 누나들
________ they Alex's sisters?

❺ ~이니 / 그들은 / 한가한 / 오늘
Are ________ free today?

❻ ~이니 / 네 언니는 / 한가한 / 오늘
Is your sister ________ ________?

❼ ~이니 / 그녀는 / 한가한 / 오늘
____

❽ 있니 / 그녀는 / 집에 / 오늘
Is ________ at home ________?

❾ 있니 / 그들은 / 집에 / 오늘
____

❿ 있니 / 그들은 / 정원에 / 지금
________ ________ in the garden now?

⓫ 있니 / 너는 / 정원에 / 지금
____

⓬ 있니 / 너는 / 네 방에 / 지금
____

03 문장이 손에 붙는다!

❶ 너는 그때 교실에 있었니?
Were ______ in the ________ at that time?

❷ 그들은 그때 교실에 있었니?
______ they in the classroom at that time?

❸ 에밀리는 그때 교실에 있었니?
____

❹ 에밀리는 그때 강당에 있었니?
______ Emily in the auditorium at that time?

❺ 학생들이 그때 강당에 있었니?
______ the students ______ ______
________ at that time?

❻ 학생들이 그때 바빴니?
______ ______ ______ busy at that time?

❼ 그는 그때 바빴니?
____

❽ 그는 과학자였니?
______ ______ a scientist?

❾ 그들은 그때 과학자들이었니?
____

❿ 그들은 그때 의사들이었니?
____

TIP 현재진행 시제 의문문

'~하고 있니?', '~하는 중이니?'는 어떻게 써야 할까? be동사 의문문을 써 보았으니까 눈치챘을 거야. 현재진행은 〈주어+be동사+(동사원형)-ing〉 형태로 썼잖아. 현재진행 시제 의문문도 be동사 의문문처럼 be동사만 주어 앞으로 보내면 되는 거야!

- They are eating. 그들은 식사 중이다.
  → Are they eating? 그들은 식사 중이니?
- It is getting cold. (날씨가) 추워지고 있다.
  → Is it getting cold? (날씨가) 추워지고 있니?

04 서술형, 수행평가에도 통하는 영작문!

◆ STEP 01

그녀는 어제 바빴니? 나는 바빴어. 그런데 나는 오늘은 한가해. 그녀는 오늘도 바쁘니? 아니면 한가하니?

______ she busy yesterday? I was ______.
However, I ______ free today. ______ she busy today, too? Or is ______ free?

however: 그러나
or: 아니면, 또는, 혹은

◆ STEP 02

너는 어제 바빴니? 나는 바빴어. 그런데 나는 오늘은 한가해. 너는 오늘도 바쁘니? 아니면 한가하니?

____
____
____
____
____

3형식 3형식=주어+동사+목적어

19 She eats fruit.

그녀는 과일을 먹는다.

◆ 주어, 동사 다음에 '~을/를'에 해당하는 말(목적어)을 쓴다

2형식 문장에서는 동사 다음에 보어가 온다고 했잖아. 그런데 보어와 목적어의 차이가 뭘까? 2형식의 보어는 주어를 보충해 주는 말이고, **목적어는 동사의 대상**이 되는 말로, 우리말의 '무엇을'에 해당해. '그녀는 과일을 먹는다.'는 문장에서 '과일을'이 바로 목적어야. 이런 문장 구조를 3형식이라고 하는데 **〈주어+동사+목적어〉**의 순서로 써야 해. 영어 문장의 순서는 억지로 외우려고 하지 말고 여러 번 읽고 쓰면서 자연스럽게 익히는 게 좋아.

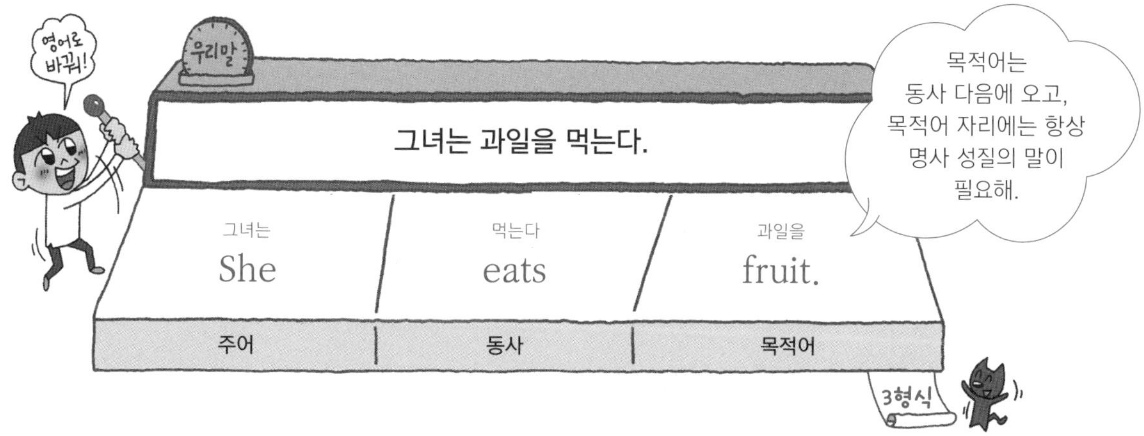
영어로 바꿔!
우리말
그녀는 과일을 먹는다.
그녀는 She
먹는다 eats
과일을 fruit.
주어
동사
목적어
목적어는 동사 다음에 오고, 목적어 자리에는 항상 명사 성질의 말이 필요해.
3형식

확인 문제 다음 문장에서 동사와 목적어를 찾아 써 보자.

❶ 그는 스테이크를 먹는다.
He eats steak. → 동사: ______________ 목적어: ______________

❷ 그녀는 과일을 먹지 않는다.
She doesn't eat fruit. → 동사: ______________ 목적어: ______________

◆ 꼭 알아야 할 단어 명사를 찾아 동그라미 표시를 해 보자.

fruit 과일	want 원하다	bread 빵	vegetable 야채
make 만들다	steak 스테이크	cook 요리하다	milk 우유

01 채우면 3형식 문장이 보인다!

<do/does+not>은 줄임말로 써 보자.

❶

그녀는 She	먹는다 eats	과일을 ________.
주어	동사	목적어

❷

그녀는 She	먹지 않는다 ____________	고기를 meat.
주어	동사	목적어

❸

그는 He	먹을 것이다 will ________	스테이크를 steak.
주어	동사	목적어

❹

우리는 We	먹을 것이다 ____________	야채를 vegetables.
주어	동사	목적어

주어, 동사 다음에
목적어가 나오는
3형식 문장이야.

긍정문 또는 부정문 일지, 혹은 현재, 미래, 과거 중 어떤 시점에 대해 말할지는 동사에서 모두 나타내야 해.

02 쓰다 보면 어순 감각이 생긴다!

문제를 푼 후 **목적어**에 동그라미 표시를 해 보자.

❶ 우리는 / 먹을 것이다 / 스테이크를
We will eat ________.

❷ 우리는 / 먹는다 / 스테이크를
We ________ steak.

❸ 우리는 / 먹지 않는다 / 스테이크를
We don't ________ steak.

❹ 우리는 / 먹지 않는다 / 야채를
____

❺ 우리는 / 원하지 않는다 / 야채를
We ________ want vegetables.

❻ 그는 / 원하지 않는다 / 야채를
____

❼ 그는 / 원한다 / 야채를
He ________ vegetables.

❽ 그는 / 산다 / 야채를
He buys ________.

❾ 그는 / 산다 / 고기를
He ________ meat.

❿ 그는 / 살 것이다 / 고기를
____

⓫ 그는 / 요리할 것이다 / 고기를
________ ________ cook meat.

⓬ 우리 어머니는 / 요리할 것이다 / 고기를
____

03 3형식 문장이 손에 붙는다!

<do/does+not>은 줄임말로 써 보자.

1 그들은 야채를 원한다.
They want ________.

2 그들은 야채를 원하지 않는다.
________ ________ want vegetables.

3 그들은 빵과 우유를 원하지 않는다.
They ________ ________ bread and milk.

4 그들은 빵과 우유를 사지 않는다.
____

5 그녀는 빵과 우유를 산다.
She ________ bread ________ milk.

6 그녀는 시장에서 빵과 우유를 살 것이다.
________ ________ ________ ________
________ ________ at the market.

7 그녀는 빵을 만들 것이다.
She will make ________.

at the market(시장에서)과 at home(집에서)은 부사구야.

8 그녀는 집에서 케이크를 만들 것이다.
________ ________ ________ a cake at home.

9 그녀는 집에서 케이크를 만든다.
____

10 그녀는 집에서 케이크를 만들지 않는다.
____

04 서술형, 수행평가에도 통하는 영작문!

◆ STEP 01

오늘은 내 언니의 생일이다. 나는 카드를 살 것이다. 나는 케이크를 만들 것이다. 나는 쿠키도 만들 것이다. 우리는 집에서 파티를 열 것이다.

명사의 소유격은 명사 뒤에 -'s를 붙여 써.

Today ________ my sister's birthday. I ________ ________ a card. I will make a ________. I will ________ cookies, too. We ________ have a party at home.

have a party: 파티를 열다

◆ STEP 02

오늘은 내 오빠의 생일이다. 나는 집에서 쿠키를 만들 것이다. 나는 케이크를 살 것이다. 나는 카드도 살 것이다. 우리는 공원에 갈 것이다. 우리는 그곳에서 파티를 열 것이다.

____
____
____
____
____

20 She has a green dress.

그녀는 초록색 원피스를 갖고 있다.

◆ 형용사로 목적어의 뜻을 다양하게 표현할 수 있다

'친절한 선생님(kind teacher)'처럼 명사를 형용사로 꾸며 주었던 것 기억하니? 목적어 자리에는 명사가 오니까 이번에도 **명사 앞에 형용사를 붙여 더 자세하게 말할 수 있어**.

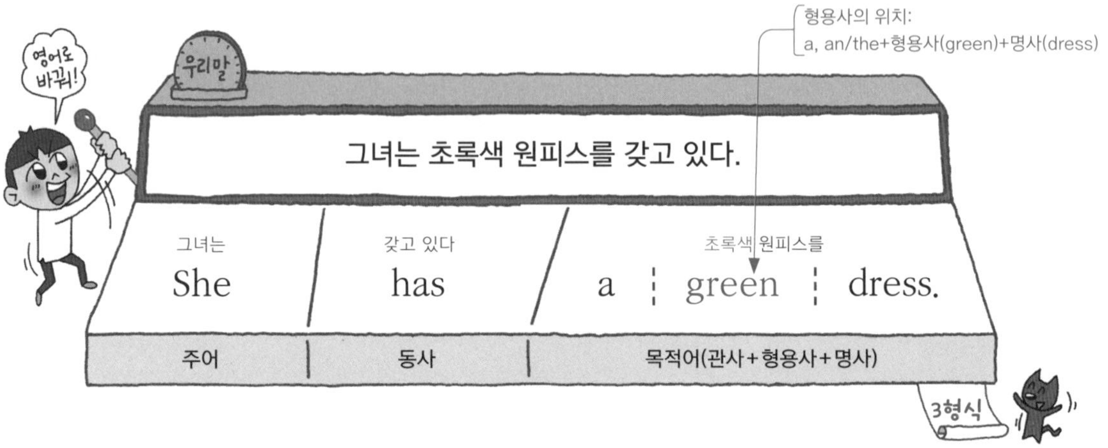
형용사의 위치:
a, an/the+형용사(green)+명사(dress)
영어로 바꿔!
우리말
그녀는 초록색 원피스를 갖고 있다.
그녀는
She
갖고 있다
has
초록색 원피스를
a
green
dress.
주어
동사
목적어(관사+형용사+명사)
3형식

목적어 자리에 dress 같은 셀 수 있는 물건이 왔을 때 1개면 a dress라고 써 주어야 하지? 그런데 초록색 원피스라고 구체적으로 말한다면 dress 바로 앞에 green을 써 주면 되는 거야. 그래서 a green dress가 되는 거지.

확인 문제 우리말을 보고 주어진 단어를 바르게 배열해 보자.

❶ 나는 빨간 티셔츠를 입을 거야.
I will wear (red, a, T-shirt). → I will wear ______________.

❷ 크리스는 갈색 모자를 쓰고 있어.
Chris is wearing (cap, brown, a). → Chris is wearing ______________.

◆ 꼭 알아야 할 단어 형용사를 찾아 동그라미 표시를 해 보자.

orange 주황색의	have/has 갖고 있다	cap 모자	red 빨간색의
wear 입다, 쓰다, 신다	dress 원피스	yellow 노란색의	skirt 치마

01 채우면 3형식 문장이 보인다!

❶

나는	갖고 있다	(하나의)	빨간색의	티셔츠를
I	________	________	red	T-shirt.
주어	동사	목적어		

want(원하다), have(가지고 있다), know(알고 있다) 등의 상태를 나타내는 동사는 진행 시제로 쓰지 않아.

❷

나는	입고 있다	(하나의)	빨간색의	티셔츠를
I	am wearing	a	________	________.
주어	동사	목적어		

❸

나는	쓰고 있지 않다	(하나의)	빨간색의	모자를
I	am not wearing	________	________	cap.
주어	동사	목적어		

❹

나는	쓸 것이다	(하나의)	초록색의	모자를
I	will wear	________	________	________.
주어	동사	목적어		

02 쓰다 보면 어순 감각이 생긴다!

부정형은 줄임말로 써 보자.

❶ 나는 / 입을 것이다 / 초록색 치마를
I ________ ________ a green skirt.

❷ 나는 / 입고 있다 / 초록색 치마를
I am wearing ________ ________ ________.

❸ 그녀는 / 입고 있다 / 노란색 치마를
________ ________ ________ a yellow skirt.

❹ 그녀는 / 쓰고 있다 / 노란색 모자를
____

❺ 그녀는 / 쓰고 있지 않다 / 노란색 모자를
She isn't wearing ________ ________ ________.

❻ 그녀는 / 갖고 있지 않다 / 노란색 모자를
________ doesn't ________ a yellow cap.

❼ 그녀는 / 갖고 있지 않다 / 주황색 원피스를
She ________ ________ an orange dress.

❽ 그녀는 / 갖고 있다 / 주황색 구두를
She has ________ shoes.

have의 3인칭 단수형은 has: He/She/It+has ~

❾ 그는 / 갖고 있다 / 갈색 구두를
________ ________ brown shoes.

❿ 그는 / 살 것이다 / 갈색 구두를
____

⓫ 그는 / 살 것이다 / 갈색 바지를
________ ________ ________ brown pants.

⓬ 그는 / 입고 있다 / 갈색 바지를
____

03 3형식 문장이 손에 붙는다!

부정형은 줄임말로 써 보자.

1. 그 소년은 파란색 모자를 쓰고 있다.
   The boy ________ ________ a blue cap.
2. 그 소년은 파란색 모자를 쓰고 있지 않다.
   The boy isn't wearing ________ ________ ________.
3. 그 소년은 파란색 구두를 신고 있지 않다.
   ________ ________ ________ ________ blue shoes.
4. 그 소년은 노란색 모자를 사고 있지 않다.
   The boy isn't buying a ________ cap.
5. 그 소년은 노란색 모자를 살 것이다.
   ____
6. 그 소녀는 노란색 티셔츠를 살 것이다.
   The girl will buy ______ ________ ________.
7. 그 소녀는 노란색 모자를 쓸 것이다.
   ____
8. 그 소녀는 빨간색 안경을 쓸 것이다.
   The ________ ________ ________ red glasses.
9. 그 소녀는 빨간색 안경을 갖고 있다.
   ____
10. 그 소녀는 빨간색 안경을 갖고 있지 않다.
   ____

TIP • 짝을 이루는 복수 명사

shoes(구두), pants(바지), glasses(안경)는 짝을 이루는 복수 명사라서 앞에 a, an이 필요하지 않아.
이외에도 shorts(반바지), boots(부츠), gloves(장갑), socks(양말) 등이 있어.

04 서술형, 수행평가에도 통하는 영작문!

◆ STEP 01

나는 노란색 모자를 갖고 있다. 나는 지금 그것을 쓰고 있다. 나는 갈색 티셔츠도 입고 있다. 내 여동생은 빨간색 원피스를 입고 주황색 구두를 신고 있다.

I have ________ ________ ________. I am wearing it now. I am wearing ________ ________ ________, too. My sister ________ ________ a red dress and ________ ________.

우리말은 몸에 걸치는 종류에 따라 동사를 다르게 쓰지만 영어는 wear 하나로 '입다, 신다, 쓰다, 끼다' 등의 의미를 다 나타내.

◆ STEP 02

나는 지금 주황색 안경을 쓰고 있다. 나는 주황색 모자를 살 것이다. 나는 빨간색 원피스를 입고 있다. 내 남동생은 노란색 티셔츠와 파란 바지를 입고 있다.

____

____

____

____

____

21 I won't meet her.

나는 그녀를 만나지 않을 것이다.

◆ '~하지 않을 것이다'는 〈will not+동사원형〉으로 나타낸다

이번에는 '~하지 않을 것이다'라는 의미를 가진 문장을 써 보자. '~할 것이다'는 〈will+동사원형〉을 활용한다는 것을 앞에서 익혔잖아. **'~하지 않을 것이다'라는 의미**를 나타내려면 will과 동사원형 사이에 부정어 not을 넣어 **〈will not+동사원형〉의 형태**로 쓰면 돼. **will not은 주로 won't로 줄여서** 쓰니까 꼭 알아 두자.

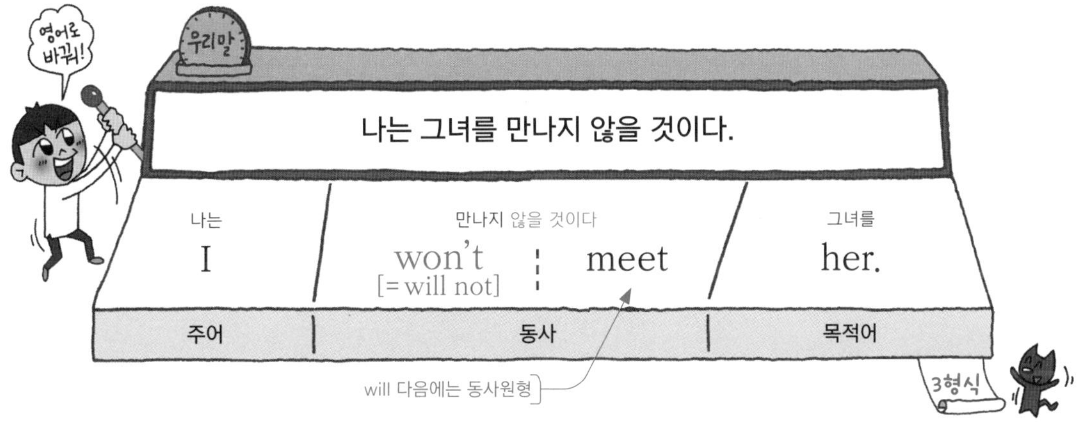
영어로 바꿔!
우리말
나는 그녀를 만나지 않을 것이다.
나는
I
만나지 않을 것이다
won't
[= will not]
meet
그녀를
her.
주어
동사
목적어
will 다음에는 동사원형
3형식

확인 문제 다음 문장의 부정문을 써 보자. (will not의 줄임말로 쓰기)

❶ 나는 초록색 모자를 쓸 것이다.
I will wear a green cap. → I won't wear a green cap.

❷ 그는 우리를 만날 것이다.
He will meet us. → ______________________

❸ 나는 그를 방문할 것이다.
I will visit him. → ______________________

❹ 그는 그의 선생님을 만날 것이다.
He will meet his teacher. → ______________________

◆ 꼭 알아야 할 단어 목적어 자리에 쓸 수 있는 말을 찾아 동그라미 표시를 해 보자.

visit 방문하다	us 우리를	them 그들을	watch 보다, 시청하다
him 그를	meet 만나다	tonight 오늘 밤, 오늘 저녁	her 그녀를

01 채우면 3형식 문장이 보인다!

will not은 줄임말로 써 보자.

	주어	동사	목적어	부사
1	나는 I	먹지 않을 것이다 ________ eat	아무것도 anything.	
2	그녀는 She	입지 않을 것이다 ________	원피스를 a dress.	
3	그는 He	만나지 않을 것이다 ________ meet	너를 you	오늘 밤에 tonight.
4	그들은 They	사지 않을 것이다 ________	옷을 clothes	다음 주말에 next weekend. (부사구)

anything: 아무것.
주로 부정문과 의문문에 쓰여.

미래 시제는 미래 시점을 나타내는 말과 함께 쓸 수 있어.

02 쓰다 보면 어순 감각이 생긴다!

will not은 줄임말로 써 보자.

1. 우리는 / 사지 않을 것이다 / 옷을 / 다음 주말에
We ________ ________ clothes next weekend.

2. 그녀는 / 사지 않을 것이다 / 옷을 / 다음 주말에
She ________ buy ________ next weekend.

3. 그녀는 / 사지 않을 것이다 / 원피스를 / 다음 주말에
She won't buy a dress ________ ________.

4. 그녀는 / 입지 않을 것이다 / 원피스를 / 다음 주말에
She ________ wear a ________ next weekend.

5. 그녀는 / 입지 않을 것이다 / 원피스를 / 내일
____

6. 그녀는 / 만나지 않을 것이다 / 그를 / 내일
She ________ meet him tomorrow.

7. 우리는 / 만나지 않을 것이다 / 그를 / 내일
________ ________ ________ him tomorrow.

8. 우리는 / 만나지 않을 것이다 / 그녀를 / 내일
We won't ________ her ________.

9. 우리는 / 방문하지 않을 것이다 / 그녀를 / 내일
We ________ visit ________ tomorrow.

10. 나는 / 방문하지 않을 것이다 / 그녀를 / 내일
____

11. 나는 / 방문하지 않을 것이다 / 그들을 / 내일
I ________ ________ them tomorrow.

12. 나는 / 방문하지 않을 것이다 / 너를 / 내일
____

03 3형식 문장이 손에 붙는다!

will not은 줄임말로 써 보자.

this week: 이번 주 this weekend: 이번 주말
this month: 이번 달 this year: 올해

1 나는 이번 주에 너를 방문하지 않을 것이다.
I won't ________ ________ this week.

2 나는 이번 주에 그들을 방문하지 않을 것이다.
I ________ ________ them this week.

3 그는 이번 주에 그들을 방문하지 않을 것이다.
____

4 그는 오늘 밤 우리를 방문하지 않을 것이다.
________ ________ ________ us tonight.

5 그녀는 오늘 밤 우리를 방문하지 않을 것이다.
____

6 그녀는 오늘 밤 아무것도 먹지 않을 것이다.
She ________ eat anything tonight.

7 그들은 오늘 밤 아무것도 먹지 않을 것이다.
____

8 그들은 오늘 밤 아무것도 하지 않을 것이다.
They ________ do ________ tonight.

9 그들은 오늘 밤 텔레비전을 보지 않을 것이다.
________ ________ watch TV ________.

10 우리는 오늘 밤 텔레비전을 보지 않을 것이다.
____

TIP • 인칭 대명사

인칭 / 격	1인칭(나 포함)		2인칭(상대방)		3인칭(제3자)			
					1명/1개			여러 명/여러 개
	1명(나)	2명 이상	1명	2명 이상	남성	여성	중성	
주격	I	we	you	you	he	she	it	they
소유격	my	our	your	your	his	her	its	their
목적격	me	us	you	you	him	her	it	them

04 서술형, 수행평가에도 통하는 영작문!

◆ STEP 01

내 형은 제주도에서 살고 우리 부모님과 나는 서울에서 산다. 그는 매달 우리를 방문한다. 그러나 그는 이번 달에 서울에 오지 않을 것이다. 그는 요즘 매우 바쁘다.

My brother ________ in Jeju island, and ______

________ ________ ________ live in Seoul. He

________ ________ every month. However,

he ________ come to Seoul ________ month.

________ is very busy these days.

◆ STEP 02

내 형과 나는 서울에서 살고, 우리 부모님은 부산에서 사신다. 우리는 매달 그들을 방문한다. 그러나 우리는 이번 달에 부산에 가지 않을 것이다. 우리는 요즘 매우 바쁘다.

____

____

____

____

____

22 He wanted some water.

그는 약간의 물을 원했다.

◆ 과거의 일은 과거형 동사로 나타낸다

과거에 했던 일은 과거형 동사를 써서 나타내. want(원하다)의 과거형이 wanted(원했다)로 바뀌는 것처럼 보통 **동사원형 뒤에 -(e)d를 붙이면 과거형이 돼**. 하지만 완전히 새로운 형태로 바뀌는 동사들도 있으니까 평소 '동사원형-과거형'을 짝지어 익혀 두고 자동으로 떠오르게 하자.

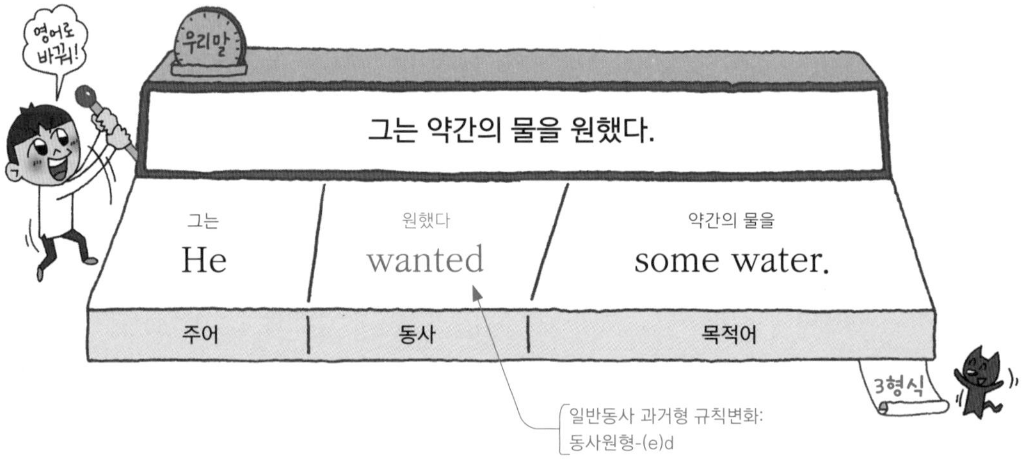

영어로 바꿔!
우리말
그는 약간의 물을 원했다.
그는
He
원했다
wanted
약간의 물을
some water.
주어
동사
목적어
3형식
일반동사 과거형 규칙변화: 동사원형-(e)d

확인 문제 다음 문장을 과거 시제로 바꿔 써 보자.

❶ 나는 과일을 좋아한다.
I like fruit. → I liked fruit.

❷ 그는 약간의 케이크를 원한다.
He wants some cake. → ______

❸ 우리 어머니는 스테이크를 요리한다.
My mother cooks steak. → ______

◆ **꼭 알아야 할 단어** 동사의 과거형을 익혀 보자.

like-liked 좋아하다-좋아했다	make-made 만들다-만들었다	cook-cooked 요리하다-요리했다
want-wanted 원하다-원했다	have-had 먹다-먹었다/갖다-가졌다	write-wrote 쓰다-썼다
study-studied 공부하다-공부했다	eat-ate 먹다-먹었다	read-read 읽다-읽었다

read의 과거형은 레드[red]로 발음해.

01 채우면 3형식 문장이 보인다!

1

그녀는 She	읽었다 read	책을 ________.
주어	동사	목적어

2

그는 He	썼다 ________	이메일을 an email.
주어	동사	목적어

모음 소리로 시작하는 단어 앞에는 an!

과거 시제는 '어제'와 같이 과거 시점을 나타내는 말과 함께 써.

3

우리는 We	공부했다 ________	영어를 English	어제 yesterday.
주어	동사	목적어	부사

4

그들은 They	먹었다 had	스테이크를 ________	어젯밤에 last night.
주어	동사	목적어	부사구

have의 다양한 뜻:
1. 먹다, 마시다 2. 가지다, 있다, 소유하다
3. (파티 등 행사를) 열다, 하다 4. (병이) 걸리다

02 쓰다 보면 어순 감각이 생긴다!

1 그의 누나는 / 먹었다 / 스테이크를 / 어젯밤에
His sister ________ steak last night.
have steak: 스테이크를 먹다

2 그의 누나는 / 먹었다 / 피자를 / 어젯밤에
His sister had pizza ________ ________.

3 그녀의 오빠는 / 먹었다 / (약간의) 피자를 / 어젯밤에
Her brother had some ________ last night.

4 그녀의 오빠는 / 원했다 / (약간의) 피자를 / 어젯밤에
____

5 그녀의 오빠는 / 원했다 / (약간의) 물을
Her brother wanted ________ water.

6 내 형은 / 원했다 / (약간의) 물을
My brother ________ ________ ________.

7 내 형은 / 원했다 / (약간의) 고기를
My brother wanted ________ ________.

8 내 형은 / 요리했다 / (약간의) 고기를
My brother cooked some ________.

9 우리 부모님은 / 요리했다 / (약간의) 고기를
Our parents ________ ________ ________.
형제, 남매가 같이 '우리 부모님'이라고 할 때는 영어도 our parents라고 써 주면 돼.

10 우리 부모님은 / 요리했다 / (약간의) 스파게티를
Our parents ________ ________ spaghetti.

11 우리 부모님은 / 만들었다 / (약간의) 스파게티를 / 어제
Our parents made some ________ yesterday.

12 우리는 / 만들었다 / (약간의) 스파게티를 / 어제
____

03 3형식 문장이 손에 붙는다!

① 사라는 어제 책을 읽었다.
Sarah read a ________ ________.

② 사라는 어제 영어 책을 읽었다.
________ ________ an English book yesterday.

③ 그녀는 어제 영어 책을 읽었다.
____

④ 그녀는 어젯밤에 이메일을 읽었다.
She ________ an email last night.

⑤ 그녀는 어젯밤에 이메일을 썼다.
She wrote ________ ________ ________ ________.

⑥ 나는 어젯밤에 이메일을 썼다.
____

⑦ 크리스는 1시간 전에 이메일을 썼다.
Chris ________ ________ ________ an hour ago.

⑧ 크리스는 1시간 전에 영어를 공부했다.
Chris studied English ________ ________ ________.

⑨ 크리스는 2시간 전에 영어를 공부했다.
____

⑩ 그는 3시간 전에 영어를 공부했다.
____

TIP • ago ~ 전에 an hour ago: 1시간 전에 two hours ago: 2시간 전에 a week ago: 일주일 전에 two weeks ago: 2주 전에 a month ago: 1달 전에 two months ago: 2달 전에

04 서술형, 수행평가에도 통하는 영작문!

◆ STEP 01

지난주 일요일에는 비가 왔다. 알렉스의 가족은 집에 있었다. 그는 이메일을 썼다. 그의 형은 책을 읽었다. 그의 여동생은 영어를 공부했다. 그의 부모님은 (약간의) 스테이크를 요리했다.

명사의 소유격은 명사 뒤에 -'s를 붙여 써.

It rained ________ Sunday. Alex's family was

family를 한 덩어리로 볼때는 여러명이라도 단수여서 was가 와.

________ ________. He ________ an email.

His brother read a ________. His sister ________

English. His parents ________ some steak.

◆ STEP 02

지난주 일요일에는 바람이 불고 흐렸다. 사라의 가족은 집에 있었다. 그녀는 책을 읽었다. 그녀의 여동생은 이메일을 썼다. 그녀의 오빠는 영어를 공부했다. 그녀의 부모님은 (약간의) 피자를 만들었다.

____

____

____

____

____

23 He likes to play soccer.

그는 축구하는 것을 좋아한다.

◆ '~하기를/~하는 것을'의 의미를 나타낼 때는 to부정사를 활용한다

'그는 축구하는 것을 좋아한다.'는 어떻게 써야 할까? 이때도 3형식을 활용할 수 있어. '축구하다'는 play soccer잖아. '축구하는 것'은 to play soccer야. 목적어 자리에는 명사가 필요하니까 이렇게 동사원형 앞에 to를 붙여서 명사로 바꿔 주는 거야. to play(노는 것), to swim(수영하는 것), to ride(타기)처럼 〈to+동사원형〉을 to부정사라고 해.

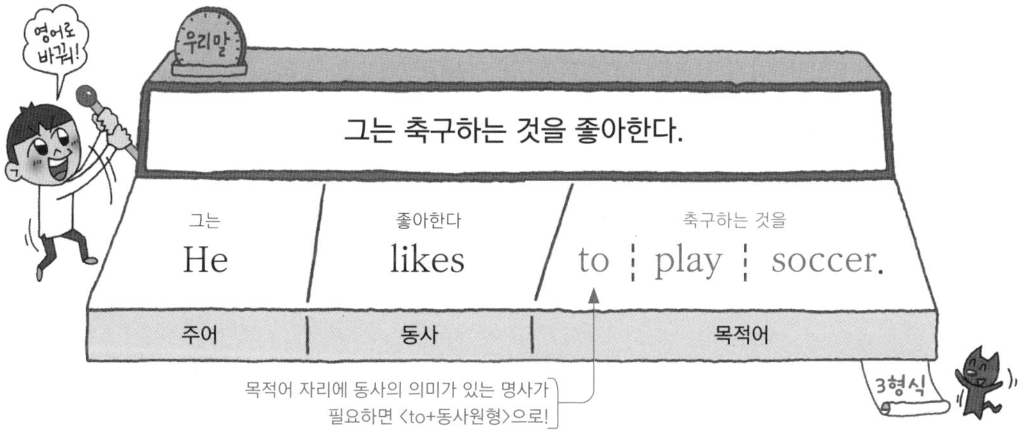
영어로 바꿔!
우리말
그는 축구하는 것을 좋아한다.
그는
He
좋아한다
likes
축구하는 것을
to play soccer.
주어
동사
목적어
목적어 자리에 동사의 의미가 있는 명사가 필요하면 〈to+동사원형〉으로!
3형식

확인 문제 우리말을 보고 주어진 단어를 바르게 배열해 보자.

1. 그녀는 수영하는 것을 무척 좋아한다.
   She loves (swim, to). → She loves ____________________.
2. 나는 야구하는 것을 원했다.
   I wanted (baseball, play, to). → I wanted ____________________.
3. 그들은 자전거 타기를 배웠다.
   They learned (ride, to, bike, a). → They learned ____________________.

◆ 꼭 알아야 할 단어 동사를 찾아 동그라미 표시를 해 보자.

ski 스키를 타다	learn 배우다	bike 자전거	play (운동을) 하다
after school 방과 후에	baseball 야구	swim 수영하다	ride 타다

01 채우면 3형식 문장이 보인다!

부정형은 줄임말로 써 보자.

❶

그는 He	좋아한다 likes	스키 타는 것을 ________ ski.
주어	동사	목적어

❷

그는 He	원한다 wants	수영하는 것을 ________ swim.
주어	동사	목적어

주어, 동사 다음에
to부정사 목적어가
나오는 3형식 문장이야.

❸

그는 He	원하지 않는다 ________ want	하는 것을 ________ play	야구를 baseball.
주어	동사	목적어	

❹

그는 He	원했다 wanted	하는 것을 ______________	축구를 soccer.
주어	동사	목적어	

02 쓰다 보면 어순 감각이 생긴다!

부정형은 줄임말로 써 보자.

❶ 나는 / 원한다 / 축구하는 것을
I want ________ ________ soccer.

❷ 나는 / 배운다 / 축구하는 것을
I learn ________ ________ ________.

❸ 나는 / 배웠다 / 축구하는 것을 / 작년에
____

❹ 나는 / 배웠다 / 스키 타는 것을 / 작년에
I ________ ________ ski last year.

❺ 그들은 / 배웠다 / 스키 타는 것을/ 작년에
____

❻ 그들은 / 배우고 있다 / 스키 타는 것을
They are learning ________ ________.

❼ 그녀는 / 배우고 있다 / 스키 타는 것을
____

❽ 그녀는 / 배우고 있지 않다 / 수영하는 것을
She ________ ________ ________ swim.

❾ 그녀는 / 좋아하지 않는다 / 수영하는 것을
She doesn't like ________ ________.

❿ 그녀는 / 좋아하지 않는다 / 자전거 타는 것을
________ ________ ________ to ride a bike.

⓫ 그녀는 / 좋아한다 / 자전거 타는 것을
She likes to ________ ________ ________.

⓬ 그녀는 / 원한다 / 자전거 타는 것을
____

03 3형식 문장이 손에 붙는다!

부정형은 줄임말로 써 보자.

1. 그녀는 영화 보러 가는 것을 좋아했다.
   ________ ________ to go to the movies.

2. 그녀는 영화 보러 가고 싶었다.
   She wanted ________ ________ to the movies.

3. 그는 영화 보러 가고 싶어 한다.
   ____

4. 그는 야구를 하고 싶어 한다.
   He wants ________ ________ baseball.

5. 그는 야구하는 것을 무척 좋아한다.
   He loves to play ________.

6. 그는 매일 야구하는 것을 무척 좋아한다.
   He loves ________ ________ baseball every day.

7. 그는 야구 경기 보는 것을 무척 좋아한다.
   ________ ________ to watch baseball games.

8. 그는 야구 경기 보는 것을 좋아하지 않는다.
   He doesn't like ________ ________ ________ ________.

9. 그녀는 축구 경기 보는 것을 좋아하지 않는다.
   ____

10. 그녀는 축구 경기 보는 것을 좋아한다.
   ____

TIP •

진행 시제에 쓰지 않는 동사

want(원하다), have(가지고 있다), know(알고 있다) 등 상태를 나타내는 동사는 진행 시제 문장에는 쓰지 않아. 하지만 have가 '먹다'라는 의미일 때는 'He is having meat.'(그는 고기를 먹고 있다.)처럼 진행 시제로 쓸 수 있어.

04 서술형, 수행평가에도 통하는 영작문!

◆ STEP 01

나는 스포츠를 좋아한다. 나는 축구하는 것을 무척 좋아했다. 나는 매일 방과 후에 축구를 했다. 그러나 지금은 축구를 하지 않는다. 나는 지금 야구하는 것을 좋아한다.

I like sports. I loved ________ ________ ________. I ________ ________ after school ________ ________. However, I don't play soccer now. I like to play baseball now.

◆ STEP 02

내 형은 스포츠를 좋아한다. 그는 야구하는 것을 무척 좋아했다. 그는 매일 방과 후에 야구를 했다. 그러나 지금은 야구를 하지 않는다. 그는 지금 축구하는 것을 좋아한다.

____

____

____

____

____

24 He didn't do anything.

그는 아무것도 하지 않았다.

◆ '~하지 않았다'는 부정의 의미는 〈didn't+동사원형〉으로 나타낸다

앞에서 '~하지 않는다'는 의미라면 don't/doesn't를 동사 앞에 넣는 것을 배웠잖아. '~하지 않았다'는 **did not[didn't]**을 동사 앞에 쓰면 돼. 이때 동사는 원형으로 바꿔야 해. 계속해서 3형식 **〈주어+didn't+동사원형+목적어〉**를 활용해 문장을 써 보자.

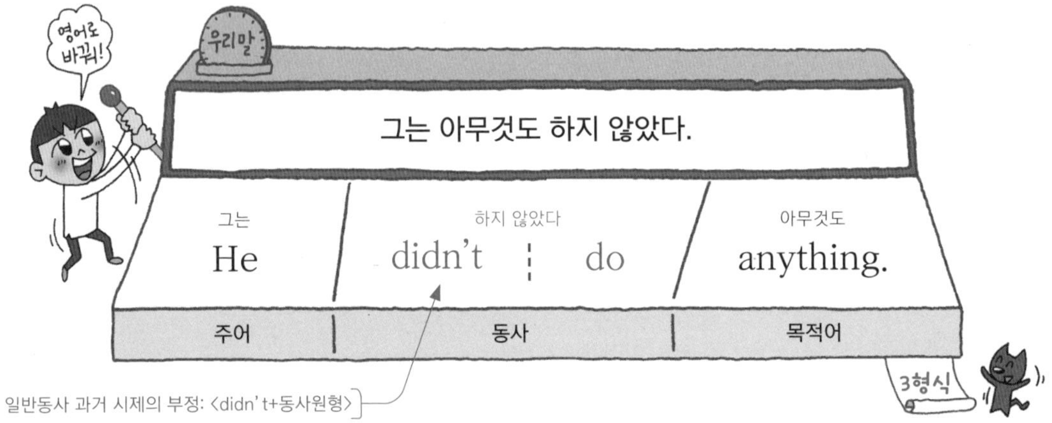
영어로 바꿔!
우리말
그는 아무것도 하지 않았다.
그는
He
하지 않았다
didn't
do
아무것도
anything.
주어
동사
목적어
3형식
일반동사 과거 시제의 부정: 〈didn't+동사원형〉

확인 문제 우리말을 보고 주어진 단어를 바르게 배열해 보자.

❶ 그녀는 아무것도 사지 않았다.
(buy, she didn't, anything) → She didn't buy anything.

❷ 우리는 아무것도 하지 않았다.
(we, anything, do, didn't) → ______________________

❸ 그는 이메일을 쓰지 않았다.
(didn't, email, he, an, write) → ______________________

◆ 꼭 알아야 할 단어 다음 동사의 과거형을 찾아 선으로 연결해 보자.

1 meet 만나다 ·	· ate
2 ride 타다 ·	· studied
3 study 공부하다 ·	· met
4 buy 사다 ·	· rode
5 eat 먹다 ·	· bought

01 채우면 3형식 문장이 보인다!

did not은 줄임말로 써 보자.

	주어	동사	목적어	부사구
❶	나는 I	하지 않았다 _______ do	아무것도 anything.	
❷	그는 He	좋아하지 않았다 _____________	스키 타는 것을 to ski.	
❸	그녀는 She	하고 싶지 않았다 _______ want	수영하는 것을 _______ swim	어젯밤에 last night.
❹	그들은 They	사지 않았다 _______ buy	피자를 a pizza	며칠 전에 a few days _____.

anything: 아무것
주로 부정문과 의문문에 쓰여.

want to+동사원형: ~하고 싶어 하다

과거 시제는 과거 시점을
나타내는 말과 함께 써.

02 쓰다 보면 어순 감각이 생긴다!

did not은 줄임말로 써 보자.

❶ 나는 / 사지 않았다 / 피자를 / 며칠 전에
I _______ _______ a pizza a few days ago.

❷ 나는 / 먹지 않았다 / 피자를 / 며칠 전에
I didn't eat _______ _______ a few days ago.

❸ 나는 / 먹지 않았다 / 아무것도 / 며칠 전에
I didn't eat anything _______ _______
_______ _______.

❹ 우리는 / 먹지 않았다 / 아무것도 / 며칠 전에
____

❺ 우리는 / 하지 않았다 / 아무것도 / 어제
We _______ do anything yesterday.

❻ 우리는 / 하고 싶지 않았다 / 하는 것을 / 아무것도 / 어제
We _______ want to do _______ yesterday.

❼ 그는 / 하고 싶지 않았다 / 하는 것을 / 아무것도 / 어제
____

현재 시제와 달리 과거 시제 부정문의 동사 형태는
주어가 1인칭이든 3인칭이든 항상 똑같아.

❽ 그는 / 하고 싶지 않았다 / 공부하는 것을 / 영어를
He _______ want to study English.

❾ 그들은 / 하고 싶지 않았다 / 공부하는 것을 / 영어를
They didn't want _____ _______ _______.

❿ 그들은 / 하고 싶지 않았다 / 공부하는 것을 / 중국어를
They _______ _______ _______ _______
Chinese.

⓫ 그들은 / 좋아하지 않았다 / 공부하는 것을 / 중국어를
They _______ like to study _______.

⓬ 나는 / 좋아하지 않았다 / 공부하는 것을 / 중국어를
____

03 3형식 문장이 손에 붙는다!

did not은 줄임말로 써 보자.

1. 나는 아무것도 사지 않았다.
I ________ ________ anything.

2. 나는 며칠 전에 아무것도 사지 않았다.
I ________ ________ ________ a few days ago.

3. 에밀리는 며칠 전에 아무것도 사지 않았다.
Emily didn't buy anything ________ ________ ________ ________.

4. 에밀리는 어제 아무것도 사지 않았다.
____

5. 에밀리는 어제 아무것도 하지 않았다.
Emily ________ do ________ yesterday.

6. 그들은 어제 아무것도 하지 않았다.
____

7. 그들은 아무것도 하고 싶지 않았다.
They ________ want to do anything.

8. 알렉스는 아무것도 하고 싶지 않았다.
Alex didn't want to ________ ________.

9. 알렉스는 농구를 하고 싶지 않았다.
________ ________ ________ to play basketball.

10. 우리는 농구를 하고 싶지 않았다.
____

TIP
<play+the+악기 이름>과 <play+운동 이름>
play에는 여러 가지 뜻이 있는데 대표적인 것이 '(악기를) 연주하다'와 '(운동을) 하다'야. 그런데 악기를 연주한다고 할 때는 꼭 악기 이름 앞에 the를 넣어 주어야 해. 하지만 운동은 play 바로 다음에 운동 이름만 넣어.
<play+the+악기 이름> play the piano / play the violin
<play+운동 이름> play soccer / play baseball

04 서술형, 수행평가에도 통하는 영작문!

◆ STEP 01

나는 며칠 전에 알렉스를 만났다. 우리는 농구를 하고 싶었지만, 비가 많이 왔다. 그래서 우리는 농구를 하지 않았다. 대신에 우리는 영화를 보러 갔다. 영화가 매우 재미있었다.

불규칙동사 과거형: meet(만나다)-met / go(가다)-went / ride(자전거 등을 타다)-rode

I met Alex ________ ________ ________ ________.
We wanted to play basketball, but ________ rained a lot. So we ________ play basketball.
Instead, we ________ to the movies. The movie ________ very interesting.

◆ STEP 02

나는 며칠 전에 에밀리를 만났다. 우리는 수영하고 싶었지만, 날씨가 매우 추웠다. 그래서 우리는 수영을 하지 않았다. 대신에 우리는 공원에 갔다. 우리는 자전거를 탔다.

____
____
____
____
____

25 She wants something to eat.

그녀는 먹을 것을 원한다.

◆ to부정사를 활용하여 명사를 꾸며 주자

동사가 목적어 자리에 오면 to부정사 형태로 써서 명사처럼 바꾸는 것을 배웠지? 이번에는 **to 부정사로 명사를 꾸며 주는** 문장을 만들어 보자. '먹을 것', '입을 것', '할 일' 등의 의미를 나타내려면 명사 뒤에 to eat(먹을), to wear(입을), to do(할) 식으로 써 주면 되는 거야.

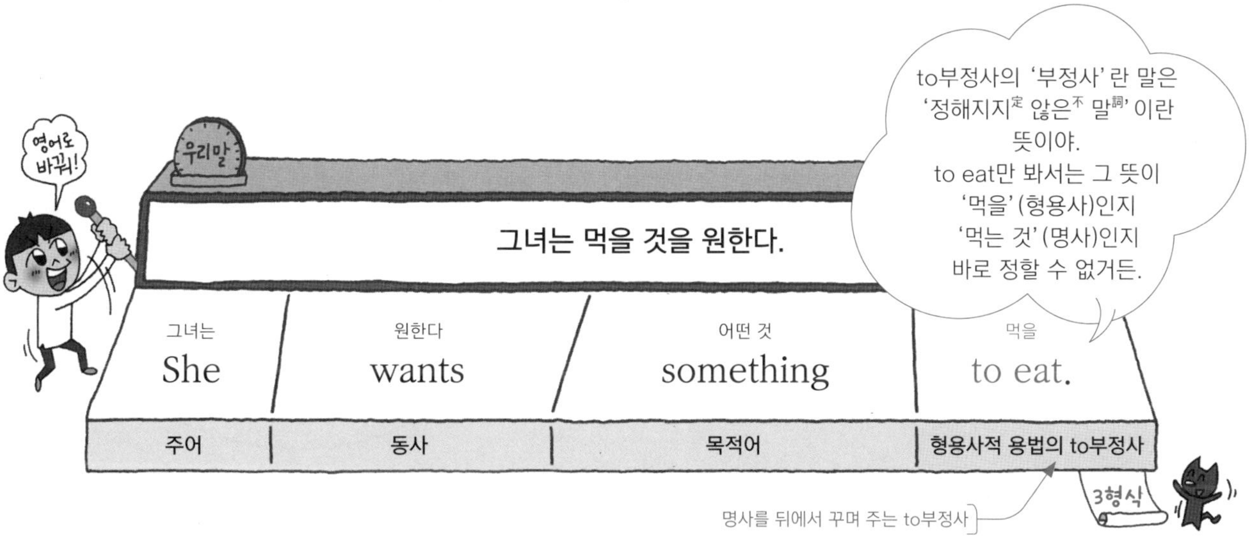
영어로 바꿔!
우리말
그녀는 먹을 것을 원한다.
to부정사의 '부정사'란 말은 '정해지지定 않은不 말詞'이란 뜻이야. to eat만 봐서는 그 뜻이 '먹을'(형용사)인지 '먹는 것'(명사)인지 바로 정할 수 없거든.
그녀는 She
원한다 wants
어떤 것 something
먹을 to eat.
주어
동사
목적어
형용사적 용법의 to부정사
명사를 뒤에서 꾸며 주는 to부정사
3형식

확인 문제 우리말을 보고 주어진 단어를 바르게 배열해 보자.

1. 나는 읽을 것을 원한다.
   I want (read, something, to). → I want ______________________.

2. 그는 먹을 것을 갖고 있다.
   He has (to, something, eat). → He has ______________________.

◆ 꼭 알아야 할 단어 동사를 찾아 동그라미 표시를 해 보자.

something 어떤 것	read 읽다	bring-brought 가져오다-가져왔다
drink 마시다	have 가지고 있다, ~이 있다	anything 아무것

01 채우면 3형식 문장이 보인다!

부정형은 줄임말로 써 보자.

something은 긍정문에 주로 써. / 할 일이 있다는 의미야.

	그는	(가지고) 있다	어떤 것을	할
1	He	has	something	________ do.
	주어	동사	목적어	형용사적 용법의 to부정사

anything은 부정문이나 의문문에 주로 써. / 할 일이 없다는 의미야.

	그는	(가지고) 있지 않다	아무것도	할
2	He	________ have	anything	to ________.
	주어	동사	목적어	형용사적 용법의 to부정사

	우리는	원하지 않는다	아무것도	먹을
3	We	____________	____________	to eat.
	주어	동사	목적어	형용사적 용법의 to부정사

	우리는	원한다	어떤 것을	먹을
4	We	want	____________	____________.
	주어	동사	목적어	형용사적 용법의 to부정사

형용사적 용법의 to부정사가 앞의 명사 something을 꾸며 주고 있어.

02 쓰다 보면 어순 감각이 생긴다!

부정형은 줄임말로 써 보자.

1. 나는 / 원한다 / 어떤 것을 / 마실
I want something ________ drink.

2. 사라는 / 원한다 / 어떤 것을 / 마실
Sarah wants __________ to ________.

3. 사라는 / 원하지 않는다 / 아무것도 / 마실
Sarah ________want anything ________ drink.

4. 사라는 / 원하지 않는다 / 아무것도 / 먹을
Sarah doesn't ________ ________ ________ eat.

5. 우리는 / 원하지 않는다 / 아무것도 / 먹을
____

6. 우리는 / 없다 / 아무것도 / 먹을
We ________ have anything ________ ________.

7. 우리는 / (가지고) 있지않다 / 아무것도 / 할
We ________ ________ ________ to do.

8. 그는 / (가지고) 있지 않았다 / 아무것도 / 할
____

9. 크리스는 / 갖고 있었다 / 어떤 것을 / 할
Chris had something ________ ________.

10. 크리스는 / 갖고 있었다 / 어떤 것을 / 읽을
Chris ________ __________ to read.

11. 크리스는 / 갖고 있다 / 어떤 것을 / 읽을
____

12. 그들은 / 갖고 있다 / 어떤 것을 / 읽을
____

03 3형식 문장이 손에 붙는다!

부정형은 줄임말로 써 보자.

1. 나는 읽을 것이 있다.
I have something ________ ________.

2. 나는 할 일이 있다.
I ________ ________ to do.

3. 에밀리는 할 일이 있다.
Emily has ________ ________ ________.

4. 에밀리는 할 일이 없다.
Emily doesn't have anything ________ ________.

5. 에밀리는 마실 것이 없다.
Emily ________ ________ ________ to drink.

6. 에밀리는 마실 것을 가져오지 않을 것이다.
Emily ________ bring anything ________ ________.

7. 에밀리는 마실 것을 가져오지 않았다.
____

8. 에밀리는 마실 것을 가져왔다.
Emily brought something ________ ________.

9. 에밀리는 먹을 것을 가져왔다.
Emily ________ ________ to eat.

10. 그들은 먹을 것을 가져왔다.
____

TIP •
nothing 활용해서 부정문 쓰기
nothing은 '아무것도 없다[아니다]'는 의미여서 목적어 자리에 쓰는 경우 동사가 부정문 형태가 되어선 안 돼.
Emily doesn't have anything to drink. = Emily has nothing to drink. 에밀리는 마실 게 없다.
Emily didn't bring anything to drink. = Emily brought nothing to drink. 에밀리는 마실 걸 가져오지 않았다.

04 서술형, 수행평가에도 통하는 영작문!

◆ **STEP 01**

나는 따분해졌다. 나는 읽을 것을 원했지만, 읽을 것이 없었다. 그래서 나는 서점에 갔다. 나는 책을 한 권 사고 집으로 돌아왔다.

동사원형-과거형: get(~되다)-got / go(가다)-went / buy(사다)-bought / come(오다)-came

I got bored. I wanted ________ ________ read, but there was not ________ to ________. So, I went ________ the bookstore. I bought a ________ and came back ________.

was not은 wasn't로 줄여 쓸 수 있어.

come back: 돌아오다

◆ **STEP 02**

나는 배가 고파졌다. 나는 먹을 것을 원했지만, 먹을 것이 없었다. 그래서 나는 슈퍼마켓에 갔다. 나는 (약간의) 음식을 사고 집으로 돌아왔다.

____
____
____
____
____

3형식 동명사로 목적어(~하기/~하는 것)를 나타내 보자

26 He likes playing soccer.

그는 축구하는 것을 좋아한다.

◆ '~하기를/~하는 것을'의 의미를 동명사로 나타낼 수 있다

'그는 축구하는 것을 좋아한다.'를 영작하면 'He likes to play soccer.'가 되지? 그런데 동사를 명사처럼 바꿔 쓸 수 있는 방법이 to부정사 말고 한 가지가 더 있어. 바로 동명사라는 거야. to play 대신 playing을 쓰는 거지. 동명사는 **동사원형에 -ing**를 붙여서 만들 수 있어.

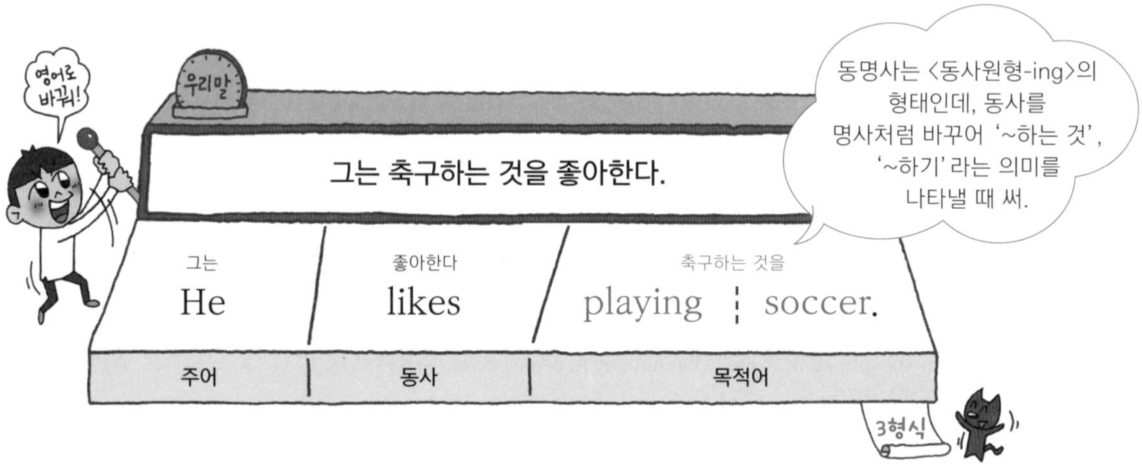

영어로 바꿔!
우리말
그는 축구하는 것을 좋아한다.
동명사는 <동사원형-ing>의 형태인데, 동사를 명사처럼 바꾸어 '~하는 것', '~하기'라는 의미를 나타낼 때 써.
그는
He
좋아한다
likes
축구하는 것을
playing soccer.
주어
동사
목적어
3형식

확인 문제 우리말을 보고 밑줄 친 단어는 동명사로 바꿔 써 보자.

1. 에밀리는 노래하기를 무척 좋아한다.
   Emily loves to sing. → 에밀리는 노래하기를 무척 좋아한다. Emily loves ______________.
2. 알렉스는 수학 공부하기를 싫어한다.
   Alex dislikes to study math. → 알렉스는 수학 공부하기를 싫어한다. Alex dislikes ______________ math.
3. 우리는 중국어 배우기를 시작했다.
   We began to learn Chinese. → 우리는 중국어 배우기를 시작했다. We began ______________ Chinese.

◆ 꼭 알아야 할 단어 동사를 찾아 동그라미 표시를 해 보자.

walk 걷다	beach 바닷가, 해안	finish 마치다, 끝내다	along ~을 따라
homework 숙제	essay 에세이	Spanish 스페인어	soon 곧, 이내

01 채우면 3형식 문장이 보인다!

괄호 안의 동사를 이용해 동명사로 문장을 써 보자.

1

주어	동사	목적어
나는 I	무척 좋아한다 love	걷기를(walk) ________.

2

주어	동사	목적어	
그는 He	끝낼 것이다 will finish	하는 것을(do) ________	그의 숙제를 his homework.

주의! finish와 enjoy는 동명사 목적어만 쓸 수 있고 to부정사를 목적어로 쓸 수 없어.

3

주어	동사	목적어	
우리는 We	즐겼다 enjoyed	보는 것을(watch) ________	그 영화를 the movie.

4

주어	동사	목적어	
그들은 They	시작했다 began	배우는 것을(learn) ________	스페인어를 Spanish.

02 쓰다 보면 어순 감각이 생긴다!

동명사로 문장을 써 보자.

1. 우리는 / 시작했다 / 배우는 것을 / 중국어를
We began ________ Chinese.

2. 우리는 / 시작했다 / 배우는 것을 / 스페인어를
________ ________ learning Spanish.

3. 알렉스는 / 시작했다 / 배우는 것을 / 스페인어를
____

4. 알렉스는 / 시작했다 / 공부하는 것을 / 스페인어를
Alex began studying ________.

5. 알렉스는 / 즐겼다 / 공부하는 것을 / 스페인어를
Alex enjoyed ________ Spanish.

6. 알렉스는 / 즐겼다 / 공부하는 것을 / 한국어를
Alex ________ ________ Korean.

7. 알렉스는 / 좋아했다 / 공부하는 것을 / 한국어를
____

8. 그들은 / 좋아했다 / 공부하는 것을 / 한국어를
They liked ________ ________.

9. 그들은 / 좋아했다 / 걷는 것을 / 바닷가를 따라
________ ________ walking along the beach.

10. 그들은 / 좋아하지 않았다 / 걷는 것을 / 바닷가를 따라
They didn't like ________ along the ________.

11. 사라는 / 좋아하지 않았다 / 걷는 것을 / 바닷가를 따라
(부정형은 줄임말로 써 봐.)
Sarah ________ ________ walking ________ the beach.

12. 사라는 / 즐기지 않았다 / 걷는 것을 / 바닷가를 따라
____

03 3형식 문장이 손에 붙는다!

동명사로 문장을 써 보자.

1. 그녀는 그 영화 보는 것을 즐기지 않았다.
She didn't _______ watching the movie.

2. 그녀는 그 영화 보는 것을 즐겼다.
____

3. 그녀는 그 영화 보는 것을 마쳤다.
_______ finished _________ the movie.

4. 그녀는 숙제하는 것을 마쳤다.
_______ _______ doing her homework.

5. 그녀는 곧 숙제하는 것을 마칠 것이다.
She will _______ _______ _______ _________ soon.

6. 나는 곧 숙제하는 것을 마칠 것이다.
____

7. 나는 곧 숙제하는 것을 시작할 것이다.
I will begin _______ my _________ soon.

8. 나는 곧 에세이 쓰는 것을 시작할 것이다.
_______ _______ _______ writing an essay _______.

9. 크리스는 곧 에세이 쓰는 것을 시작할 것이다.
Chris will begin _______ _____ _____ soon.

10. 크리스는 어제 에세이 쓰는 것을 시작했다.
____

04 서술형, 수행평가에도 통하는 영작문!

◆ STEP 01

크리스는 오늘 할 일이 많다. 우선, 그는 숙제하는 것을 마칠 것이다. 그다음 그는 에세이를 쓰기 시작할 것이다. 그는 오후에 사라를 만나 영화 보러 갈 것이다. 그는 영화 보는 것을 즐긴다.

형용사적 용법의 to부정사가 앞의 a lot of things를 꾸며 줘.

Chris has a lot of things _______ _______ today. First, he will _________ _________ his homework. Then, he _______ begin _______ an essay. He will _______ Sarah and go to the movies in the afternoon. He enjoys _______ movies.

go to the movies: 영화 보러 가다

◆ STEP 02

나는 오늘 할 일이 많다. 우선, 나는 스페인어 공부하는 것을 마칠 것이다. 그다음 나는 숙제를 하기 시작할 것이다. 나는 오후에 알렉스[Alex]를 만나 영화 보러 갈 것이다. 나는 영화 보는 것을 즐긴다.

____
____
____
____
____
____

3형식 기억하는 것에 대해 써 보자

27 I remember meeting you.

나는 너를 만났던 것을 기억한다.

◆ '예전에 했던 일'은 동명사, '앞으로 할 일'을 기억하고 있을 때는 to부정사를 쓴다

영어에는 특별한 동사들이 있어. remember(기억하다)도 특별한 동사야. 앞에서 '~하는 것', '~하기'는 to부정사나 동명사를 목적어 자리에 쓰면 된다고 했잖아. 그런데 **remember는 목적어로 to부정사를 쓸 때와 동명사를 쓸 때 각각 의미가 달라져.**

remember+to부정사	앞으로 할 일[아직 안 한 일]을 기억하다
remember+동명사	과거에 한 일[이미 한 일]을 기억하다

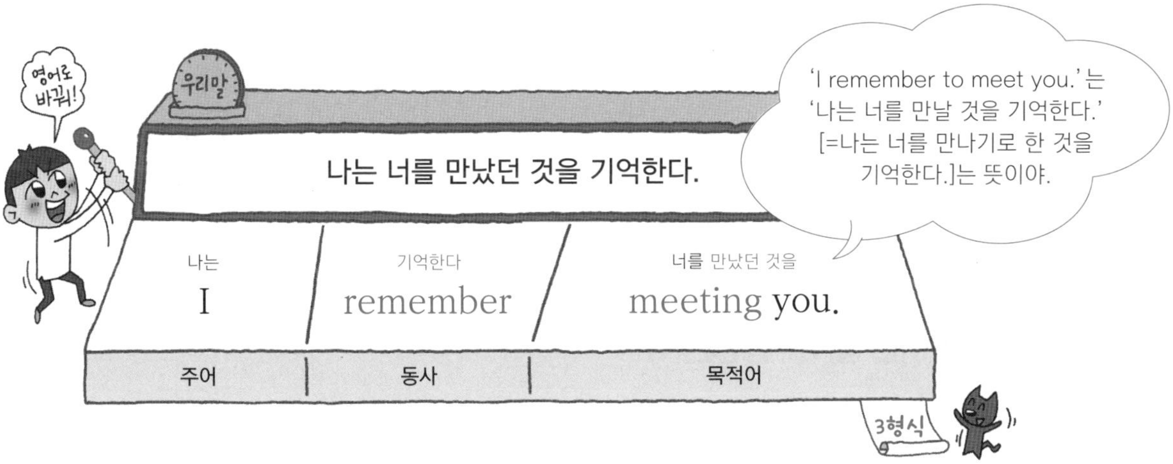

영어로 바꿔!
우리말
나는 너를 만났던 것을 기억한다.
'I remember to meet you.'는 '나는 너를 만날 것을 기억한다.' [=나는 너를 만나기로 한 것을 기억한다.]는 뜻이야.
나는
I
기억한다
remember
너를 만났던 것을
meeting you.
주어
동사
목적어
3형식

확인 문제 우리말을 보고 주어진 단어를 알맞은 형태로 써 보자.

1. 나는 전에 그녀를 만났던 것을 기억한다.
   I remember ____________ her before. (meet)

2. 나는 그녀를 만나는 것을 기억하지 못했다.[= 나는 그녀를 만나야 하는 것을 깜빡 잊어버렸다.]
   I didn't remember ____________ her. (meet)

◆ 꼭 알아야 할 단어 동사를 찾아 동그라미 표시를 해 보자.

before 전에	call 전화하다	me 나에게, 나를	there 거기에, 그곳에
remember 기억하다	learn 배우다	you 너에게, 너를	him 그에게, 그를

01 채우면 3형식 문장이 보인다!

부정형은 줄임말로 써 보자.

❶

주어	동사	목적어
나는 I	기억한다 remember	은행에 가는 것을 ________ to the bank.

← 은행에 갈 일이 있다는 것을 기억하고 있다는 의미야.

❷

주어	동사	목적어
나는 I	기억한다 remember	은행에 간 것을 ________ to the bank.

← 은행에 갔던 것을 기억하고 있다는 의미야.

❸

주어	동사	목적어
나는 I	기억했다 remembered	그녀에게 전화하는 것을 ________ call her.

← 그녀에게 전화하는 것을 기억하고[잊지 않고] 했다는 의미야.

❹

주어	동사	목적어
나는 I	기억하지 못했다 ________ remember	그녀에게 전화하는 것을 ______________ her.

← 그녀에게 전화하는 것을 기억하지 못해서[깜빡 잊고] 안 했다는 의미야.

02 쓰다 보면 어순 감각이 생긴다!

부정형은 줄임말로 써 보자.

❶ 나는 / 기억한다 / 너를
I ________ you.

❷ 나는 / 기억한다 / 너를 만났던 것을
I remember meeting ________.

❸ 나는 / 기억한다 / 그를 만났던 것을
I ________ ________ him.

❹ 나는 / 기억하지 못한다 / 그를 만났던 것을
____

❺ 나는 / 기억하지 못한다 / 그에게 전화했던 것을
I ________ ________ calling him.

❻ 그녀는 / 기억하지 못한다 / 그에게 전화했던 것을
____

❼ 그녀는 / 기억하지 못했다 / 나에게 전화했던 것을
She didn't ________ ________ me.

❽ 그녀는 / 기억하지 못했다 / 나에게 전화하는 것을
____

❾ 그녀는 / 기억하지 못했다 / 거기에 가는 것을
She ________ remember to go there.

❿ 그녀는 / 기억했다 / 거기에 가는 것을
She remembered ________ ________ ________.

⓫ 그녀는 / 기억한다 / 거기에 가는 것을
____

⓬ 그녀는 / 기억한다 / 거기에 갔던 것을
____

03 3형식 문장이 손에 붙는다!

부정형은 줄임말로 써 보자.

1. 그녀는 그 은행에 갔던 것을 기억하고 있다.
   She is remembering ________ to the bank.

2. 우리는 그 은행에 갔던 것을 기억하고 있다.
   We ________ ____________ going to the bank.

3. 우리는 그 은행에 가는 것을 기억하고 있다.
   ________ ________ ____________ to go to the bank.

4. 우리는 영화 보러 가는 것을 기억한다.
   We remember _______ _______ to the movies.
   go to the movies: 영화 보러 가다

5. 나는 영화 보러 가는 것을 기억한다.
   ____

6. 나는 영화 보러 가는 것을 기억했다.
   I remembered to ________ ________ ________ ________.

7. 나는 영화 보러 가는 것을 기억하지 못했다.
   ____

8. 나는 수영하는 것을 배웠던 것을 기억하지 못했다.
   I ________ remember learning to ________.

9. 그는 수영하는 것을 배웠던 것을 기억하지 못했다.
   He ________ ____________ ________ to swim.

10. 그는 수영하는 것을 배웠던 것을 기억한다.
    ____

04 서술형, 수행평가에도 통하는 영작문!

◆ STEP 01

알렉스는 나를 만났던 것은 기억하는데, 나와 함께 바닷가를 따라 걸었던 것은 기억하지 못한다. 나는 그와 함께 바닷가에서 축구했던 것을 기억한다. 그러나 그는 그것을 기억하지 못한다.

Alex remembers __________ me, but he __________ remember __________ along the beach with me. I __________ playing soccer __________ him at the beach. However, he ________ __________ it.

with+목적격: ~와 함께

◆ STEP 02

과거에 기억했던 일에 대한 내용이니까 모두 과거 시제로 써야 해.

나는 사라[Sarah]와 영화 봤던 것을 기억했는데, 그녀는 그것을 기억하지 못했다. 그러나 그녀는 나와 함께 공원에 갔던 것은 기억했다. 우리는 함께 자전거를 탔던 것을 기억했다.

____

____

____

____

____

28 I forgot to buy a gift.

나는 선물 사는 것을 잊었다.

◆ '예전에 했던 일'을 잊으면 동명사, '앞으로 할 일'을 잊으면 to부정사를 쓴다

이번에는 3형식에 forget(잊다)을 사용한 문장을 써 보자. forget(잊다)도 특별한 동사야. 앞에서 배운 remember(기억하다)처럼 **목적어로 동명사와 to부정사가 왔을 때 의미가 달라져**.

forget+to부정사	앞으로 할 일을 잊다
forget+동명사	과거에 이미 한 일을 잊다

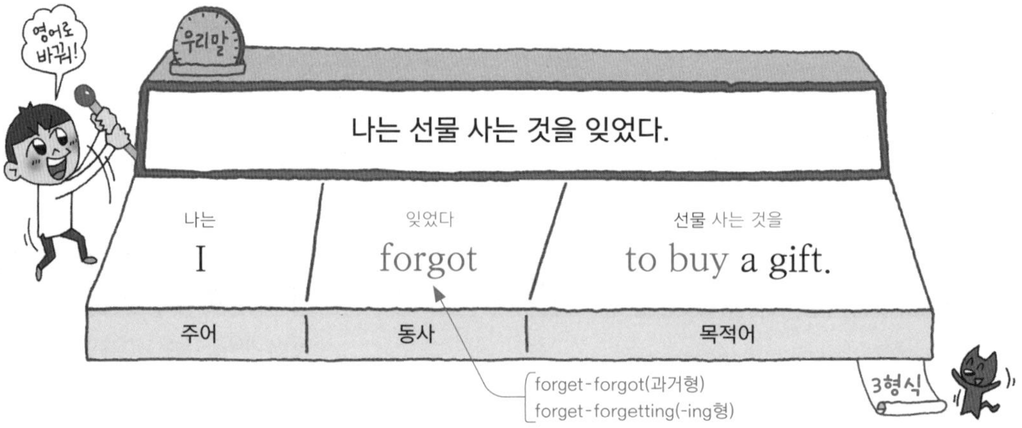

영어로 바꿔!
우리말
나는 선물 사는 것을 잊었다.
나는
I
잊었다
forgot
선물 사는 것을
to buy a gift.
주어
동사
목적어
forget-forgot(과거형)
forget-forgetting(-ing형)
3형식

확인 문제 우리말을 보고 괄호 안의 단어를 알맞은 형태로 써 보자.

1. 나는 그녀에게 전화하는 것을 잊고 있었다.
   I was forgetting ___________ her. (call)

2. 나는 그녀에게 전화했던 것을 잊었다.
   I forgot ___________ her. (call)

◆ 꼭 알아야 할 단어 명사를 찾아 동그라미 표시를 해 보자.

never 절대 ~ 않다	gift 선물	post office 우체국
card 카드	police station 경찰서	cake 케이크

01 채우면 3형식 문장이 보인다!

부정형은 줄임말로 써 보자.

1

주어	동사	목적어
나는 I	잊었다 forgot	가방 사는 것을 __________ a bag.

가방 사는 것을 기억하지 못했다는 의미야.

2

주어	동사	목적어
나는 I	잊지 않았다 ________ forget	가방 사는 것을 __________ a bag.

가방 사는 것을 기억하고 있었다는 의미야.

3

주어	동사	목적어
나는 I	잊었다 forgot	그들을 만났던 것을 ________ them.

과거에 그들을 만났던 일을 기억하지 못했다는 의미야.

4

주어	동사	목적어
나는 I	절대 잊지 않을 것이다 will never forget	그를 만났던 것을 ________ him.

과거에 그를 만났던 일을 잊지 않고 기억하겠다는 의미야.

02 쓰다 보면 어순 감각이 생긴다!

1 나는 / 절대 잊지 않을 것이다 / 너를
I will never forget ________.

2 나는 / 절대 잊지 않을 것이다 / 너를 만났던 것을
I will ________ forget ________ you.

3 나는 / 절대 잊지 않을 것이다 / 그 박물관을 방문했던 것을
I ________ ________ ________ visiting the museum.

4 나는 / 절대 잊지 않을 것이다 / 그 박물관을 방문하는 것을
I will never forget to ________ ________ ________.

5 나는 / 잊었다 / 그 박물관을 방문하는 것을
____

6 나는 / 잊었다 / 우체국에 가는 것을
I ________ ________ ________ to the post office.

7 우리는 / 잊었다 / 우체국에 가는 것을
We forgot to go ________ ________ ________ ________.

8 우리는 / 잊었다 / 우체국에 갔던 것을
____

9 우리는 / 잊었다 / 경찰서에 갔던 것을
We ________ ________ to the police station.

10 우리는 / 잊었다 / 경찰서에 가는 것을
____

03 3형식 문장이 손에 붙는다!

부정형은 줄임말로 써 보자.

1. 우리는 파티에 갔던 것을 잊지 않았다.
We ________ ________ going to the party.

2. 나는 파티에 갔던 것을 잊지 않았다.
____

3. 나는 파티에 가는 것을 잊지 않았다.
I didn't ________ to go ________ ________ ________.

4. 나는 카드 쓰는 것을 잊지 않았다.
________ ________ ________ ________ write a card.

5. 나는 카드 쓰는 것을 잊고 있었다.
I was forgetting ________ ________ a card.

6. 너는 카드 쓰는 것을 잊고 있었다.
____

7. 너는 선물 사는 것을 잊고 있었다.
You ________ ________ to buy a gift.

8. 그녀는 선물 사는 것을 잊었다.
She forgot ________ ________ ________ ________.

9. 그녀는 선물 사는 것을 잊지 않을 것이다.
She ________ ________ to buy a gift.

10. 그들은 선물 사는 것을 잊지 않을 것이다.
____

04 서술형, 수행평가에도 통하는 영작문!

◆ STEP 01

나는 우리 어머니의 생일을 잊고 있었다. 나는 백화점에 갔다. 나는 선물은 샀지만, 카드 사는 것을 잊어버렸다. 그래서 나는 집에서 카드를 만들었다. 나는 작년에도 카드를 집에서 만들었던 것을 기억한다.

I was ________ my mother's birthday. I ________ to the department store. I bought a ________ but forgot ________ ________ a card. So, I ________ a card at home. I remember ________ a card at home last year, too.

◆ STEP 02

나는 내 남동생의 생일을 잊고 있었다. 나는 쇼핑몰에 갔다. 나는 선물은 샀지만, 케이크 사는 것을 잊어버렸다. 그래서 나는 집에서 케이크를 만들었다. 나는 작년에도 케이크를 집에서 만들었던 것을 기억한다.

____
____
____
____
____

3형식 '~할 수 있다'는 뜻을 전달할 때는?

29 He can speak French.

그는 프랑스어를 말할 수 있다.

1. '~할 수 있다'는 의미를 전달할 때는 can/be able to를 활용한다

외국어나 악기 연주같이 뭔가를 할 수 있다는 의미는 can을 활용해 쓸 수 있어. can 다음에는 꼭 동사원형을 써야 해. **can 대신 be able to**를 써도 되는데 길다고 헷갈려 하지 말고 그냥 한 단어처럼 외우자.

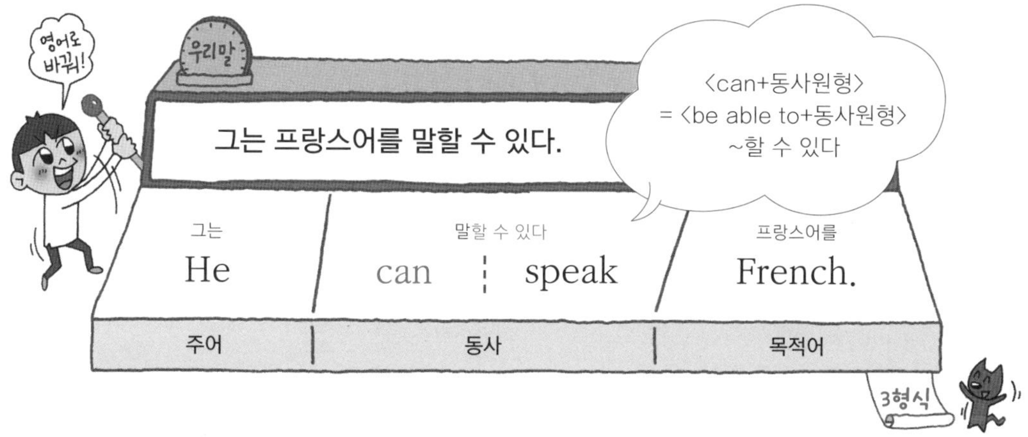

영어로 바꿔!
우리말
그는 프랑스어를 말할 수 있다.
⟨can+동사원형⟩
= ⟨be able to+동사원형⟩
~할 수 있다
그는
He
말할 수 있다
can speak
프랑스어를
French.
주어
동사
목적어
3형식

확인 문제 위 문장을 be able to로 바꿔 써 보자.

→ He ____________ speak French.

2. '~할 수 없다'는 cannot(can't)/be not able to로 쓴다

'~할 수 없다'는 ⟨cannot(can't)+동사원형⟩/⟨be not able to+동사원형⟩의 형태로 쓰면 돼.

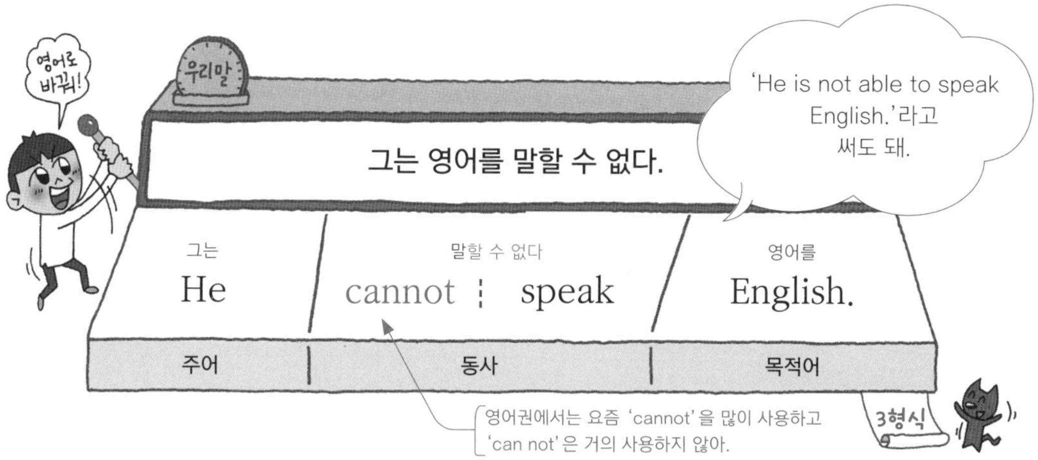

영어로 바꿔!
우리말
그는 영어를 말할 수 없다.
'He is not able to speak English.'라고 써도 돼.
그는
He
말할 수 없다
cannot speak
영어를
English.
주어
동사
목적어
영어권에서는 요즘 'cannot'을 많이 사용하고 'can not'은 거의 사용하지 않아.
3형식

01 채우면 3형식 문장이 보인다!

1

주어	동사	목적어
나는 I	말할 수 있다 _______ speak	중국어를 Chinese.

2

주어	동사	목적어
그는 He	말할 수 있다 is __________ speak	러시아어를 Russian.

can/be able to 다음에는 반드시 동사원형을 써야 해.

3

주어	동사	목적어
그녀는 She	연주할 수 없다 ______________	첼로를 the cello.

'악기를 연주하다'는 <play the+악기 이름>으로 써야 해.

4

주어	동사	목적어
그들은 They	연주할 수 없다 __________ to play	기타를 _______ guitar.

02 쓰다 보면 어순 감각이 생긴다!

1. 우리 어머니는 / 연주할 수 있다 / 기타를
My mother is able _______ _______ the guitar.

2. 그의 어머니는 / 연주할 수 있다 / 기타를
His mother can _______ _______ _______.

3. 그의 어머니는 / 연주할 수 있다 / 첼로를
_______ _______ _______ _______ the cello.

4. 그는 / 연주할 수 있다 / 첼로를 [can 활용]
____

5. 나는 / 연주할 수 있다 / 바이올린을
I _______ play the violin.

6. 나는 / 연주할 수 있다 / 바이올린을
I am _______ to play _______ _______.

7. 나는 / 연주할 수 없다 / 바이올린을
I _______ _______ _______ to play the violin.

8. 내 형은 / 연주할 수 없다 / 바이올린을 [be able to 활용]
____

9. 내 형은 / 연주할 수 없다 / 드럼을
My brother is not _______ _______ play the drums.

10. 그녀의 오빠들은 / 연주할 수 없다 / 드럼을
Her brothers _______ _______ _______ _______ play the drums.

11. 그녀의 아버지는 / 연주할 수 없다 / 드럼을 [be able to 활용]
____

12. 우리는 / 연주할 수 있다 / 드럼을 [can 활용]
____

03 3형식 문장이 손에 붙는다!

❶ 우리는 중국어를 (말)할 수 있다.
We ________ speak Chinese.

❷ 우리는 프랑스어를 (말)할 수 있다.
________ can ________ French.

❸ 내 친구는 프랑스어를 (말)할 수 있다.
My friend ________ ________ ________.

❹ 내 친구는 프랑스어를 못한다.
________ ________ cannot ________ French.

❺ 내 친구는 러시아어를 못한다.
My friend ____________ ________ Russian.

능력이 안 되서 '할 수 없다', '못한다'는 cannot[can't]/be not able to 중 하나를 활용하면 돼.

❻ 내 친구들은 러시아어를 쓰지 못한다. [can 활용]
____

❼ 그녀는 러시아어를 쓰지 못한다.
She is ________ able ________ write Russian.

❽ 그들의 남동생은 러시아어를 쓰지 못한다.
Their brother ________ ________ ________
________ ________ ________.

❾ 그들의 남동생은 스페인어를 쓸 수 있다.
________ ________ ________ ________ ________
________ Spanish.

❿ 그들의 남동생은 스페인어를 읽을 수 있다. [be able to 활용]
____

04 서술형, 수행평가에도 통하는 영작문!

◆ STEP 01

소피아가 오늘 나를 방문할 것이다. 그녀는 스페인 출신이다. 그녀는 영어를 조금 할 수 있지만, 나는 영어를 못한다. 그러나 나는 스페인어를 할 수 있다. 그래서 우리는 스페인어로 의사소통할 것이다.

Sofia will ________ me today. She comes ________ Spain. She can ________ ________ a little, but I am ________ ________ ________ speak English. However, I ________ speak Spanish. So, we'll communicate in Spanish.

communicate: 의사소통하다

in Spanish: 스페인어로
'어떤 언어로' 말하거나 쓰거나 읽는다고 할 때는 <in+언어>로 나타내.

◆ STEP 02

레오[Leo]가 이번 주말에 나를 방문할 것이다. 그는 프랑스 출신이다. 그는 한국어를 못하지만, 나는 프랑스어를 할 수 있다. 그래서 우리는 프랑스어로 의사소통할 것이다.

____
____
____
____
____

3형식 3형식 문장에 '~에게', '~을 위해'의 의미를 덧붙일 수 있다

30 I sent a gift to her.

나는 그녀에게 선물을 보냈다.

1. '(사람)에게' 라고 쓰려면 목적어 다음에 〈to+사람〉을 덧붙인다

'누구에게' 선물을 보냈는지 구체적으로 밝힐 때는 **목적어 뒤에 〈to+사람〉**을 덧붙여 쓰면 돼. to 다음에 사람이 오면 '~에게'의 의미가 되거든.

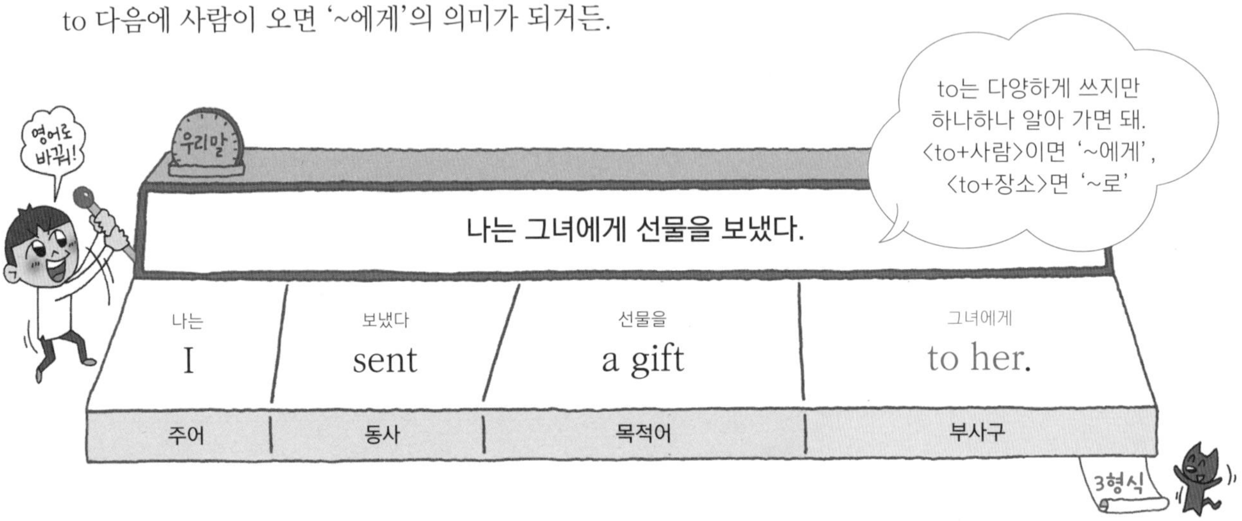

영어로 바꿔!
우리말
to는 다양하게 쓰지만 하나하나 알아 가면 돼. 〈to+사람〉이면 '~에게', 〈to+장소〉면 '~로'
나는 그녀에게 선물을 보냈다.
나는
I
보냈다
sent
선물을
a gift
그녀에게
to her.
주어
동사
목적어
부사구
3형식

2. '(사람)을 위해' 라고 쓰려면 목적어 다음에 〈for+사람〉을 덧붙인다

'그녀를 위해' 케이크를 만들었다고 밝힐 때는 **목적어 뒤에 〈for+사람〉**을 덧붙여 쓰면 돼. 이때 for 다음에 대명사가 오면 꼭 목적격이 되어야 해.

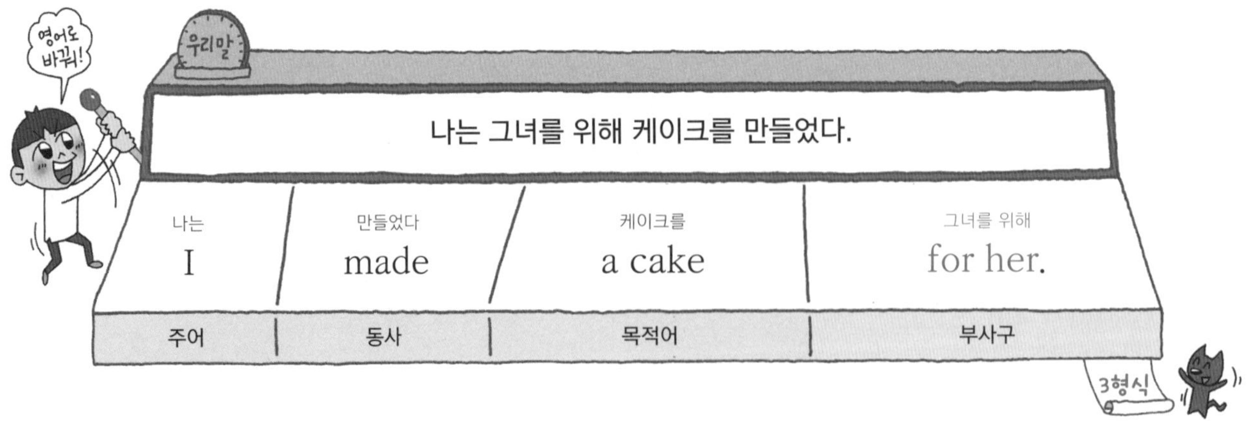

영어로 바꿔!
우리말
나는 그녀를 위해 케이크를 만들었다.
나는
I
만들었다
made
케이크를
a cake
그녀를 위해
for her.
주어
동사
목적어
부사구
3형식

01 채우면 3형식 문장이 보인다!

부정형은 줄임말로 써 보자.

some: 얼마 정도의, 약간의, 몇 개의(주로 긍정문에 사용)

	주어	동사	목적어	부사구
1	나는 I	썼다 wrote	이메일 몇 통을 some emails	그에게 _______ him.

any: 아무 ~, 약간의(주로 부정문과 의문문에 사용하며 우리말로는 해석되지 않는 경우가 많음)

	주어	동사	목적어	부사구
2	그들은 They	쓰지 않았다 _______ write	(아무런) 이메일을 any emails	그녀에게 _____________.
3	에밀리는 Emily	만들지 않을 것이다 _______ make	케이크를 a cake	우리를 위해 _______ us.
4	크리스는 Chris	만들었다 made	피자를 좀 some pizza	너를 위해 _____________.

02 쓰다 보면 어순 감각이 생긴다!

부정형은 줄임말로 써 보자.

1. 크리스는 / 만들었다 / 피자를 좀 / 우리를 위해
   Chris _______ some pizza _______ us.
2. 크리스는 / 만들 것이다 / 피자를 좀 / 우리를 위해
   Chris _______ _______ some pizza for _______.
3. 크리스는 / 살 것이다 / 피자를 좀 / 우리를 위해
   Chris _______ buy some pizza _______ _______.
4. 크리스는 / 사지 않을 것이다 / 피자를 / 우리를 위해
   ____
5. 크리스는 / 사지 않을 것이다 / 피자를 / 그들을 위해
   Chris _______ _______ any pizza for them.
6. 크리스는 / 사지 않았다 / 피자를 / 그들을 위해
   ____
7. 크리스는 / 샀다 / 피자를 좀 / 그들을 위해
   Chris bought some _______ _______ _______.
8. 그는 / 샀다 / 피자를 좀 / 그녀를 위해
   He _______ some pizza _______ her.
9. 그는 / 샀다 / 선물 몇 개를 / 그녀를 위해
   _______ bought some _______ _______ _______.
10. 그는 / 사지 않았다 / 선물들을 / 그녀를 위해
    He _______ _______ any gifts for her.
11. 그는 / 주지 않았다 / 선물들을 / 그녀에게
    He _______ give _______ _______ _______ her.
12. 그는 / 주었다 / 선물을 / 그녀에게
    ____

03 3형식 문장이 손에 붙는다!

부정형은 줄임말로 써 보자.

❶ 그는 내게 선물을 보냈다.
He ________ ________ ________ ________ me.

❷ 그는 내게 선물을 보내지 않았다.
____

❸ 그는 그의 친구에게 선물을 보내지 않았다.
He didn't ________ a gift to his friend.

❹ 그는 그의 친구에게 선물을 보내지 않을 것이다.
____

❺ 그는 그의 친구에게 이메일을 보내지 않을 것이다.
He ________ ________ any emails to his friend.

❻ 그는 그의 친구에게 이메일을 쓰지 않을 것이다.
He ________ write any emails ________ ________ ________.

❼ 그녀는 그녀의 친구에게 이메일을 쓰지 않을 것이다.
____

❽ 그녀는 그녀의 친구를 위해 노래를 작곡하지 않을 것이다.
She won't write any songs _____ her _______.

❾ 그녀는 그녀의 친구들을 위해 노래를 작곡하지 않았다.
She ________ ________ ________ ________ ________ her friends.

❿ 그녀는 그녀의 친구들을 위해 노래를 몇 곡 작곡했다.
____

04 서술형, 수행평가에도 통하는 영작문!

◆ STEP 01

에밀리는 나의 가장 친한 친구다. 그녀는 속초에 산다. 어제는 그녀의 생일이었다. 나는 지난주 일요일에 그녀에게 카드를 썼다. 나는 그녀를 위해 케이크를 만들었고 그것을 또한 그녀에게 보냈다.

Emily is my best ________. She ________ in Sokcho. Yesterday ________ her birthday. I ________ a card ________ her last Sunday. I ________ a cake ________ ________ and sent it to her, too.

◆ STEP 02

크리스[Chris]는 나의 가장 친한 친구다. 그는 제주도[Jeju island]에 산다. 오늘이 그의 생일이다. 나는 며칠 전에 그에게 이메일을 썼다. 나는 그를 위해 선물을 하나 샀고 그것을 또한 그에게 보냈다.

____
____
____
____
____

31 Spanish is spoken by them in Mexico.

멕시코에서는 스페인어가 사용된다.

1. 행동의 대상인 목적어를 중심으로 말할 때 수동태를 쓴다

3형식 문장은 〈주어+동사+목적어〉로 되어 있다고 했잖아. 이때 보통 주어 자리에는 행동의 주체가, 목적어 자리에는 행동의 대상이 와. 그런데 의미를 전달할 때 목적어가 더 중요하다면? 이럴 때는 수동태를 써서 표현하면 돼. 수동태는 **〈주어+be동사+과거분사+by+행동을 하는 사람〉**의 형태로 써.

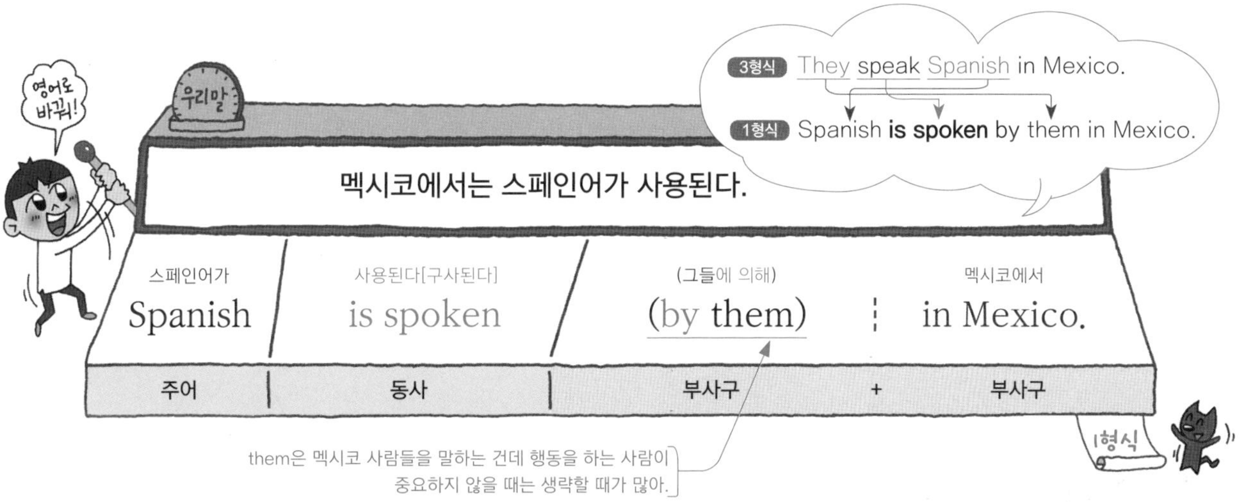

영어로 바꿔!
우리말
3형식 They speak Spanish in Mexico.
1형식 Spanish is spoken by them in Mexico.
멕시코에서는 스페인어가 사용된다.
스페인어가 Spanish
사용된다[구사된다] is spoken
(그들에 의해) (by them)
멕시코에서 in Mexico.
주어
동사
부사구
+
부사구
1형식
them은 멕시코 사람들을 말하는 건데 행동을 하는 사람이 중요하지 않을 때는 생략할 때가 많아.

2. 수동태를 쓰려면 동사의 과거분사형을 알아야 한다

수동태는 **〈be동사+과거분사〉**의 형태로 쓰기 때문에 동사의 과거분사형을 정확히 알고 있어야 해. 영어에서는 동사가 3단 변화를 해. 그중에서 규칙 변화를 하는 동사들은 과거형과 똑같이 〈동사원형-ed〉 형태지만 불규칙적으로 변하는 동사들은 따로 잘 외워 두어야 해.

현재 - 과거 - 과거분사
speak - spoke - spoken
write - wrote - written
make - made - made

◆ **꼭 알아야 할 단어** 동사를 찾아 동그라미 표시를 해 보자.

by ~에 의해	in ~에서	light bulb 전구
invent 발명하다	paint (물감 등으로) 그리다	product 제품, 상품

01 채우면 수동태 문장이 보인다!

1

주어	동사	부사구
스페인어가 Spanish	구사된다 _______ spoken	쿠바에서 in Cuba.

2

주어	동사	부사구
전구는 The light bulb	발명되었다 was invented	토머스 에디슨에 의해 ___ Thomas Edison.

수동태 문장에서 과거의 일은 be동사의 과거형을 써야 해.

3

주어	동사	부사구
그 그림들은 The pictures	그려졌다 _______ painted	그녀에 의해 by her.

행동을 하는 사람은 <by+목적격>의 형태로 써야 해.

4

주어	동사	부사구
이 제품은 This product	만들어진다 is _______	한국에서 _______ Korea.

<by+목적격>이나 <in+장소>는 모두 부사구라서 주어와 동사만 남으니까 1형식 문장이 되는 거야.

02 쓰다 보면 어순 감각이 생긴다!

1. 이 제품은 / 만들어졌다 / 싱가포르에서
This product _______ _______ in Singapore.

2. 이 제품들은 / 만들어졌다 / 싱가포르에서
These products were made ___ _______.

3. 이 제품들은 / 만들어졌다 / 스페인에서
____

4. 이 제품들은 / 만들어진다 / 스페인에서
_______ _______ are made in Spain.

5. 이 제품은 / 만들어진다 / 스페인에서
This product _______ _______ in Spain.

6. 스페인어가 / 구사된다 / 쿠바에서
_______ is spoken in Cuba.

7. 스페인어가 / 구사된다 / 멕시코에서
Spanish _______ _______ in Mexico.

8. 프랑스어가 / 구사된다 / 가봉에서
_______ _______ _______ in Gabon.

9. 프랑스어가 / 구사된다 / 캐나다에서
____

10. 영어가 / 구사된다 / 캐나다에서
English _______ _______ _______ Canada.

11. 영어가 / 구사된다 / 싱가포르에서
_______ _______ _______ _______ Singapore.

12. 중국어가 / 구사된다 / 싱가포르에서
____

03 수동태 문장이 손에 붙는다!

❶ 이 집은 우리에 의해 페인트칠되었다.
This house ________ painted ________ us.

❷ 이 울타리는 우리에 의해 페인트칠되었다.
This fence was ________ by ________.

❸ 이 울타리는 그들에 의해 페인트칠되었다.
This fence ________ ________ ________ them.

❹ 이 그림은 그들에 의해 그려졌다.
____

❺ 이 그림은 피카소에 의해 그려졌다.
This picture was ________ ________ Picasso.

paint: 1. 페인트칠하다
2. (물감 등으로) 그리다

❻ 이 그림은 레오나르도 다빈치에 의해 그려졌다.
________ ________ ________ ________ ________
Leonardo da Vinci.

❼ 그것은 토머스 에디슨에 의해 발명되었다.
It ________ invented ________ Thomas Edison.

❽ 전구는 토머스 에디슨에 의해 발명되었다.
The light bulb ________ ________ ________
Thomas Edison.

❾ 이것은 그에 의해 발명되었다.
____

❿ 이 책은 그녀에 의해 쓰였다.
____

write: 1. (책 등을) 쓰다
2. (곡을) 작곡하다

04 서술형, 수행평가에도 통하는 영작문!

자연스러운 우리말로 써놓은 아래 글을 보고 영작에 도전해 보자!

◆ STEP 01

우리 가족은 물건 만드는 것을 좋아한다. 이 책상은 아버지에 의해 만들어졌다. 이 의자들은 내 형과 나에 의해 만들어졌다. 울타리는 우리 어머니에 의해 만들어졌다.

↳ 우리 가족은 물건 만드는 것을 좋아한다. 이 책상은 아버지가 만들었다. 이 의자들은 내 형과 내가 만들었다. 울타리는 우리 아버지가 만들었다.

My family members ________ to ________ things. This desk was ________ by my father. These chairs ________ made ________ my brother and me. The fence ________ ________ ________ my mother.

◆ STEP 02

우리 가족은 그림 그리는 것을 좋아한다. 이 그림들은 우리 어머니와 나에 의해 그려졌다. 저 그림은 내 여동생에 의해 그려졌다. 이 그림은 우리 아버지에 의해 그려졌다.

↳ 우리 가족은 그림 그리는 것을 좋아한다. 이 그림들은 우리 어머니와 내가 그렸다. 저 그림은 내 여동생이 그렸다. 이 그림은 우리 아버지가 그렸다.

____
____
____
____
____

32

3형식

주어 + 동사 + 목적어 총정리

01 채우면 3형식 문장이 보인다!

1. 그녀는 과일을 먹는다.

She	eats	fruit.
주어	동사	목적어

2. 그녀는 초록색 원피스를 가지고 있다.

________	________	______________.
주어	동사	목적어(관사+형용사+명사)

3. 그는 축구하는 것을 좋아한다. [to부정사]

He	likes	______________.
주어	동사	목적어

4. 그는 축구하는 것을 좋아한다. [동명사]

________	________	______________.
주어	동사	목적어

5. 나는 너를 만났던 것을 기억한다.

I	____________	______________.
주어	동사	목적어

6. 그는 프랑스어를 말할 수 있다. [can 활용]

________	______________	________.
주어	동사	목적어

7. 나는 그에게 이메일을 썼다.

________	________	______________	______________.
주어	동사	목적어	부사구

02 쓰다 보면 어순 감각이 생긴다!

부정형은 줄임말로 써 보자.

❶ 나는 / 갖고 있다 / 빨간색 모자를

I ________ a red cap.

❷ 내 언니는 / 갖고 있다 / 빨간색 모자를

My sister has ________ ________ ________.

❸ 그녀는 / 갖고 있다 / 빨간색 모자를

____

❹ 그녀는 / 원한다 / 빨간색 모자를

________ wants a red cap.

❺ 그녀는 / 원한다 / 어떤 것을

She ________ something.

❻ 그녀는 / 원한다 / 어떤 것을 / 먹을

She ________ ________ to eat.

❼ 사라는 / 원한다 / 어떤 것을 / 먹을

Sarah wants something ________ ________.

❽ 사라는 / 원한다 / 사기를 / 어떤 것을 / 먹을

Sarah ________ to buy ________ to eat.

❾ 우리는 / 원한다 / 사기를 / 어떤 것을 / 읽을

We ________ ________ ________ ________ to read.

❿ 우리는 / 살 것이다 / 어떤 것을 / 읽을

We will ________ ________ ________ ________.

⓫ 우리는 / 샀다 / 어떤 것을 / 읽을

We bought ________ ________ ________.

⓬ 너는 / 샀다 / 어떤 것을 / 읽을

____

⓭ 너는 / 샀다 / 약간의 과일을

You ________ some fruit.

⓮ 너는 / 좋아했다 / 과일을

You liked ________.

⓯ 너는 / 좋아했다 / 만나는 것을 / 그녀를

You ________ ________ meet her.

⓰ 크리스는 / 좋아했다 / 만나는 것을 / 그녀를

____

⓱ 크리스는 / 좋아하지 않았다 / 만나는 것을 / 그녀를

Chris didn't ________ ________ ________ her.

⓲ 크리스는 / 좋아하지 않았다 / 하는 것을 / 농구를

________ ________ ________ ________ play basketball.

⓳ 크리스는 / 즐기지 않았다 / 하는 것을 / 농구를

Chris ________ enjoy playing ________.

⓴ 크리스는 / 즐기지 않았다 / 읽는 것을 / 그 책을

Chris ________ ________ reading the book.

㉑ 크리스는 / 즐겼다 / 읽는 것을 / 그 책을

____

㉒ 크리스는 / 마쳤다 / 읽는 것을 / 그 책을

____

enjoy와 finish는 동명사 목적어만 쓸 수 있고, to부정사는 목적어로 쓸 수 없어.

TIP 지금까지 배운, 목적어 자리에 올 수 있는 것들

1. 명사 I have a red cap.
2. 대명사 He will meet us.
3. to부정사 We want to buy something to read.
4. 동명사 He enjoyed playing basketball.

03 3형식 문장이 손에 붙는다!

부정형은 줄임말로 써 보자.

1. 우리는 영어를 할 수 없다.
We ____________ speak English.

2. 우리는 스페인어를 할 수 없다.
We cannot ________ ________.

3. 우리는 스페인어를 할 수 있다. [can 활용]
____

4. 우리는 스페인어를 할 수 있다.
We are ________ ________ ________ Spanish.

5. 우리는 케이크를 만들 수 있다.
________ ________ ________ ________ make a cake.

6. 우리는 그들을 위해 케이크를 만들지 않을 것이다.
We won't _______ _______ _______ for them.

7. 나는 그들을 위해 케이크를 만들지 않을 것이다.
____

8. 나는 그를 위해 케이크를 만들지 않을 것이다.
I won't _______ _______ _______ _______ him.

9. 나는 그에게 이메일을 쓰지 않을 것이다.
I ________ write an email to him.

10. 나는 그에게 이메일을 쓸 것이다.
____

11. 나는 그에게 이메일 썼던 것을 기억한다.
I remember writing ________ ________ ________ ________.

12. 나는 그에게 이메일 써야 하는 것을 기억한다.
I __________ _____ _______ an email to him.

13. 나는 그에게 이메일 써야 하는 것을 잊어버렸다.
I forgot ________ ________ ________ ________ ________ ________.

14. 나는 그에게 이메일 썼던 것을 잊어버렸다.
____

04 서술형, 수행평가에도 통하는 영작문!

지금 4시다. 나는 우체국에 가야 하는 것을 기억한다. 나는 내 이모에게 선물을 보낼 것이다. 그녀는 멕시코에 산다. 그녀는 스페인어를 할 수 있다. 나는 그녀를 방문하고 싶다.

post

33 I went to the park to meet my friend.

나는 내 친구를 만나러 공원에 갔다.

◆ '~하기 위해' 라는 목적을 나타낼 때 to부정사를 쓸 수 있다

'친구 만나러 공원에 갔다.' '여행 가려고 영어를 배우고 있다.'처럼 목적을 말해야 할 때가 있잖아. 이때도 to부정사를 쓸 수 있어. '~하기 위해'라는 목적을 나타내는 말은 부사구라서, 필요할 때 어떤 문장에든 붙여 쓸 수 있어. 이번에는 1형식과 3형식을 복습하면서 동시에 목적을 나타내는 to부정사가 들어간 문장을 써 보자.

영어로 바꿔!

우리말

나는 내 친구를 만나러 공원에 갔다.

나는	갔다	공원에		내 친구를 만나기 위해
I	went	to the park		to meet my friend.
주어	동사	부사구	+	부사적 용법의 to부정사

목적을 나타내는 to부정사는 부사구야.

1형식

영어로 바꿔!

우리말

나는 여행하기 위해 영어를 배우고 있다.

나는	배우고 있다	영어를	여행하기 위해
I	am learning	English	to travel.
주어	동사	목적어	부사적 용법의 to부정사

3형식

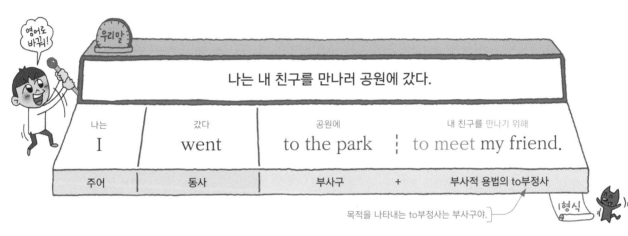

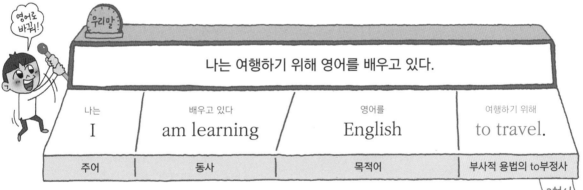

확인 문제 우리말을 보고 괄호 안의 단어를 알맞은 형태로 써 보자.

❶ 그녀는 가방을 사기 위해 쇼핑하러 갈 것이다.
She will go shopping ______________ a bag. (buy)

❷ 그는 스페인을 여행하기 위해 스페인어를 공부 중이다.
He is studying Spanish ______________ in Spain. (travel)

01 채우면 문장이 보인다!

	주어	동사	목적어	부사구	
1	그녀는 She	왔다 came		우리를 보기 위해 __________ us.	1형식 문장
2	그녀는 She	공부하고 있다 is ______		시험에 통과하기 위해 _____ pass the exam.	1형식 문장
3	우리는 We	공부하고 있다 ______ studying	스페인어를 Spanish	여행하기 위해 ______ travel.	3형식 문장
4	우리는 We	살 것이다 ______ buy	약간의 밀가루를 some flour	케이크를 만들기 위해 ________ a cake.	3형식 문장

02 쓰다 보면 어순 감각이 생긴다!

1. 나는 / 살 것이다 / 약간의 밀가루를 / 케이크를 만들기 위해
I will ______ some flour ______ ______ a cake.

2. 나는 / 샀다 / 약간의 밀가루를 / 케이크를 만들기 위해
I bought ______ ______ to make a cake.

3. 나는 / 샀다 / 약간의 밀가루를 / 피자를 만들기 위해
I ______ some flour ______ make a pizza.

4. 그는 / 샀다 / 약간의 밀가루를 / 피자를 만들기 위해
____

5. 그는 / 왔다 / 이곳에 / 피자를 만들기 위해
He came here ______ ______ a pizza.

6. 그는 / 왔다 / 이곳에 / 우리를 보기 위해
______ ______ ______ to see us.

7. 그는 / 오고 있다 / 이곳에 / 우리를 보기 위해
He is coming here ______ ______ ______.

8. 그는 / 오고 있다 / 이곳에 / 공부하기 위해
____

9. 그는 / 온다 / 이곳에 / 공부하기 위해
He ______ here ______ study.

10. 그는 / 간다 / 도서관에 / 공부하기 위해
He ______ to the library ______ ______.

11. 그는 / 간다 / 도서관에 / 책을 읽기 위해
He goes ______ the library ______ ______ a book.

12. 그는 / 갔다 / 도서관에 / 책을 읽기 위해
____

03 문장이 손에 붙는다!

1. 그녀는 시험에 통과하기 위해 공부하고 있다.
She ________ ________ to pass the exam.

2. 우리는 시험에 통과하기 위해 공부하고 있다.
We are studying ________ ________ ________ ________.

3. 우리는 시험에 통과하기 위해 열심히 공부할 것이다.
We ________ ________ hard to pass the exam.

4. 우리는 스페인어를 배우기 위해 열심히 공부할 것이다.
________ ________ ________ ________ to learn Spanish.

5. 우리는 스페인어를 배우기 위해 열심히 공부했다.
____

6. 우리는 여행하기 위해 스페인어를 공부했다.
________ studied ________ to travel.

7. 그녀는 여행하기 위해 스페인어를 공부했다.
____

8. 그녀는 여행하기 위해 스페인어를 배웠다.
She learned Spanish ________ ________.

9. 그녀는 여행하기 위해 영어를 배웠다.
____

10. 그녀는 여행하기 위해 영어를 배우고 있다.
____

04 서술형, 수행평가에도 통하는 영작문!

◆ STEP 01

크리스와 나는 오늘 오후에 함께 공부하려고 도서관에 갔다. 우리는 함께 스페인어를 공부했다. 우리는 여행하기 위해 스페인어를 공부하고 있었다. 그 후, 우리는 자전거를 타기 위해 공원에 갔다.

Chris and I __________ to the library ________ ________ together this afternoon. We studied Spanish __________. We were learning Spanish ________ ________. After that, we went to the park ________ ________ a bike.

after that: 그 후

◆ STEP 02

사라[Sarah]와 나는 지금 도서관에 있다. 우리는 내일 시험이 있다. 우리는 시험에 통과하기 위해 열심히 공부하고 있다. 그 후, 우리는 배드민턴을 치러 공원에 갈 것이다.

____

____

____

____

____

play badminton: 배드민턴을 치다

4형식 4형식=주어+동사+간접 목적어(~에게)+직접 목적어(~을/를)

34 I gave him a map.

나는 그에게 지도를 주었다.

◆ '누구에게 무엇을' 해 주는지 4형식 문장으로 나타낼 수 있다

'나는 그에게 지도를 주었다.'고 할 때는 동사 뒤에 목적어를 2개 쓰는 4형식 문장으로 쓰면 돼. 4형식 문장은 **〈주어+동사+간접 목적어(사람)+직접 목적어(사물)〉의 형태**로 쓸 수 있어. 사실 4형식 문장은 쉬워. '누구에게 ~을 해 주는' 어감이 들어가는 특별한 동사(수여동사) 몇 개만 외우면 되거든. 먼저 give(주다), send(보내다), bring(가져오다), write(쓰다), show(보여 주다), teach(가르치다)부터 살펴보자.

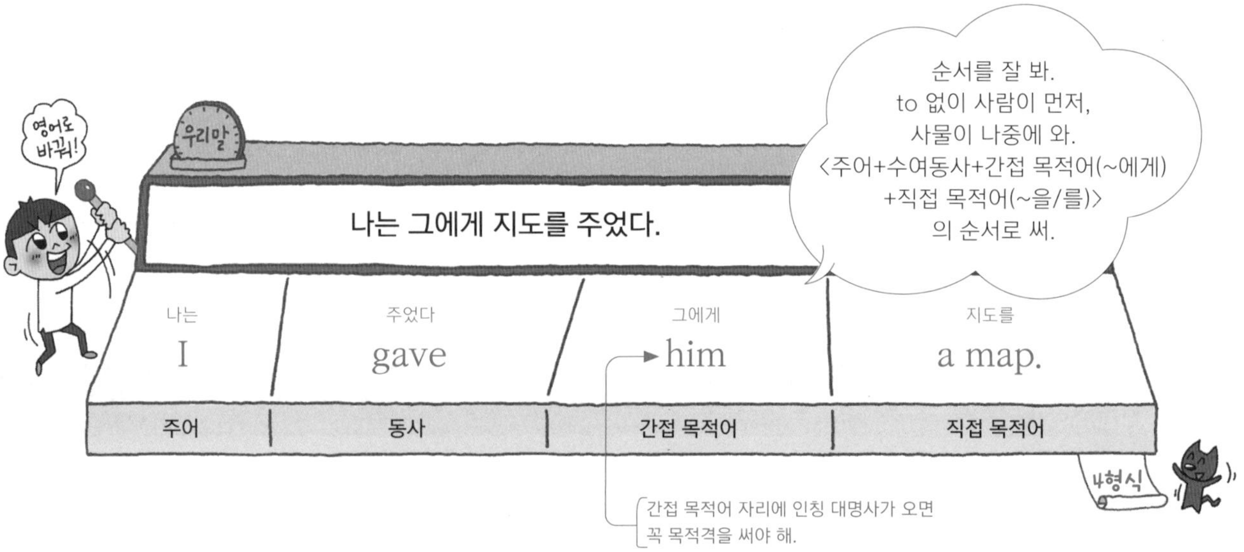

영어로 바꿔!
우리말
나는 그에게 지도를 주었다.
순서를 잘 봐.
to 없이 사람이 먼저,
사물이 나중에 와.
〈주어+수여동사+간접 목적어(~에게)
+직접 목적어(~을/를)〉
의 순서로 써.
나는 I
주었다 gave
그에게 him
지도를 a map.
주어
동사
간접 목적어
직접 목적어
4형식
간접 목적어 자리에 인칭 대명사가 오면
꼭 목적격을 써야 해.

확인 문제 우리말을 보고 주어진 단어를 바르게 배열해 보자.

❶ 그녀는 그에게 이메일을 보냈다.
She sent (email, him, an). → She sent ______________.

❷ 스미스 씨는 우리에게 스페인어를 가르친다.
Mr. Smith teaches (Spanish, us). → Mr. Smith teaches ______________.

01 채우면 4형식 문장이 보인다!

동사 바로 다음에 '~에게'에 해당하는 말을 쓰고 그다음에 '~을/를'에 해당하는 말을 쓰는 거 잊지 말자!

	주어	동사	간접 목적어	직접 목적어
1	나는 I	주었다 gave	그들에게 ________	몇 장의 사진을 some pictures.
2	그들은 They	가져다 주었다 brought	내게 ________	주스를 좀 some juice.
3	송 선생님은 Ms. Song	보여주고 있다 is ________	그에게 ________	지도를 a map.
4	김 선생님은 Mr. Kim	가르칠 것이다 ________ teach	우리에게 ________	수학을 math.

Mr.(~씨, 선생님): 남자 이름 앞에 붙이는 말
Ms.(~씨, 선생님): 여자 이름 앞에 붙이는 말

02 쓰다 보면 어순 감각이 생긴다!

문제를 푼 후 간접 목적어에 동그라미 표시를 해 보자.

1. 김 선생님은 / 가르쳐 줄 것이다 / 우리에게 / 수학을
Mr. Kim will teach ________ math.

2. 김 선생님은 / 가르쳐 주었다 / 우리에게 / 수학을
________ taught us ________.

3. 김 선생님은 / 가르쳐 주었다 / 내게 / 수학을
____

4. 김 선생님은 / 주었다 / 내게 / 수학 교과서를
Mr. Kim gave me a ________ textbook.

5. 송 선생님은 / 주었다 / 내게 / 수학 교과서를
Ms. Song ________ ________ a math textbook.

6. 송 선생님은 / 주었다 / 내게 / 책 몇 권을
Ms. Song ________ me some ________.

7. 송 선생님은 / 가져다 주었다 / 내게 / 책 몇 권을
Ms. Song brought ________ ________ ________.

8. 송 선생님은 / 가져다 주었다 / 그들에게 / 책 몇 권을
____

9. 송 선생님은 / 가져다 줄 것이다 / 그들에게 / 책 몇 권을
Ms. Song ________ bring them some books.

10. 나는 / 가져다 줄 것이다 / 그들에게 / 책 몇 권을
____

11. 나는 / 가져다 줄 것이다 / 그에게 / 주스를 좀
I ________ ________ him ________ juice.

12. 나는 / 가져다 드릴 것이다 / 김 선생님[Mr. Kim]에게 / 주스를 좀
____

03 4형식 문장이 손에 붙는다!

❶ 나는 김 선생님에게 큰 지도를 가져다 드릴 것이다.
I ________ ________ Mr. Kim a big map.

❷ 나는 김 선생님에게 큰 지도를 보여 드릴 것이다.
I will show Mr. Kim a ________ ________.

❸ 그녀는 김 선생님[Mr. Kim]에게 큰 지도를 보여 드릴 것이다.
____

❹ 그녀는 김 선생님[Mr. Kim]에게 큰 지도를 보여 드리고 있다.
She is showing ________ ________ a big map.

❺ 그녀는 김 선생님에게 사진을 몇 장 보여 드리고 있다.
She ________ ________ Mr. Kim some pictures.

❻ 그녀는 김 선생님[Mr. Kim]에게 사진을 몇 장 보여 드렸다.
____

❼ 그녀는 김 선생님에게 사진을 몇 장 보내 드렸다.
She sent Mr. Kim ________ ________.

❽ 그녀는 그에게 사진을 몇 장 보내 주었다.
____

❾ 그녀는 그에게 이메일을 보냈다.
She sent ________ an email.

❿ 그녀는 송 선생님[Ms. Song]에게 이메일을 보낼 것이다.
____

TIP •
4형식 문장을 3형식 문장으로 바꾸기
이 단원의 문장들은 간접 목적어를 전치사 to 뒤로 보내 3형식 문장으로도 쓸 수 있어.
〈give/send/bring/write/show/teach + 직접 목적어 + to + 간접 목적어〉로 쓰는 거야.
I sent him an email.(4형식) = I sent an email to him.(3형식)

04 서술형, 수행평가에도 통하는 영작문!

◆ STEP 01

나는 오늘 오후에 바빴다. 우선 나는 내 친구에게 이메일을 보냈다. 그다음 나는 백화점에 가서 선물을 샀다. 나는 그것을 내 남동생에게 주었다. 또한 나는 그에게 수학을 가르쳤다.

I ________ busy this afternoon. First, I ________ my friend an ________. Then I went to the department store, and bought a ________. I gave ________ to my brother. Also, I ________ ________ math.

it(그것을)은 직접 목적어 자리에 쓸 수 없기 때문에 'I gave it to my brother.' 처럼 3형식 문장으로 써야 해.

◆ STEP 02

나는 어제 바빴다. 우선 나는 백화점에 가서 지도를 샀다. 나는 그것을 내 여동생에게 주었다. 또한 나는 그녀에게 영어를 가르쳐 주었다. 그다음 나는 내 친구에게 이메일을 보냈다.

____
____
____
____
____

35 Dad made me a birdhouse.

아빠는 내게 새장을 만들어 주었다.

◆ '누구를 위해 무엇을' 해 주는지 4형식 문장으로 써 보자

이 단원에서 익힐 동사는 **make(만들어 주다), buy(사 주다), build(지어 주다), sing(노래해 주다), bake(구워 주다)**야. 앞 단원에서 배운 수여동사의 간접 목적어가 단순하게 '~에게'라면 이번에는 '~을 위해'라는 의미가 더 강하지.

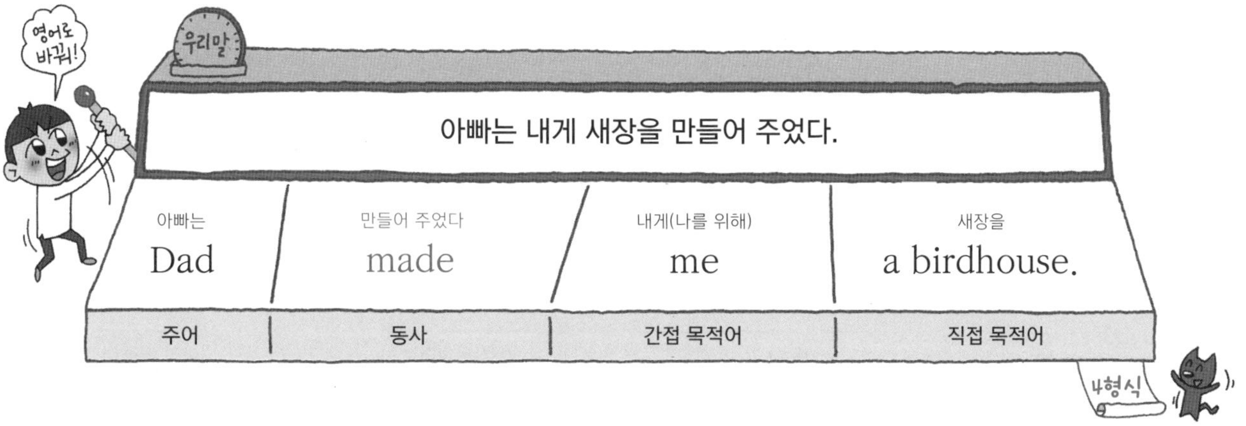
영어로 바꿔!
우리말
아빠는 내게 새장을 만들어 주었다.
아빠는
Dad
만들어 주었다
made
내게(나를 위해)
me
새장을
a birdhouse.
주어
동사
간접 목적어
직접 목적어
4형식

'나는 우리 어머니에게 노래를 불러 주었다.'라는 문장을 써 볼까? 우선 주어와 동사부터 생각해 봐. 'I sang.'까지는 문제없지? 한 가지 힌트를 줄게. 동사 뒤에 '~에게', '~을/를'이라는 목적어 두 개가 필요해. 그럼 'I sang my mother a song.'이라는 문장을 쉽게 만들 수 있어.

확인 문제 우리말을 보고 주어진 단어를 바르게 배열해 보자.

1. 그녀는 내게 선물을 사 주었다.
   She bought (a, me, gift). → She bought ________________.
2. 나는 그들에게 쿠키를 몇 개 구워 주었다.
   I baked (cookies, them, some). → I baked ____________________.

◆ 꼭 알아야 할 단어 동사를 찾아 동그라미 표시를 해 보자.

buy 사다(-bought)	song 노래	doghouse 개집	build 짓다(-built)
kite 연	make 만들다(-made)	sing 노래하다(-sang)	bread 빵

01 채우면 4형식 문장이 보인다!

❶

그녀는 She	만들어 주었다 made	그에게 ________	연을 a kite.
주어	동사	간접 목적어	직접 목적어

❷

아빠는 Dad	사 주었다 ________	내게 ________	자전거를 a bike.
주어	동사	간접 목적어	직접 목적어

❸

나는 I	불러 주었다 sang	엄마에게 ________	노래 한 곡을 a song.
주어	동사	간접 목적어	직접 목적어

❹

엄마는 Mom	구워 줄 것이다 ________ bake	우리에게 ________	쿠키를 cookies.
주어	동사	간접 목적어	직접 목적어

02 쓰다 보면 어순 감각이 생긴다!

부정형은 줄임말로 써 보자.

❶ 엄마는 / 구워 주었다 / 우리에게 / 쿠키를 좀
Mom baked ________ some ________.

❷ 엄마는 / 구워 주었다 / 우리에게 / 빵을 좀
Mom ________ us ________ bread.

❸ 알렉스는 / 구워 주었다 / 우리에게 / 빵을 좀
Alex ________ ________ ________ ________.

❹ 알렉스는 / 사 주었다 / 우리에게 / 빵을 좀
Alex bought us ________ ________.

❺ 알렉스는 / 사 주었다 / 그녀에게 / 빵을 좀
Alex ________ her some ________.

❻ 알렉스는 / 사 줄 것이다 / 그녀에게 / 빵을 좀
____

❼ 알렉스는 / 사 주지 않을 것이다 / 그녀에게 / 빵을
Alex ________ ________ her any ________.

❽ 알렉스는 / 사 주지 않았다 / 그녀에게 / 빵을
____

❾ 알렉스는 / 만들어 주지 않았다 / 그녀에게 / 빵을
Alex ________ make her ________ bread.

❿ 알렉스는 / 만들어 주지 않았다 / 그들에게 / 빵을
____

⓫ 알렉스는 / 만들어 주지 않았다 / 그들에게 / 연을
Alex ________ ________ them a kite.

⓬ 알렉스는 / 만들어 주었다 / 그들에게 / 연을
____

03 4형식 문장이 손에 붙는다!

1. 엄마는 그에게 연을 몇 개 만들어 주었다.
   Mom ________ ________ some kites.

2. 사라는 그에게 연을 몇 개 만들어 주었다.
   Sarah made him ________ ________.

3. 사라는 그에게 새장을 만들어 주었다.
   Sarah ________ him a birdhouse.

4. 사라는 그에게 새장을 지어 주었다.
   Sarah built ________ a ________.

5. 사라는 그에게 개집을 지어 주고 있다.
   Sarah is building ________ _____ ________.

6. 사라는 내게 개집을 지어 주고 있다.
   ____

7. 아빠는 내게 개집을 지어 주고 있다.
   Dad ________ ________ me a doghouse.

8. 아빠는 내게 노래를 불러 주고 있다.
   Dad ________ singing ________ a song.

9. 아빠는 내게 노래를 불러 주었다.
   Dad sang ________ ________ ________.

10. 아빠와 엄마는 내게 노래를 불러 주었다.
    ____

TIP
4형식 문장을 3형식 문장으로 바꾸기
이 단원의 문장들은 모두 간접 목적어를 전치사 for 뒤로 보내 3형식 문장으로도 쓸 수 있어.
〈make/buy/build/sing/bake + 직접 목적어 + for + 간접 목적어〉로 쓰는 거야.
Mom made me a cake.(4형식) = Mom made a cake for me.(3형식)

04 서술형, 수행평가에도 통하는 영작문!

◆ STEP 01

지난주 일요일 우리 가족은 함께 시간을 보냈다. 아빠는 내게 새장을 만들어 주었다. 엄마는 우리에게 쿠키를 좀 구워 주었다. 나는 그들에게 노래를 몇 곡 불러 주었다. 우리는 즐거운 시간을 보냈다!

last Sunday: 지난주 일요일에
때를 나타내는 말은 문장 맨 앞에 쓰기도 해.

Last Sunday, my ________ spent time ________. Dad made ________ a birdhouse. Mom ________ us some ________. I sang ________ some songs. We had a good time!

◆ STEP 02

지난 주말 우리 가족은 함께 시간을 보냈다. 아빠는 내게 개집을 지어 주었다. 엄마는 우리에게 케이크를 좀 만들어 주었다. 내 언니와 나는 그들에게 노래를 불러 주었다. 우리는 즐거운 시간을 보냈다!

____

____

____

____

____

36 I am going to write her an email.

나는 그녀에게 이메일을 쓸 예정이다.

◆ 가까운 미래에 예정되어 있는 일은 〈be going to+동사원형〉을 쓴다

앞에서 미래를 나타낼 때는 will을 쓴다고 했잖아. will은 계획까지는 아니고 '~ 하겠다는 막연한 생각 또는 의지'를 말할 때 써. **가까운 미래에 예정되어 있거나 구체적으로 계획하고 있는 일**이라면 **〈be going to+동사원형〉**을 주로 활용하지.

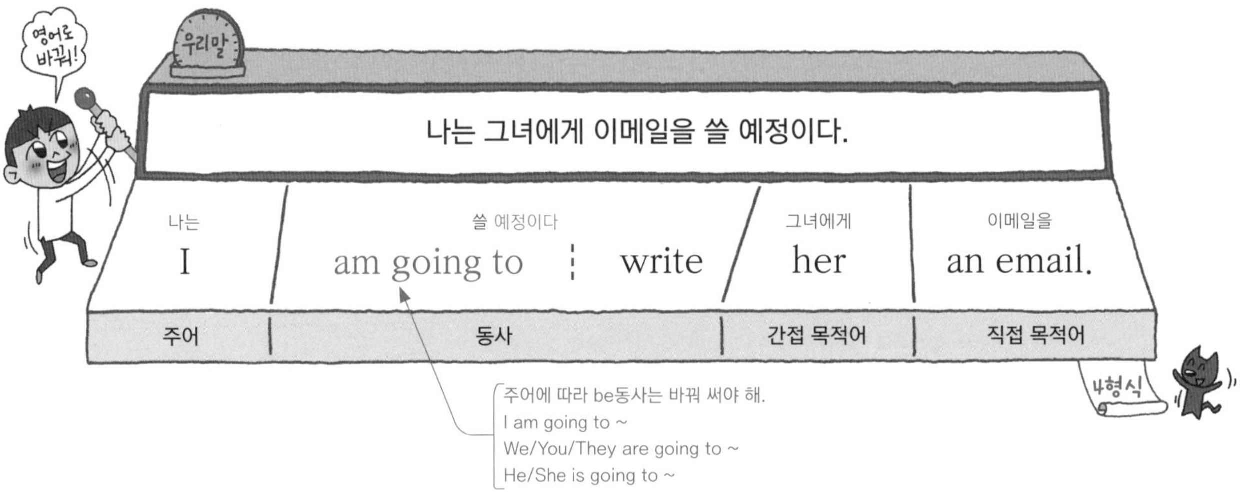
영어로 바꿔!
우리말
나는 그녀에게 이메일을 쓸 예정이다.
나는
I
쓸 예정이다
am going to
write
그녀에게
her
이메일을
an email.
주어
동사
간접 목적어
직접 목적어
주어에 따라 be동사는 바꿔 써야 해.
I am going to ~
We/You/They are going to ~
He/She is going to ~
4형식

확인 문제 빈칸에 be going to를 써서 문장을 완성해 보자.

❶ 그는 그들에게 선물을 준다.
He gives them a gift. → 그는 그들에게 선물을 줄 예정이다.
He is going to give them a gift.

❷ 나는 그녀에게 인형을 만들어 주었다.
I made her a doll. → 나는 그녀에게 인형을 만들어 줄 예정이다.
I ____________ her a doll.

❸ 그들은 나에게 과일을 좀 가져온다.
They bring me some fruit. → 그들은 나에게 과일을 좀 가져올 예정이다.
They ____________ me some fruit.

◆ 꼭 알아야 할 단어 명사를 찾아 동그라미 표시를 해 보자.

email 이메일	some 약간의	doll 인형
any 아무	fruit 과일	water 물

01 채우면 4형식 문장이 보인다!

부정형은 줄임말로 써 보자.

be going to: ~할 예정이다, ~할 것이다

❶

나는 I	줄 예정이다 _______ going to give	그녀에게 her	인형을 a doll.
주어	동사	간접 목적어	직접 목적어

❷

그는 He	만들어 줄 예정이다 _______________ make	그녀에게 _______	인형을 a doll.
주어	동사	간접 목적어	직접 목적어

❸

그는 He	만들어 주지 않을 예정이다 isn't going ___________	그녀에게 her	인형을 a doll.
주어	동사	간접 목적어	직접 목적어

❹

그들은 They	사 주지 않을 예정이다 ____________________	그녀에게 her	인형을 a doll.
주어	동사	간접 목적어	직접 목적어

부정문일 때는 be동사 뒤에 not을 넣어.
I am not going to ~
We/You/They are not[aren't] going to ~
He/She is not[isn't] going to ~

02 쓰다 보면 어순 감각이 생긴다!

부정형은 줄임말로 써 보자.

❶ 그들은 / 사 줄 예정이다 / 그에게 / 선물을
They ______ ______ ______ buy him a gift.

❷ 나는 / 사 줄 예정이다 / 그에게 / 선물을
I am going to ______ ______ ______ ______.

❸ 나는 / 사 주지 않을 예정이다 / 그에게 / 선물을
____

❹ 우리는 / 사 주지 않을 예정이다 / 그에게 / 선물을
We aren't ______ ______ ______ him a gift.

❺ 우리는 / 보내지 않을 예정이다 / 그에게 / 선물을
______ ______ ______ ______ send him a gift.

❻ 우리는 / 보낼 예정이다 / 그녀에게 / 선물을
____

❼ 에밀리는 / 보낼 예정이다 / 그녀에게 / 이메일을
______ ______ ______ ______ ______ ______ an email.

❽ 에밀리는 / 쓸 예정이다 / 그녀에게 / 이메일을
______ ______ ______ ______ write her an email.

❾ 에밀리는 / 쓰지 않을 예정이다 / 그녀에게 / 이메일을
____

❿ 에밀리는 / 쓰지 않을 예정이다 / 나에게 / 이메일을
____

03 4형식 문장이 손에 붙는다!

부정형은 줄임말로 써 보자.

1. 크리스는 나에게 카드를 만들어 주지 않을 예정이다.
Chris ______ ______ ______ make me a card.

2. 크리스는 나에게 인형을 만들어 주지 않을 예정이다.
Chris isn't ______ ______ ______ ______ a doll.

3. 크리스는 나에게 인형을 만들어 줄 예정이다.
____

4. 우리 부모님은 나에게 인형을 만들어 줄 예정이다.
My parents are ________ ________ ________
me a doll.

5. 우리 부모님은 나에게 인형을 가져다 줄 예정이다.
________ ________ ________ ________ ________
bring me a ________.

6. 우리 부모님은 나에게 과일을 좀 가져다 줄 예정이다.
My parents ________ ________ ________
________ ________ some fruit.

7. 그들은 나에게 과일을 좀 가져다 줄 예정이다.
____

8. 그들은 우리에게 과일을 가져다 주지 않을 예정이다.
They aren't ______ ______ ______ us any fruit.

9. 그들은 우리에게 물을 가져다 주지 않을 예정이다.
________ ________ ________ ________ ________
________ any water.

10. 그들은 그에게 물을 가져다 주지 않을 예정이다.
____

04 서술형, 수행평가에도 통하는 영작문!

◆ STEP 01

우리 삼촌은 제주도에 사신다. 나는 8월에 그를 방문할 예정이다. 나는 오늘 그에게 이메일을 쓸 예정이다. 이번 주 일요일이 그의 생일이어서 나는 오늘 그에게 선물도 보낼 예정이다.

My uncle lives in Jeju island. I ________
________ to visit him in August. I am going to
________ ________ an email today. This Sunday
is his birthday, so I ________ ________ ________
________ him a gift today, too.

◆ STEP 02

우리 이모는 도쿄[Tokyo]에 사신다. 나는 1월에 그녀를 방문할 예정이다. 다음 주 일요일이 그녀의 생일이어서 나는 오늘 그녀에게 선물을 보내고, 이메일을 쓸 예정이다.

____
____
____
____
____

37 He taught me how to swim.

그는 내게 수영하는 방법을 가르쳐 주었다.

◆ 〈의문사+to부정사〉의 구문을 활용한다

이번에는 〈의문사+to부정사〉가 들어간 문장을 써 볼 거야. **〈의문사+to부정사〉는 명사 역할**을 하기 때문에 주어, 보어, 목적어 자리에 모두 쓸 수 있어. 그중에서도 목적어 자리에 제일 많이 쓰이는데, 4형식 문장의 직접 목적어 자리에 오는 경우를 연습해 보자.

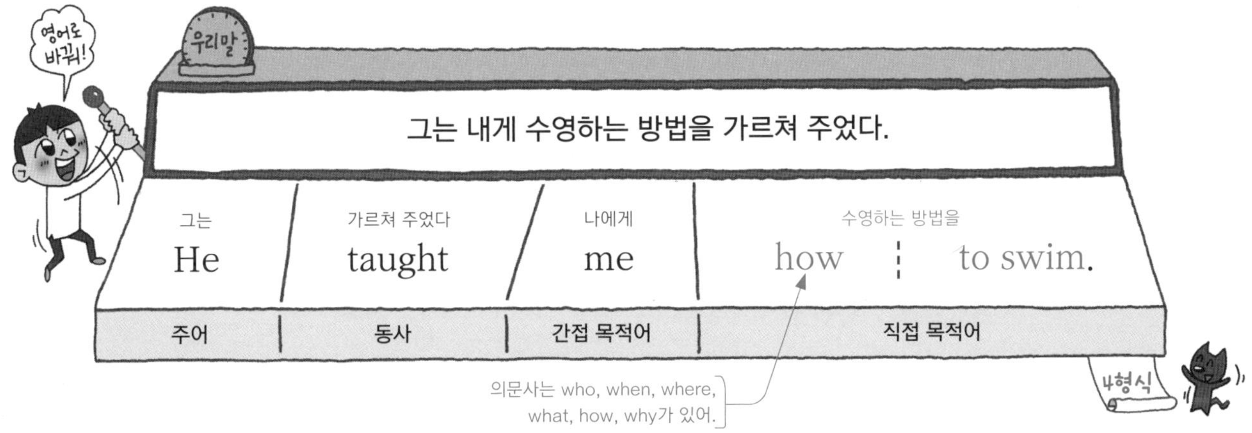
영어로 바꿔!
우리말
그는 내게 수영하는 방법을 가르쳐 주었다.
그는
He
가르쳐 주었다
taught
나에게
me
수영하는 방법을
how
to swim.
주어
동사
간접 목적어
직접 목적어
의문사는 who, when, where, what, how, why가 있어.
4형식

〈의문사+to부정사〉를 잘 활용하면 문장을 좀 더 다양하게 쓸 수 있어. 많이 쓰이는 것은 다음과 같아.

how to+동사원형	~하는 방법, 어떻게 ~하는지[할지] / how to do(어떻게 할지)
what to+동사원형	무엇을 ~하는지[할지] / what to do(무엇을 할지)
when to+동사원형	언제 ~할지 / when to go(언제 갈지)
where to+동사원형	어디에(서) ~할지 / where to go(어디에 갈지)

◆ 꼭 알아야 할 단어 의문사를 찾아 동그라미 표시를 해 보자.

where 어디에	ride 타다	swim 수영하다	what 무엇을
ski 스키를 타다	when 언제	how 어떻게	soccer 축구

01 채우면 4형식 문장이 보인다!

❶

주어	동사	간접 목적어	직접 목적어
나는 I	가르쳐 줄 예정이다 am ________ to teach	그들에게 them	수영하는 방법을 ________ to swim.

❷

주어	동사	간접 목적어	직접 목적어
나는 I	보여 줄 예정이다 ________ going ____ show	그들에게 them	어디로 갈지 where ____________.

❸

주어	동사	간접 목적어	직접 목적어
나는 I	보여 주었다 showed	그에게 him	무엇을 할지 ________ to do.

❹

주어	동사	간접 목적어	직접 목적어
나는 I	말해 주었다 told	그에게 him	언제 갈지 ____________.

02 쓰다 보면 어순 감각이 생긴다!

부정형은 줄임말로 써 보자.

❶ 나는 / 말해 줄 예정이다 / 그들에게 / 언제 갈지

I am going ________ ________ them when ________ ________.

❷ 나는 / 말해 줄 예정이다 / 그들에게 / 어디에 갈지

____

❸ 그는 / 말해 줄 예정이다 / 그들에게 / 어디에 갈지

____

❹ 그는 / 말해 주지 않을 예정이다 / 그들에게 / 어디에 갈지

He isn't going to tell them ________ ________ ________.

❺ 그는 / 말해 주지 않을 예정이다 / 그들에게 / 무엇을 할지

He ________ ________ ________ ________ them what to do.

❻ 그는 / 말하지 않았다 / 그들에게 / 무엇을 할지

He didn't tell them ________ ________ ________.

❼ 그는 / 말하지 않았다 / 우리에게 / 무엇을 할지

____

❽ 그는 / 말하지 않았다 / 우리에게 / 그것을 어떻게 할지

He ________ ________ us how to do it.

❾ 그는 / 보여 주지 않았다 / 우리에게 / 그것을 어떻게 할지

He didn't show us ________ ________ ________ it.

❿ 그는 / 보여 주었다 / 우리에게 / 그것을 어떻게 할지

____

03 4형식 문장이 손에 붙는다!

1. 그녀는 우리에게 수영하는 방법을 보여 주었다.
   She ________ ________ how to swim.

2. 그녀는 나에게 수영하는 방법을 보여 주었다.
   ____

3. 그녀는 나에게 수영하는 방법을 보여 줄 것이다.
   She will show me ________ ________ ________.

4. 그녀는 나에게 스키 타는 방법을 보여 줄 것이다.
   She ________ ________ ________ how to ski.

5. 사라는 나에게 스키 타는 방법을 보여 줄 것이다.
   ____

6. 사라는 나에게 스키 타는 방법을 가르쳐 줄 것이다.
   Sarah will teach me ________ ________ ________.

7. 사라는 나에게 자전거 타는 방법을 가르쳐 줄 것이다.
   ________ ________ ________ ________ how to ride a bike.

8. 알렉스는 나에게 자전거 타는 방법을 가르쳐 줄 것이다.
   Alex will teach me ________ ________ ________ a bike.

9. 알렉스는 나에게 자전거 타는 방법을 가르쳐 주었다.
   ____

10. 알렉스는 나에게 축구하는 방법을 가르쳐 주었다.
    ____

04 서술형, 수행평가에도 통하는 영작문!

◆ STEP 01

우리 가족은 방학 동안에 나에게 몇 가지를 가르쳐 주었다. 우리 아버지는 내게 수영하는 방법을 가르쳐 주셨다. 우리 어머니는 내게 자전거 타는 방법을 가르쳐 주셨다. 내 형은 내게 축구하는 방법을 가르쳐 주었다.

My family ____________ me a few things during the vacation. My father taught me ________ ________ ________. My mother taught ________ how ________ ________ a bike. My brother taught me ________ to play soccer.

during: 동안에

◆ STEP 02

가족들이 미리 계획해서 가르쳐 주는 의미가 강하니까 be going to를 활용해서 글을 써 봐.

우리 가족은 방학 동안에 나에게 몇 가지를 가르쳐 줄 예정이다. 우리 아버지는 내게 자전거 타는 방법을 가르쳐 줄 예정이다. 우리 어머니는 내게 스키 타는 방법을 가르쳐 줄 예정이다. 내 형은 내게 농구 하는 방법을 가르쳐 줄 예정이다.

____

____

____

____

____

____

38 4형식

주어 + 동사 + 간접 목적어 + 직접 목적어 총정리

01 채우면 4형식 문장이 보인다!

1. 나는 그에게 지도를 주었다.

I	gave	him	a map.
주어	동사	간접 목적어	직접 목적어

2. 아빠는 내게 새집을 만들어 주었다.

Dad	________	________	a birdhouse.
주어	동사	간접 목적어	직접 목적어

3. 나는 그녀에게 이메일을 쓸 예정이다. [be going to 활용]

________	________________	________	____________.
주어	동사	간접 목적어	직접 목적어

4. 그는 수영하는 방법을 나에게 가르쳐 주었다.

________	________	________	____________.
주어	동사	간접 목적어	직접 목적어

5. 그는 그녀에게 무엇을 할지 말해 줄 것이다. [will 활용]

________	________________	________	____________.
주어	동사	간접 목적어	직접 목적어

6. 그녀는 그들에게 피자를 만들어 줄 수 있다. [can 활용]

________	________________	________	____________.
주어	동사	간접 목적어	직접 목적어

02 쓰다 보면 어순 감각이 생긴다!

1. 그녀는 / 만들어 줄 수 있다 / 우리에게 / 피자를
She ________ ________ us a pizza.

2. 그 요리사는 / 만들어 줄 수 있다 / 우리에게 / 피자를
The cook can make ________ ________ ________.

3. 그 요리사는 / 만들어 줄 수 있다 / 나에게 / 피자를 [can 활용]
____

4. 그는 / 만들어 줄 수 있다 / 나에게 / 피자를
He can ________ ________ a pizza.

5. 그는 / 만들어 줄 수 있다 / 나에게 / 새집을
________ ________ ________ me a birdhouse.

6. 그는 / 만들어 줄 수 있다 / 그녀에게 / 새집을 [can 활용]
____

7. 그는 / 사 줄 수 있다 / 그녀에게 / 새집을
He can buy her ________ ________.

8. 그는 / 사 줄 예정이다 / 그녀에게 / 새집을
He is going to ________ ________ ________ ________.

9. 에밀리의 아버지는 / 사 줄 예정이다 / 그녀에게 / 새집을
Emily's father ________ ________ ________ ________ ________ a birdhouse.

10. 에밀리의 아버지는 / 사 줄 예정이다 / 그녀에게 / 책을
Emily's ________ is going ________ ________ ________ a book.

11. 에밀리의 아버지는 / 줄 예정이다 / 그녀에게 / 책을 [be going to 활용]
____

12. 알렉스의 아버지는 / 줄 예정이다 / 그에게 / 책을
Alex's father ________ ________ ________ ________ him a book.

13. 알렉스의 아버지는 / 주었다 / 그에게 / 책을
Alex's father gave ________ ________ ________.

14. 그의 아버지는 / 주었다 / 그에게 / 책을
____

15. 그 선생님은 / 주었다 / 그에게 / 책을
The teacher ________ ________ a book.

16. 그 선생님은 / 보냈다 / 그에게 / 책을
The teacher sent ________ ________ ________.

17. 그 선생님은 / 보냈다 / 그들에게 / 몇 권의 책을
________ ________ sent them some books.

18. 그 선생님은 / 보냈다 / 그들에게 / 몇 대의 컴퓨터를
The teacher ________ ________ ________ computers.

19. 우리는 / 보냈다 / 그들에게 / 몇 대의 컴퓨터를
____

20. 우리는 / 보낼 예정이다 / 그들에게 / 몇 대의 컴퓨터를 [be going to 활용]
____

TIP • 시제 정리

	현재 시제	과거 시제	미래 시제(be going to로 표현)
I/You/We	I send him a book. 나는 그에게 책을 보낸다.	I sent him a book. 나는 그에게 책을 보냈다.	I am going to send him a book. 나는 그에게 책을 보낼 예정이다.
He/She/It	She sends him a book. 그녀는 그에게 책을 보낸다.	She sent him a book. 그녀는 그에게 책을 보냈다.	She is going to send him a book. 그녀는 그에게 책을 보낼 예정이다.

03 4형식 문장이 손에 붙는다!

1. 우리는 그들에게 몇 개의 책상을 보낼 것이다.
We will ________ ________ some desks.

2. 우리는 그들에게 몇 개의 책상을 보여 줄 것이다.
We will show ________ ________ ________.

3. 우리는 그들에게 지도를 하나 보여 줄 것이다.
We ________ ________ ________ a map.

4. 우리는 그에게 지도를 하나 보여 줄 것이다. [will 활용]
____

5. 우리는 그에게 무엇을 할지 보여 줄 것이다.
We ________ show him what to do.

6. 나는 그에게 무엇을 할지 보여 줄 것이다. [will 활용]
____

7. 나는 그에게 무엇을 할지 보여 주었다.
I showed him ________ ________ ________.

8. 나는 그에게 스키 타는 방법을 보여 주었다.
________ ________ ________ how to ski.

9. 나는 그에게 스키 타는 방법을 가르쳐 주었다.
I taught him ________ ________ ________.

10. 그녀는 그에게 스키 타는 방법을 가르쳐 주었다.
____

11. 그녀는 그에게 수영하는 방법을 가르쳐 주었다.
She ________ ________ how to swim.

12. 그녀는 그에게 수영하는 방법을 가르쳐 줄 수 있다. [can 활용]
____

13. 그들은 그에게 수영하는 방법을 가르쳐 줄 것이다.
They will teach him ________ ________ ________.

14. 우리 아버지는 그에게 수영하는 방법을 가르쳐 줄 예정이다. [be going to 활용]
____

04 서술형, 수행평가에도 통하는 영작문!

우리 부모님은 지난 주말에 나와 함께 시간을 보냈다. 우리 아버지는 토요일에 내게 수영하는 법을 가르쳐 주셨다. 우리 어머니는 일요일에 내게 피자를 만들어 주셨다. 그래서 나는 오늘 그들에게 감사 카드[thank-you card]를 썼다.

____

____

____

____

____

____

'~하니?', '~할 거니?' 라고 물어볼 때는?

39 Does she look pretty?

그녀는 예뻐 보이니?

1. '~하니?' 라고 물어볼 때는 주어 앞에 Do/Does를 쓴다

'그녀는 예뻐 보이니?'처럼 의문문을 쓰려면 어떻게 할까? look과 같은 일반동사로 물어볼 때는 **주어 앞에 조동사 Do나 Does를 쓰면 돼**. 조동사가 나오면 본동사는 항상 원형이 된다는 점에 주의하자.

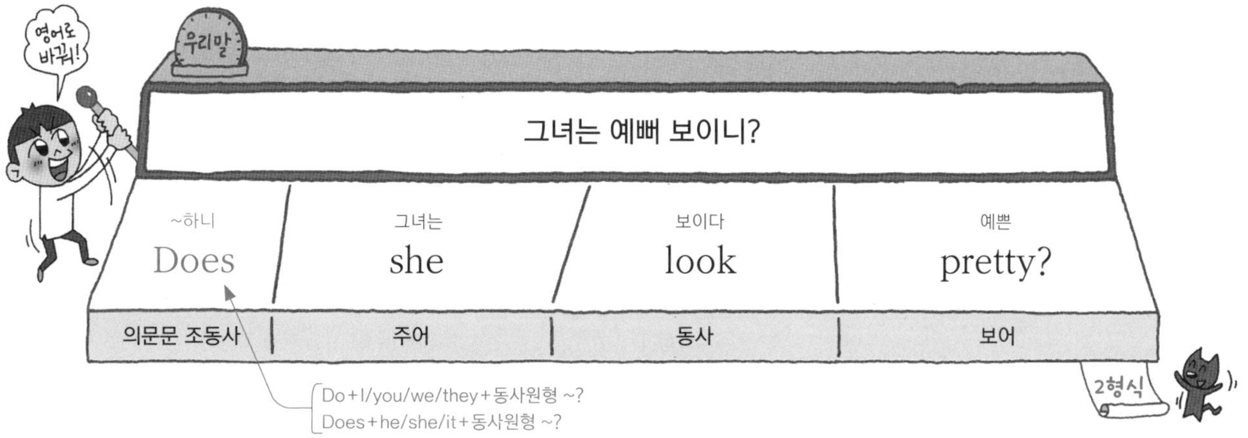

영어로 바꿔!
우리말
그녀는 예뻐 보이니?
~하니
Does
그녀는
she
보이다
look
예쁜
pretty?
의문문 조동사
주어
동사
보어
Do+I/you/we/they+동사원형 ~?
Does+he/she/it+동사원형 ~?
2형식

2. '~할 거니?' 라고 물어볼 때는 주어 앞에 Will을 쓴다

'~할 것이다'는 〈will+동사원형〉으로 썼잖아. '너는 스페인어를 배울 거니?'처럼 물어보는 문장을 쓰려면 조동사인 will을 주어 앞에 쓰면 돼.

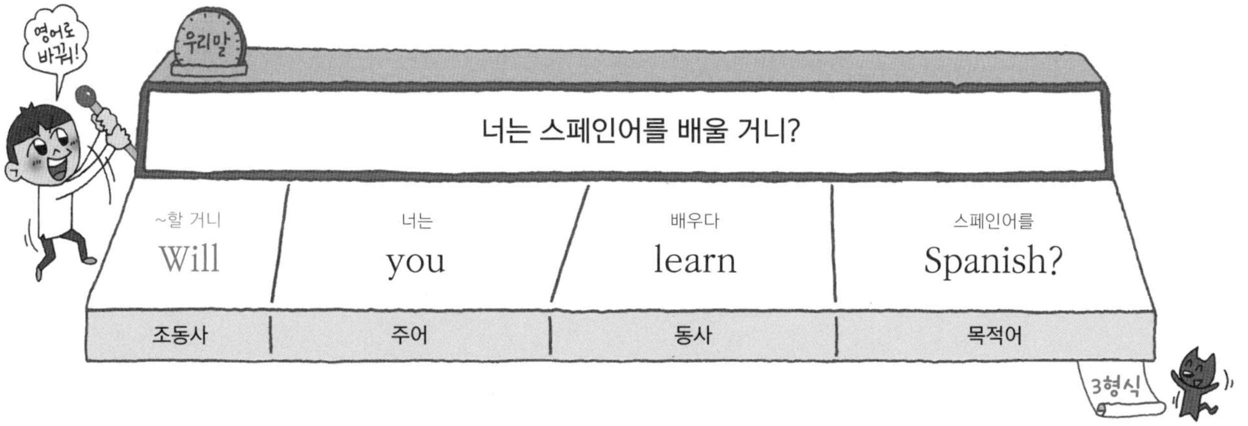

영어로 바꿔!
우리말
너는 스페인어를 배울 거니?
~할 거니
Will
너는
you
배우다
learn
스페인어를
Spanish?
조동사
주어
동사
목적어
3형식

이제 지금까지 배운 1~4형식을 활용해서 의문문을 써 볼까?

01 채우면 문장이 보인다!

1 (1형식 문장)

~하니	그들은	일하다	오늘
________	they	work	today?
의문문 조동사	주어	동사	부사

2 (2형식 문장)

~하니	그녀는	보이다	걱정스러운
________	she	look	worried?
의문문 조동사	주어	동사	보어

3 (3형식 문장)

~할 거니	너는	쓰다	카드를
________	you	________	a card?
조동사	주어	동사	목적어

4 (4형식 문장)

~할 거니	너는	쓰다	그에게	카드를
Will	________	write	________	a card?
조동사	주어	동사	간접 목적어	직접 목적어

02 쓰다 보면 어순 감각이 생긴다!

1 ~할 거니 / 너는 / 쓰다 / 그녀에게 / 카드를
________ you ________ her a card?

2 ~할 거니 / 너는 / 쓰다 / 그녀에게 / 이메일을
Will you ________ ________ an email?

3 ~할 거니 / 너는 / 쓰다 / 이메일을 / 그녀에게
______ ______ ______ ______ ______ to her?

4 ~할 거니 / 너는 / 보내다 / 이메일을 / 그녀에게 [3형식으로]
____

5 ~할 거니 / 너는 / 보내다 / 선물을 / 그녀에게
________ ________ send a gift to her?

6 ~할 거니 / 너는 / 사다 / 선물을 / 그녀를 위해
Will you buy ________ ________ for ________?

7 ~할 거니 / 그는 / 사다 / 선물을 / 그녀를 위해 [3형식으로]
____

8 ~할 거니 / 그는 / 사 주다 / 그녀에게 / 선물을
________ ________ buy ________ a gift?

9 ~할 거니 / 그는 / 사 주다 / 그녀에게 / 케이크를
Will he ________ ________ a cake?

10 ~할 거니 / 그는 / 만들어 주다 / 그녀에게 / 케이크를
Will he make ________ ________ ________?

11 ~할 거니 / 그는 / 만들다 / 케이크를
____

12 ~할 거니 / 그는 / 먹다 / 케이크를
____

03 문장이 손에 붙는다!

1. 그는 토요일에 학교에 가니?
Does he ______ ______ ______ on Saturday?

2. 그녀는 토요일에 학교에 가니?
______ she go to school ______ ______?

3. 그들은 토요일에 학교에 가니?
____

4. 너는 토요일에 도서관에 가니?
_____ you go _____ the library on Saturday?

5. 너희 오빠는 도서관에 가니?
____

6. 너희 오빠는 잘생겨 보이니?
______ your brother ______ handsome?

7. 너희 아버지는 잘생겨 보이니?
Does ______ ______ look ______?

8. 너희 아버지는 걱정스러워 보이니?
______ ______ ______ ______ worried?

9. 너희 부모님은 걱정스러워 보이니?
____

10. 그들은 걱정스러워 보이니?
____

04 서술형, 수행평가에도 통하는 영작문!

◆ STEP 01

너는 아침에 늦게 일어나니? 너는 아침을 거르니? 너는 매일 학교에 가니? 너는 오후에 운동하니? 안 하니? 나와 같이 수영 배울래? 우리 아버지가 내게 수영하는 방법을 가르쳐 주고 있어.

get up: 일어나다 / late: 늦게 ↔ early: 일찍

______ you get up late in the morning? Do ______ skip breakfast? ______ you ______ to school every day? Do ______ exercise in the afternoon? You don't? Will you ______ to ______ with me? My father is ______ me ______ ______ swim.

skip breakfast: 아침을 거르다

exercise: 운동하다

◆ STEP 02

너는 아침에 일찍 일어나니? 너는 아침을 먹니? 너는 매일 학교에 가니? 너는 방과 후에 운동하니? 안 하니? 나와 축구 배울래? 우리 아버지가 내게 축구하는 방법을 가르쳐 주고 있어.

____
____
____
____
____
____

after school: 방과 후에

40 He called me his friend.

그는 나를 그의 친구라고 불렀다.

◆ 목적어를 보충해 주는 말이 명사일 때

드디어 5형식 문장을 써 보는 단계까지 왔어! 5형식은 **〈주어+동사+목적어+목적격 보어〉**의 형태로 써. 목적어 바로 뒤에 쓰는 목적격 보어는 목적어를 보충해 주는 말이야.

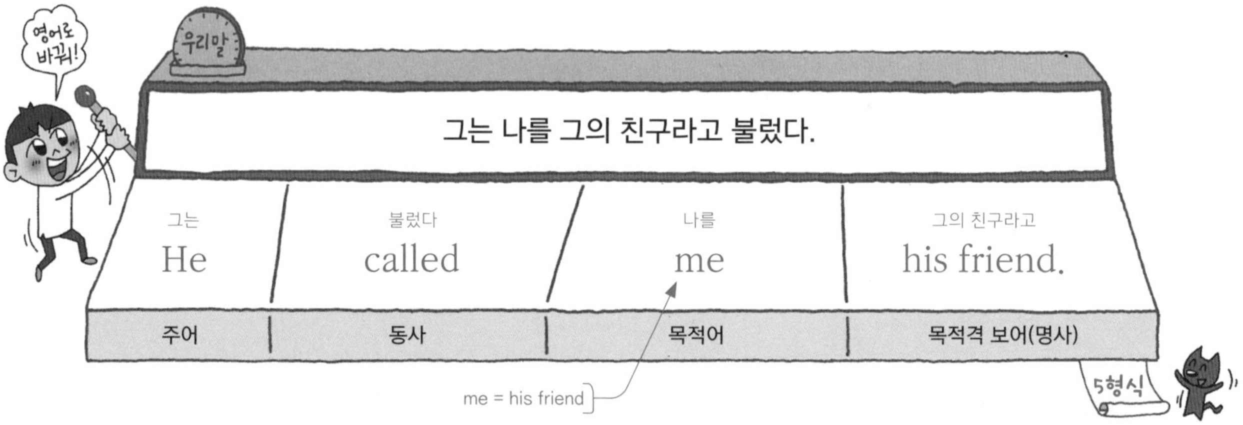
영어로 바꿔!
우리말
그는 나를 그의 친구라고 불렀다.
그는
He
불렀다
called
나를
me
그의 친구라고
his friend.
주어
동사
목적어
목적격 보어(명사)
me = his friend
5형식

그가 나를 불렀는데, 구체적으로 '그의 친구'라고 했다고 me(목적어)를 보충해서 설명해 주잖아? 이렇게 목적어를 보충해 주기 때문에 목적격 보어라고 해. 목적격 보어 자리에는 명사, 형용사, 원형부정사, to부정사, 동명사 등이 올 수 있어. 우선 목적격 보어 자리에 명사가 오는 문장들을 써 보자.

확인 문제 다음 문장에서 목적격 보어를 찾아 써 보자.

1. 그들은 그들의 아들 이름을 알렉스라고 지었다.
   They named their son Alex. → 목적격 보어: ____________

2. 우리는 그들을 우리의 친구라고 불렀다.
   We called them our friends. → 목적격 보어: ____________

◆ 꼭 알아야 할 단어 동사를 찾아 동그라미 표시를 해 보자.

baby 아기	pet bird 애완용 새	name 이름을 짓다
call 부르다	hero 영웅	champion 챔피언

01 채우면 5형식 문장이 보인다!

❶

그는 He	불렀다 called	그녀를 ________	그의 친구라고 his friend.
주어	동사	목적어	목적격 보어

❷

그녀는 She	불렀다 ________	그를 him	그녀의 오빠라고 ________________.
주어	동사	목적어	목적격 보어

❸

그들은 They	이름을 지을 예정이다 are going to ________	그들의 아기를 ________________	알렉스라고 Alex.
주어	동사	목적어	목적격 보어

❹

무엇이 What	만들었는가 made	그를 ________	스타가 a star?
주어	동사	목적어	목적격 보어

← 어떻게 해서 그는 스타가 되었는가?

02 쓰다 보면 어순 감각이 생긴다!

문제를 푼 후 **목적격 보어**에 동그라미 표시를 해 보자.

❶ 그녀는 / 이름을 지을 예정이다 / 그녀의 아기를 / 크리스라고
She ________ ________ ________ name her baby Chris.

❷ 그녀는 / 이름을 지었다 / 그녀의 아기를 / 크리스라고
She ________ her ________ Chris.

❸ 그들은 / 이름을 지었다 / 그들의 아기를 / 크리스라고
____

❹ 우리는 / 이름을 지었다 / 우리의 아기를 / 크리스라고
________ named ________ baby Chris.

❺ 우리는 / 이름을 지었다 / 우리의 애완용 새를 / 비키라고
We ________ our pet ________ Beaky.

❻ 그는 / 이름을 지었다 / 그의 애완용 새를 / 비키라고
____

❼ 그는 / 불렀다 / 그의 애완용 새를 / 비키라고
He called ________ ________ ________ Beaky.

❽ 그는 / 부를 예정이다 / 그의 애완용 새를 / 비키라고
He ________ ________ ________ ________ his pet bird Beaky.

❾ 나는 / 부를 예정이다 / 나의 애완용 새를 / 비키라고 [be going to 활용]
____

❿ 나는 / 불렀다 / 그녀를 / 내 언니라고
____

03 5형식 문장이 손에 붙는다!

1 어떻게 해서 그는 영웅이 되었는가? [무엇이 그를 영웅으로 만들었는가?]
What made ________ a hero?

2 어떻게 해서 그녀는 영웅이 되었는가? [무엇이 그녀를 영웅으로 만들었는가?]
________ ________ her a hero?

3 어떻게 해서 그녀는 스타가 되었는가? [무엇이 그녀를 스타로 만들었는가?]
What ________ ________ a star?

4 어떻게 해서 그들은 스타가 되었는가? [무엇이 그들을 스타로 만들었는가?]
________ ________ ________ stars?

5 그것 덕분에 그들은 스타가 되었다. [그것이 그들을 스타로 만들었다.]
It made ________ stars.

6 그것 덕분에 그들은 영웅이 되었다. [그것이 그들을 영웅으로 만들었다.]
It ________ them heroes.

7 그것 덕분에 그녀는 영웅이 되었다. [그것이 그녀를 영웅으로 만들었다.]
It ________ ________ a hero.

8 그것 덕분에 그는 영웅이 되었다. [그것이 그를 영웅으로 만들었다.]
____

9 그것 덕분에 그는 챔피언이 되었다. [그것이 그를 챔피언으로 만들었다.]
It ________ ________ a champion.

10 그것 덕분에 나는 챔피언이 되었다. [그것이 나를 챔피언으로 만들었다.]
____

이때 it은 물건이 아니라 이 문장 앞에서 설명되었을 어떤 상황이나 이유 전체를 나타내는 거야.

04 서술형, 수행평가에도 통하는 영작문!

◆ STEP 01

브라운 씨 부부는 우리 이웃이었다. 그들은 아기가 한 명 있었다. 그들은 그들의 아기를 존이라고 불렀다. 존은 노래하는 것을 좋아했다. 그는 가수가 되고 싶어 했다. 그는 많이 연습했다. 마침내 그것 덕분에 그는 가수가 되었다.

Mr. and Ms.+성: ~ 씨 부부

Mr. and Ms. Brown were my neighbors. They had a baby. They ________ their baby John. John ________ singing. He ________ ________ be a singer. He practiced a lot. Finally, it ________ him a singer.

finally: 마침내

◆ STEP 02

나의 삼촌과 외숙모는 서울에 살았다. 그들은 아기가 한 명 있었다. 그들은 그들의 아기를 에이미[Amy]라고 불렀다. 에이미는 춤추는 것을 좋아했다. 그녀는 댄서가 되고 싶어 했다. 그녀는 많이 연습했다. 마침내 그 덕분에 그녀는 댄서가 되었다.

____

____

____

____

____

41 She made me angry.

그녀가 나를 화나게 했다.

◆ 목적어를 보충해 주는 말이 형용사일 때

'그녀 때문에 난 화가 났어.'를 영어로 어떻게 표현할까? 'I got angry because of her.'처럼 2형식 문장(I got angry.)으로 쓰고 이유를 나타내는 부사구(because of her)를 붙이면 돼. 그런데 '그녀가' 나를 화나게 만들었다는 점이 중요해서 강조하고 싶다면? '~하게 만들다'란 뜻의 동사 make로 5형식 **〈주어+make(사역동사)+목적어+목적격 보어(형용사)〉** 문장을 만들면 돼. 영어에선 강조하고 싶은 내용을 앞에 두어 말할 때가 많아.

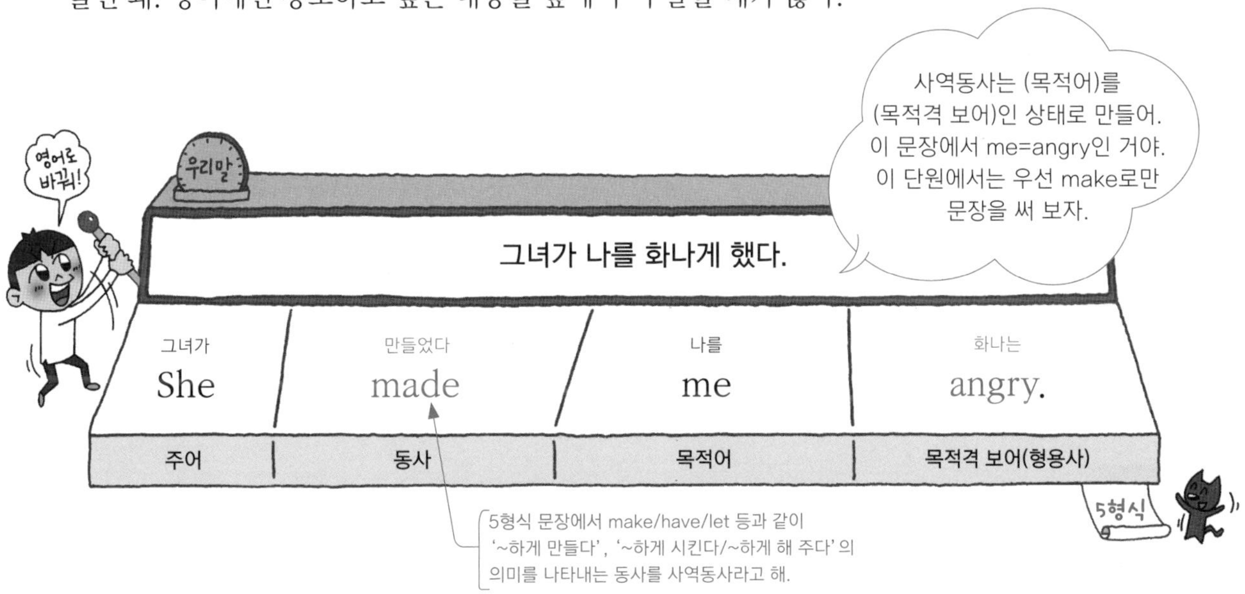

사역동사는 (목적어)를 (목적격 보어)인 상태로 만들어. 이 문장에서 me=angry인 거야. 이 단원에서는 우선 make로만 문장을 써 보자.
영어로 바꿔!
우리말
그녀가 나를 화나게 했다.
그녀가
She
만들었다
made
나를
me
화나는
angry.
주어
동사
목적어
목적격 보어(형용사)
5형식
5형식 문장에서 make/have/let 등과 같이 '~하게 만들다', '~하게 시킨다/~하게 해 주다'의 의미를 나타내는 동사를 사역동사라고 해.

확인 문제 우리말을 보고 주어진 단어를 바르게 배열해 보자.

❶ 그 노래가 그녀를 슬프게 만들었다.
The song (sad, her, made). → The song ____________________.

❷ 너는 나를 기쁘게 만든다.
You (make, happy, me). → You ____________________.

◆ 꼭 알아야 할 단어 형용사를 찾아 동그라미 표시를 해 보자.

bored 지루한, 따분한	movie 영화	story 이야기
play 연극	sleepy 졸린	upset 마음이 상한

01 채우면 5형식 문장이 보인다!

❶

주어	동사	목적어	목적격 보어
너는 You	만들었다 ________	나를 me	기쁜 happy.

너로 인해 나는 기뻤다.

❷

주어	동사	목적어	목적격 보어
너는 You	만들었다 made	나를 ________	화나는 angry.

너 때문에 나는 화가 났다.

❸

주어	동사	목적어	목적격 보어
이 이야기는 This story	만들었다 ________	우리를 us	지루한 bored.

이 이야기 때문에 우리는 지루해졌다.

❹

주어	동사	목적어	목적격 보어
그 영화는 The movie	만들었다 made	우리를 ________	슬픈 sad.

그 영화 때문에 우리는 슬펐다.

이야기를 읽었는데 지루했거나 영화를 봤는데 슬펐다면 그 이야기나 영화로 인해 그런 느낌을 갖게 된 거잖아. 이럴 때 사물 주어와 사역동사를 활용해 이런 문장을 만들 수 있어.

02 쓰다 보면 어순 감각이 생긴다!

❶ 그 영화는 / 만들었다 / 그들을 / 슬픈
The movie ________ them sad.

❷ 그 영화는 / 만들었다 / 그녀를 / 슬픈
________ ________ made her ________.

❸ 그 노래는 / 만들었다 / 그녀를 / 슬픈
____

❹ 그 노래는 / 만들었다 / 그녀를 / 지루한
The song made ________ bored.

❺ 그 노래는 / 만들었다 / 우리를 / 지루한
____

❻ 그 연극은 / 만들었다 / 우리를 / 지루한
The play ________ us bored.

❼ 그 연극은 / 만들었다 / 우리를 / 졸린
________ ________ made us sleepy.

❽ 그 연극은 / 만들었다 / 그를 / 졸린
____

❾ 그 이야기는 / 만들었다 / 그를 / 졸린
The story ________ him ________.

❿ 그 이야기는 / 만들었다 / 그를 / 행복한
________ ________ made him happy.

⓫ 그 이야기는 / 만들었다 / 나를 / 행복한
____

⓬ 그 책은 / 만들었다 / 나를 / 행복한
____

03 5형식 문장이 손에 붙는다!

1. 너로 인해 나는 매우 행복했다. [너는 나를 매우 행복하게 해 주었다.]
You ________ me so ________.
(so: 매우 형용사를 강조해 주는 부사야.)

2. 너 때문에 나는 매우 기분 상했다. [너는 나를 매우 기분 상하게 했다.]
________ ________ ________ so upset.

3. 내 남자친구 때문에 나는 매우 기분 상했다. [내 남자친구는 나를 매우 기분 상하게 했다.]
My boyfriend made ________ ________ ________.

4. 그녀의 남자친구 때문에 그녀는 매우 기분 상했다. [그녀의 남자친구는 그녀를 매우 기분 상하게 했다.]
Her boyfriend ________ her so upset.

5. 그녀의 남동생 때문에 그녀는 매우 기분 상했다. [그녀의 남동생은 그녀를 매우 기분 상하게 했다.]
____

6. 내 남동생 때문에 나는 매우 기분 상했다. [내 남동생은 나를 매우 기분 상하게 했다.]
My ________ made me ________ ________.

7. 내 여자친구 때문에 나는 매우 화났다. [내 여자친구는 나를 매우 화나게 했다.]
My girlfriend ________ ________ so angry.

8. 그의 여자친구 때문에 그는 화났다. [그의 여자친구는 그를 화나게 했다.]
____

9. 그녀의 남자친구 때문에 그녀는 화났다. [그녀의 남자친구는 그녀를 화나게 했다.]
________ boyfriend ________ her ________.

10. 그녀의 남자친구로 인해 그녀는 행복했다. [그녀의 남자친구는 그녀를 행복하게 해 주었다.]
____

04 서술형, 수행평가에도 통하는 영작문!

◆ STEP 01

지난주 토요일에 우리는 매우 따분했다. 우리는 할 일이 없었다. 우리는 영화를 보러 가기로 결정했다. 영화는 매우 재미있었다. 그것(영화) 덕분에 우리는 행복했다. 우리는 정말 영화를 즐겁게 보았다[영화 보는 것을 즐겼다].

________ Saturday, we were very ________.

We didn't have anything to ________. We

decided to go to the movies. The ________ was

very interesting. It ________ ________ ________.

We really enjoyed seeing the ________.

◆ STEP 02

지난 주말에 나는 매우 따분했다. 나는 할 일이 없었다. 나는 책을 읽었다. 그 책은 매우 재미있었다. 그것(책) 덕분에 나는 행복했다. 나는 정말 책을 즐겁게 읽었다[책 읽는 것을 즐겼다].

____

____

____

____

____

5형식 누구(목적어)에게 어떤 행동을 하게 할 때(1)

42 He made me cry.

그가 나를 울게 만들었다.

◆ 사역동사 make의 목적격 보어로 동사가 올 때 동사원형을 쓴다

누구[무언가] 때문에 어떤 행동을 하게 되는 경우, 즉 행동의 원인을 제공하는 사람이나 사물이 중요한 경우에도 5형식 문장을 쓸 수 있어. 주어가 누구를(목적어) 행동하도록(목적격 보어) 만드는 거니까 말이야. **사역동사는 동사원형을 목적격 보어로 쓸 수 있어**. 이때 쓰는 동사원형을 원형부정사라고 해.

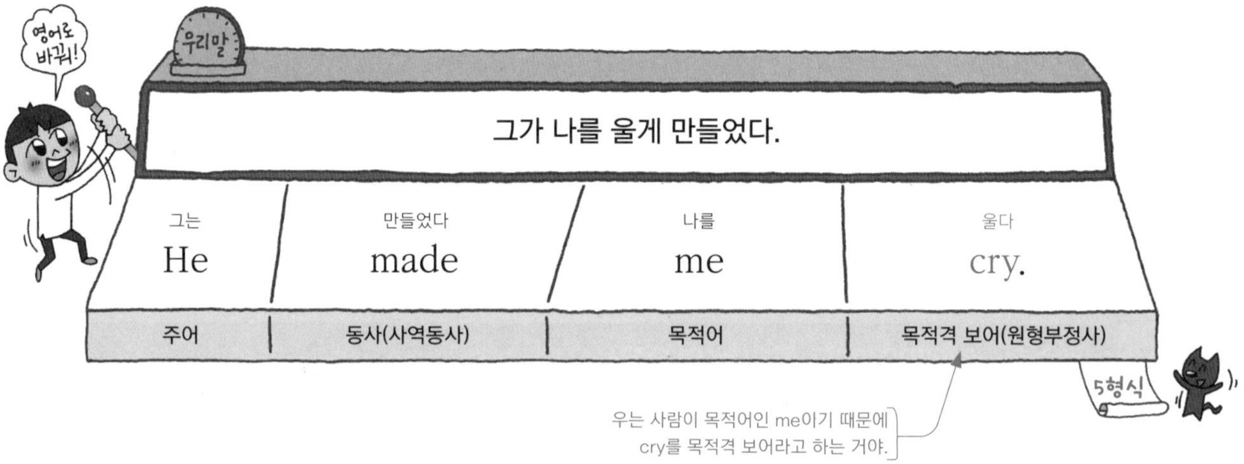

영어로 바꿔!
우리말
그가 나를 울게 만들었다.
그는 He
만들었다 made
나를 me
울다 cry.
주어
동사(사역동사)
목적어
목적격 보어(원형부정사)
5형식
우는 사람이 목적어인 me이기 때문에 cry를 목적격 보어라고 하는 거야.

확인 문제 우리말을 보고 주어진 단어를 바르게 배열해 보자.

❶ 그 노래가 나를 울게 만든다.
The song (makes, cry, me). → The song ______________________.

❷ 그의 이야기가 그들을 웃게 만들었다.
His story (them, made, laugh). → His story ______________________.

◆ 꼭 알아야 할 단어 동사를 찾아 동그라미 표시를 해 보자.

son 아들	laugh 웃다	think 생각하다
cry 울다	daughter 딸	shop 가게, 상점

01 채우면 5형식 문장이 보인다!

❶

주어	동사	목적어	목적격 보어
이 노래는 This song	만들었다 ________	나를 me	울다 cry.

이 노래 때문에 나는 울었다.

❷

주어	동사	목적어	목적격 보어
이 이야기는 This story	만들었다 made	나를 ________	웃다 laugh.

이 이야기 때문에 나는 웃었다.

❸

주어	동사	목적어	목적격 보어	부사구
우리 어머니는 My mother	만들었다 ________	나를 me	가다 ________	그 가게에 to the shop.

우리 어머니는 나를 그 가게에 가도록 했다.

❹

주어	동사	목적어	목적격 보어
무엇이 What	만든다 ________	너를 you	그렇게 생각하다 think so?

뭐 때문에 너는 그렇게 생각하는 거니?

02 쓰다 보면 어순 감각이 생긴다!

❶ 무엇이 / 만들었다 / 당신을 / 생각하게 / 그렇게
What made you ________ so?

❷ 무엇이 / 만든다 / 당신을 / 생각하게 / 그렇게
________ makes ________ think so?

❸ 무엇이 / 만들었다 / 그들을 / 생각하게 / 그렇게
____

❹ 그것이 / 만들었다 / 그들을 / 생각하게 / 그렇게
It ________ ________ think so.

❺ 그것이 / 만들었다 / 그들을 / 그곳에 가다
It ________ ________ go there.

❻ 그것이 / 만들었다 / 나를 / 그곳에 가다
It made me ________ ________.

❼ 우리 어머니가 / 만들었다 / 나를 / 그 가게에 가다
________ ________ ________ ________ go to the shop.

❽ 그의 어머니가 / 만들었다 / 그를 / 그 가게에 가다
____

❾ 그의 어머니가 / 만들었다 / 그를 / 그 학교에 가다
________ ________ made him ________ to the school.

특정한 학교니까 the가 붙었어.

❿ 그녀의 어머니가 / 만들었다 / 그녀를 / 그 학교에 가다
____

03 5형식 문장이 손에 붙는다!

(그녀의) 딸 때문에 그녀는 웃었다.
1. Her daughter ________ ________ laugh.

우리말은 '그녀의' 딸이라고 꼭 언급하지 않아도 되지만, 영어는 'her' daughter라고 소유격을 명사 앞에 써 줘야 해.

(그의) 딸 때문에 그는 웃었다.
2. ________________________________

(그의) 아들 때문에 그는 웃었다.
3. His son made him ________.

그 영화 때문에 그는 웃었다.
4. The movie made him ________.

그 영화 때문에 알렉스는 웃었다.
5. ________________________________

그 영화 때문에 알렉스는 울었다.
6. The ________ ________ Alex cry.

그 노래 때문에 알렉스는 울었다.
7. The song ________ ________ ________.

그 노래 때문에 그녀는 울었다.
8. ________________________________

이 이야기 때문에 그녀는 울었다.
9. This story ________ her ________.

이 이야기 때문에 나는 울었다.
10. ________________________________

04 서술형, 수행평가에도 통하는 영작문!

◆ STEP 01

존슨 씨 부부에게는 딸이 하나 있었다. 그녀는 매우 귀여웠다. 그녀 때문에 그들은 행복했다. 그녀는 항상 그들을 웃게 해 주었다. 나중에, 그녀는 작곡가가 되었다. 그녀는 많은 노래를 만들었고, 그녀의 노래 덕분에 사람들은 행복했다.

Mr. and Mrs. Johnson had a ________. She ________ very cute. She ________ them happy. She always made them ________. Later, she became a song writer. She made a lot of ________, and her songs made people ________.

later: 나중에, 후에
부사라서 문장 맨 앞에 쓸 수 있어.

◆ STEP 02

밀러[Miller] 씨 부부에게는 아들이 하나 있었다. 그는 매우 귀여웠다. 그 때문에 그들은 행복했다. 그는 항상 그들을 웃게 해 주었다. 나중에, 그는 코미디언이 되었다. 그는 매일 텔레비전에 나왔고, 그의 쇼 덕분에 사람들은 행복했다.

____
____
____
____
____
____

comedian: 코미디언
be on TV: 텔레비전에 나오다
show: 쇼, 프로그램

5형식 누구(목적어)에게 어떤 행동을 하게 할 때(2)

43 I had him fix my bike.

나는 그에게 내 자전거를 수리 받았다.

◆ have(~하게 하다, 시키다), let(~하게 해 주다)을 활용하자

'나는 그에게 내 자전거를 수리 받았다.'를 영어로 어떻게 쓸까? '그에게'는 from him? '수리'는 명사로 써야 할까? 이렇게 글자 그대로만 받아들이면 영어 문장이 빨리 안 떠오를 수밖에 없어. 그래서 우리가 기본 영어 문장 구조인 1~5형식을 공부하는 거야.

위 문장은 (대가를 치르고) 전문적으로 수리하는 사람에게 자전거 수리를 받는 거니까 부탁이나 요청의 느낌이 담겨 있어. 이럴 때 **사역동사 have**로 5형식 문장을 쓰면 돼. 누군가에게 무언가를 하도록 **허가할 때는 let**을 사용하는 거야.

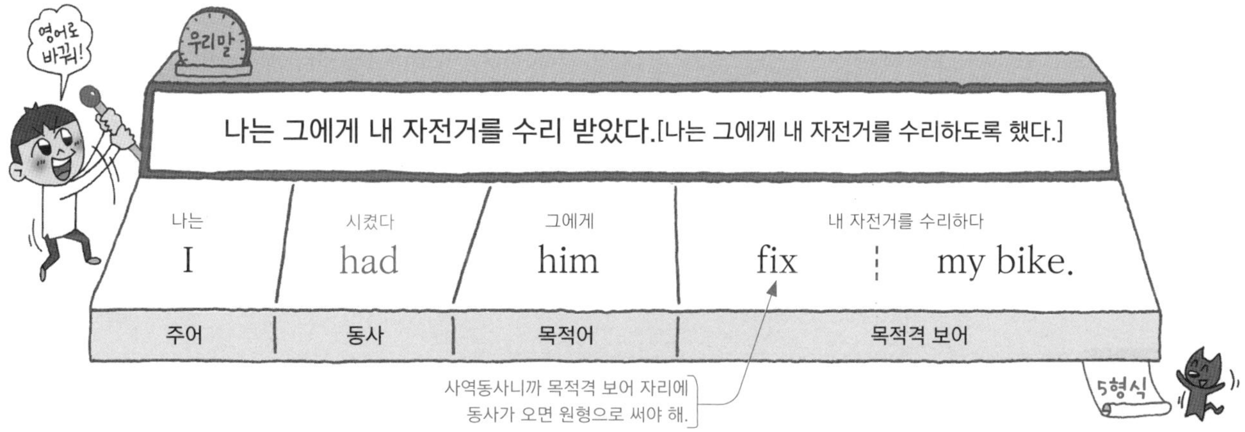

영어로 바꿔!
우리말
나는 그에게 내 자전거를 수리 받았다.[나는 그에게 내 자전거를 수리하도록 했다.]
나는 I
시켰다 had
그에게 him
내 자전거를 수리하다 fix my bike.
주어
동사
목적어
목적격 보어
사역동사니까 목적격 보어 자리에 동사가 오면 원형으로 써야 해.
5형식

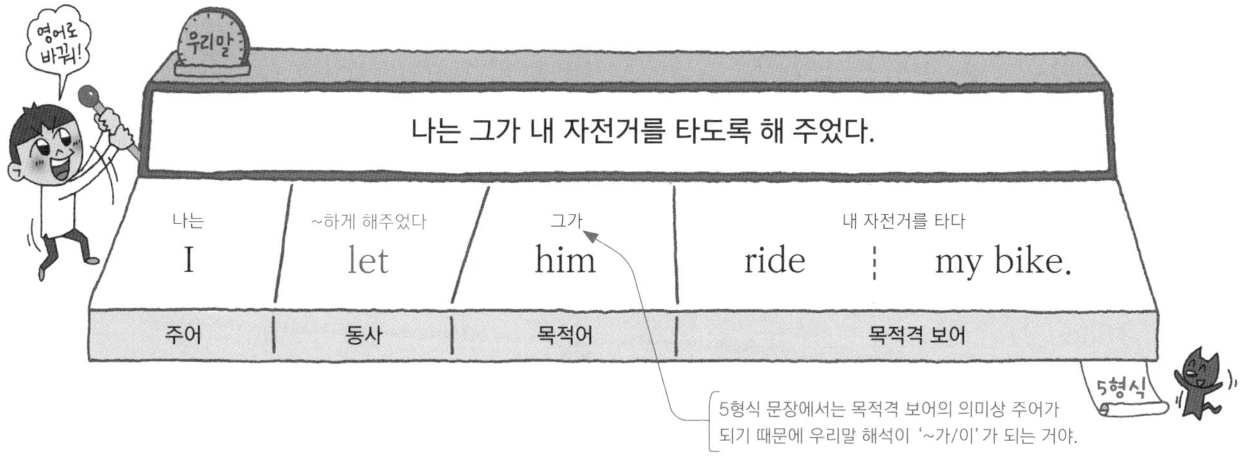

영어로 바꿔!
우리말
나는 그가 내 자전거를 타도록 해 주었다.
나는 I
~하게 해주었다 let
그가 him
내 자전거를 타다 ride my bike.
주어
동사
목적어
목적격 보어
5형식 문장에서는 목적격 보어의 의미상 주어가 되기 때문에 우리말 해석이 '~가/이'가 되는 거야.
5형식

◆ 꼭 알아야 할 단어 동사를 찾아 동그라미 표시를 해 보자.

fix 고치다	man 남자	woman 여자
hair 머리	cut 자르다	rest 휴식하다

01 채우면 5형식 문장이 보인다!

1

주어	동사	목적어	목적격 보어
나는 I	시켰다 ________	그에게 him	내 차를 수리하다 fix my ________.

나는 그에게 차 수리를 받았다.

2

주어	동사	목적어	목적격 보어
나는 I	시킬 것이다 will have	그녀에게 ________	내 머리를 자르다 cut ________ hair.

나는 그녀에게 머리를 자를 것이다.

3

주어	동사	목적어	목적격 보어
그녀는 She	~하게 해 주었다 ________	내가 me	수영하러 가다 _____ swimming.

그녀는 내가 수영하러 가게 해 주었다.

4

주어	동사	목적어	목적격 보어
그녀는 She	~하게 해 주지 않았다 didn't let	그들이 ________	쉬다 take a rest.

그녀는 그들이 쉬게 해 주지 않았다.

take a rest: 휴식을 취하다, 쉬다

02 쓰다 보면 어순 감각이 생긴다!

1 그녀는 / ~하게 해 주었다 / 그들이 / 쉬다

________ ________ ________ take a rest.

2 그녀는 / ~하게 해 주었다 / 우리가 / 쉬다

____

3 밀러 선생님은 / ~하게 해 주었다 / 우리가 / 쉬다

Mr. Miller ________ ________ ________ a rest.

4 밀러 선생님은 / ~하게 해 주었다 / 우리가 / 수영하러 가다

Mr. Miller ________ us ________ swimming.

5 밀러 선생님은 / ~하게 해 주었다 / 내가 / 수영하러 가다

____

go+동사-ing: ~하러 가다
go swimming: 수영하러 가다
go skiing: 스키 타러 가다

6 밀러 선생님은 / ~하게 해 주지 않았다 / 내가 / 수영하러 가다

Mr. Miller didn't ________ ________ ________
swimming.

7 밀러 선생님은 / ~하게 해 주지 않았다 / 내가 / 스키 타러 가다

Mr. Miller ________ ________ ________ go skiing.

8 그녀의 아버지는 / ~하게 해 주지 않았다 / 그녀가 / 스키 타러 가다

____

9 그녀의 부모님은 / ~하게 해 주지 않았다 / 그녀가 / 스키 타러 가다

Her parents didn't ________ ________ ________
skiing.

10 그녀의 부모님은 / ~하게 해 주었다 / 그녀가 / 스키 타러 가다

____

03 5형식 문장이 손에 붙는다!

❶ 그녀의 부모님은 그에게 그들의 차를 수리 받았다.
Her parents had ________ fix their ________.

❷ 그녀는 그에게 그녀의 차를 수리 받았다.
________ ________ him ________ her car.

❸ 그녀는 그에게 그녀의 자전거를 수리 받았다.
____

❹ 나는 그에게 내 자전거를 수리 받았다.
I ________ ________ ________ my bike.

❺ 나는 그에게 내 자전거를 수리 받을 것이다.
I will have him fix ________ ________.

❻ 나는 그에게 내 머리를 자를 것이다.
I will ________ ________ cut ________ hair.

❼ 크리스는 그 남자에게 그의 머리를 자를 것이다.
Chris _______ _______ the man cut his hair.

❽ 크리스는 그 남자에게 그의 머리를 잘랐다.
____

❾ 사라는 그 남자에게 그녀의 머리를 잘랐다.
Sarah had _______ _______ _______ her hair.

❿ 사라는 그 여자에게 그녀의 머리를 잘랐다.
____

TIP •
5형식 구문 <주어+동사+목적어+목적격 보어> 쉽게 이해하기
주어 다음의 동사는 항상 주어의 상태나 주어가 하는 행동에 대해 말해. 목적어의 상태나 목적어가 하는 행동은 목적어 바로 뒤의 목적격 보어로 나타내지.

주어 →	동사	목적어 →	목적격 보어
I	had	him	fix my bike.
(내가 시킨 거야)		(그가	내 자전거를 수리하도록)

04 서술형, 수행평가에도 통하는 영작문!

◆ STEP 01

내 머리가 너무 길다. 내 이모가 미용사다. 나는 그녀에게 내 머리를 자를 것이다. 우리 어머니가 곧 집에 돌아오실 것이다. 그녀는 내가 미용실에 가도록 해 주실 것이다.

My hair ________ too long. My ________ is a hairdresser. I will ________ ________ ________ my hair. My mother ________ come back home soon. She will ________ ________ ________ to the hairdresser's.

◆ STEP 02

내 머리가 너무 길다. 내 삼촌이 미용사다. 나는 그에게 내 머리를 자를 것이다. 우리 아버지가 곧 집에 돌아오실 것이다. 그는 내가 미용실에 가도록 해 주실 것이다.

____
____
____
____
____

44 I had my bike fixed.

나는 내 자전거를 수리 받았다.

◆ 목적격 보어 자리에 과거분사를 쓸 때

자전거 수리를 누가 해준 것인지 밝힐 때는 목적어 자리에 자전거 수리를 한 사람을 쓰고 목적격 보어 자리에는 동사원형을 넣어서 I had **him fix my bike**.(나는 그에게 자전거 수리를 받았다.)처럼 쓰는 것을 익혔어. 그런데 자전거 수리를 누가 한 것인지는 말하지 않아도 될 때는 목적어 자리에는 my bike를 쓰고, **자전거가 수리되는 거니까 목적격 보어는 '수동'의 의미가 있는 과거분사인 fixed**를 써야 해. 사역동사라고 다 원형이 오는 게 아니라는 말씀. 이때 사역동사로 have를 쓰는데, 때론 get도 써.

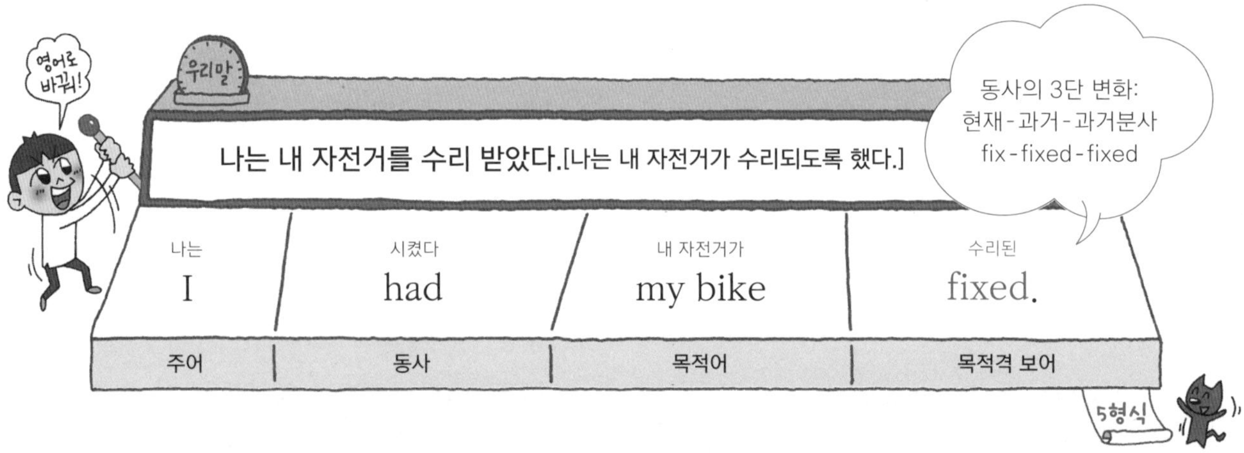
영어로 바꿔!
우리말
나는 내 자전거를 수리 받았다.[나는 내 자전거가 수리되도록 했다.]
동사의 3단 변화:
현재 - 과거 - 과거분사
fix - fixed - fixed
나는
I
시켰다
had
내 자전거가
my bike
수리된
fixed.
주어
동사
목적어
목적격 보어
5형식

확인 문제 우리말을 보고 괄호 안의 단어를 알맞은 형태로 써 보자.

❶ 그는 그의 차를 수리 받았다.
He had his car ______________. (fix)

❷ 나는 시계를 도둑맞았다.
I had my watch ______________. (steal)

◆ 꼭 알아야 할 단어 과거분사에 동그라미 표시를 해 보자.

fix(고치다)-fixed-fixed	steal(훔치다)-stole-stolen	hurt(다치게 하다)-hurt-hurt
break(부러뜨리다)-broke-broken	paint(페인트칠하다, 그리다)-painted-painted	

01 채우면 5형식 문장이 보인다!

1.

나는	시켰다[have 활용]	내 차가	수리된
I	________	my car	fixed.
주어	동사	목적어	목적격 보어

나는 내 차가 수리되도록 했다.

2.

나는	시켰다	내 시계가	수리된
I	got	________ watch	________.
주어	동사	목적어	목적격 보어

나는 내 시계가 수리되도록 했다.

3.

나는	당했다	내 자전거가	도둑맞은
I	had	________ bike	stolen.
주어	동사	목적어	목적격 보어

나는 내 자전거를 도둑맞았다.

한 팔을 다치면 ~ arm, 양팔을 다치면 ~ arms,

4.

나는	당했다[have 활용]	내 팔이	부러진
I	________	________	broken.
주어	동사	목적어	목적격 보어

나는 팔이 하나 부러졌다.

물건을 도난당하거나, 몸의 어딘가를 다쳤을 때도 사역동사 have를 사용할 수 있어. 이때 have는 '~당하다'는 의미로 쓰이는 거야.

02 쓰다 보면 어순 감각이 생긴다!

1. 나는 / 당했다 / 내 다리가 / 부러진 [have 활용]
I ________ my leg broken.
한쪽 다리를 다치면 ~ leg, 양다리를 다치면 ~ legs로 써.

2. 그는 / 당했다 / 그의 다리가 / 부러진 [have 활용]
____

3. 그는 / 당했다 / 그의 팔이 / 부러진
He had his arm ________.

4. 그는 / 당했다 / 그의 팔을 / 다친
He had ________ ________ hurt.

5. 그녀는 / 당했다 / 그녀의 팔을 / 다친 [have 활용]
____

6. 그녀는 / 당했다 / 그녀의 머리를 / 다친
________ had her head ________.

7. 나는 / 당했다 / 내 머리를 / 다친 [have 활용]
____

8. 나는 / 당했다 / 내 머리를 / 다친
I got ________ ________ hurt.

9. 나는 / 당했다 / 내 다리를 / 다친
I got my leg ________.

10. 그는 / 당했다 / 그의 다리가 / 부러진 [get 활용]
He ________ his leg broken.

11. 그녀는 / 당했다 / 그녀의 다리가 / 부러진 [get 활용]
____

12. 그녀는 / 당했다 / 그녀의 다리가 / 부러진 [have 활용]
____

03 5형식 문장이 손에 붙는다!

have를 활용하여 영작을 해 보자.

1. 그녀는 자신의 시계를 도둑맞았다.
   She ________ her watch stolen.
2. 그는 자신의 시계를 도둑맞았다.
   He had ________ ________ ________.
3. 그는 자신의 차를 도둑맞았다.
   He had his ________ stolen.
4. 나는 내 차를 도둑맞았다.
   ____
5. 나는 내 차를 페인트칠 받았다.
   I ________ my car painted.
6. 나는 내 집을 페인트칠 받았다.
   I had ________ house ________.
7. 나는 내 자전거를 페인트칠 받았다.
   ____
8. 나는 내 자전거를 수리 받았다.
   I ________ my bike fixed.
9. 나는 내 자전거를 수리 받을 것이다.
   ____
10. 나는 내 시계를 수리 받을 것이다.
   ____

04 서술형, 수행평가에도 통하는 영작문!

have를 활용하여 영작을 해 보자.

◆ STEP 01

나는 오늘 끔찍한 하루를 보냈다. 나는 아침에 지하철에서 가방을 도둑맞았다. 나는 방과 후에 축구를 연습했다. 불행하게도, 나는 넘어져서 다리 하나가 부러졌다.

I had a terrible day ________. I ________ my bag stolen on the subway in the morning. I practiced soccer ________ ________. Unfortunately, I fell down and had my leg ________.

on the subway: 지하철에서
on the bus: 버스에서

◆ STEP 02

알렉스[Alex]는 오늘 끔찍한 하루를 보냈다. 그는 아침에 버스에서 가방을 도둑맞았다. 그는 방과 후에 야구를 연습했다. 불행하게도, 그는 넘어져서 팔 하나가 부러졌다.

____
____
____
____
____

45 I saw him dance.

나는 그가 춤추는 것을 보았다.

◆ '누가 ~하는 것을 보다/듣다'의 의미도 5형식 문장으로 나타낼 수 있다

'누가 어떤 행동하는 것을 보거나 들을' 때는 **〈주어+지각동사+목적어+목적격 보어〉**의 5형식 문장을 활용해. 여기서도 목적어가 행동을 하니까 목적격 보어 자리에 동사를 써 주어야 하는데, 동사원형을 쓸 수 있어.

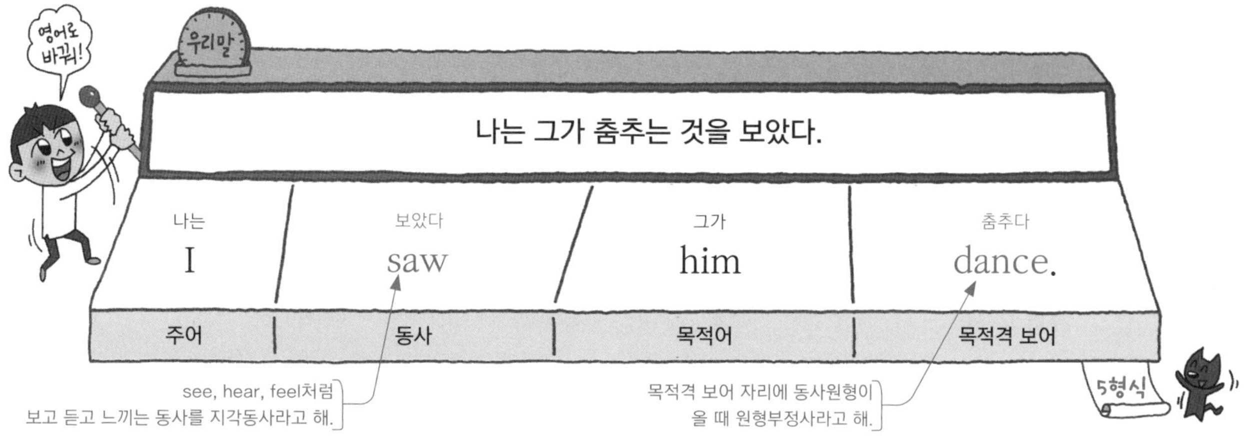

영어로 바꿔!
우리말
나는 그가 춤추는 것을 보았다.
나는 I
보았다 saw
그가 him
춤추다 dance.
주어
동사
목적어
목적격 보어
see, hear, feel처럼 보고 듣고 느끼는 동사를 지각동사라고 해.
목적격 보어 자리에 동사원형이 올 때 원형부정사라고 해.
5형식

확인 문제 우리말을 보고 밑줄 친 부분을 바르게 고쳐 문장을 다시 써 보자.

❶ He saw her <u>to sing</u>. → ______________________ (그는 그녀가 노래하는 것을 보았다.)

❷ They heard him <u>came</u>. → ______________________ (그들은 그가 오는 것을 들었다.)

◆ 꼭 알아야 할 단어 동사를 찾아 동그라미 표시를 해 보자.

hear(듣다)-heard	see(보다)-saw	flute 플루트	moon 달
sun 해, 태양	cello 첼로	rise 뜨다, 오르다	set (해, 달이) 지다

01 채우면 5형식 문장이 보인다!

❶

주어	동사	목적어	목적격 보어
나는 I	보았다 saw	그녀가 her	춤추다 ________.

❷

주어	동사	목적어	목적격 보어
나는 I	보았다 ________	해가 the sun	뜨다 rise.

❸

주어	동사	목적어	목적격 보어
그는 He	들었다 heard	우리가 us	노래하다 ________.

❹

주어	동사	목적어	목적격 보어
그는 He	들었다 ________	내가 ________	플루트를 연주하다 play the flute.

목적격 대명사의 조사는 '~을/를'이나 '~에게'가 주로 쓰이지만, 5형식 문장에서는 목적격 보어의 의미상 주어가 되기 때문에 우리말 해석이 '~가/이'가 되는 거야.

02 쓰다 보면 어순 감각이 생긴다!

부정형은 줄임말로 써 보자.

❶ 그는 / 들었다 / 그녀가 / 플루트를 연주하다
He heard her ________ ________ ________.

❷ 나는 / 들었다 / 그녀가 / 플루트를 연주하다
____

❸ 나는 / 듣지 못했다 / 그녀가 / 플루트를 연주하다
I didn't ________ her play the flute.

❹ 나는 / 듣지 못했다 / 그녀가 / 첼로를 연주하다
I didn't ________ ________ ________ the cello.

❺ 나는 / 듣지 못했다 / 그가 / 첼로를 연주하다
____

❻ 나는 / 보지 못했다 / 그가 / 첼로를 연주하다
I didn't see him ________ ________ ________.

❼ 나는 / 보지 못했다 / 그가 / 기타를 연주하다
I ________ ________ ________ play the guitar.

❽ 나는 / 보지 못했다 / 내 언니가 / 기타를 연주하다
____

❾ 나는 / 보지 못했다 / 내 언니가 / 춤추다
I ________ see my sister ________.

❿ 나는 / 보았다 / 내 언니가 / 춤추다 / 어젯밤에
I ________ ________ ________ dance last night.

⓫ 나는 / 보았다 / 우리 부모님이 / 춤추다 / 어젯밤에
I saw my parents dance ________ ________.

⓬ 나는 / 보았다 / 우리 부모님이 / 노래하다 / 어젯밤에
____

03 5형식 문장이 손에 붙는다!

1. 나는 어제 해가 지는 것을 보았다.
   I _______ the sun set _________.

2. 그들은 어제 해가 지는 것을 보았다.
   ____

3. 그들은 지난주 일요일에 해가 지는 것을 보았다.
   They _______ _______ _______ _______ last Sunday.

4. 그들은 지난주 일요일에 해가 뜨는 것을 보았다.
   They saw _______ _______ rise _______ _______.

5. 우리는 지난주 일요일에 해가 뜨는 것을 보았다.
   ____

   sunrise, sunset 등은 하나의 단어로 쓰기도 해. 이럴 때는 3형식 문장이 되는 거지.

6. 우리는 지난주 일요일에 달이 뜨는 것을 보았다.
   We _______ the moon _______ last Sunday.

7. 그는 지난주 일요일에 달이 뜨는 것을 보았다.
   He saw _______ _______ rise _______ Sunday.

8. 그는 어젯밤에 달이 뜨는 것을 보았다.
   _______ _______ _______ _______ _______ last night.

9. 그는 아침 6시에 달이 지는 것을 보았다.
   He saw _______ _______ set at 6:00 a.m.

10. 그녀는 아침 6시에 달이 지는 것을 보았다.
    ____

04 서술형, 수행평가에도 통하는 영작문!

◆ STEP 01

우리는 오늘 파티를 열었다. 내 언니는 바이올린 연주자다. 우리는 그녀가 바이올린을 연주하는 것을 들었다. 우리는 그녀가 음악에 맞춰 춤추는 것도 보았다. 우리는 저녁에 해가 지는 것을 보았다. 우리는 내일 해가 뜨는 것도 볼 것이다.

We had a _________ today. My _________ is a violinist. We _________ her _________ the violin. We saw _________ dance to the music, too. We _________ the sun _________ in the evening. We are going to _________ the _________ rise tomorrow, too.

to the music: 음악에 맞춰

◆ STEP 02

어제는 내 누나의 생일이었다. 내 누나는 기타 연주자다. 우리는 그녀가 기타를 연주하는 것을 들었다. 우리는 그녀가 음악에 맞춰 춤추는 것도 보았다. 우리는 저녁에 해가 지는 것을 보았다. 우리는 오늘 아침에 해가 뜨는 것도 보았다.

____

____

____

____

____

this morning: 오늘 아침
this afternoon: 오늘 오후
this evening: 오늘 저녁

5형식 누가(목적어) 어떤 행동을 하고 있는 것을 보거나 들을 때

46 I saw her dancing.

나는 그녀가 춤추고 있는 것을 보았다.

◆ 목적어가 '~하고 있는' 순간을 보거나 들을 때는 현재분사를 쓴다

지각동사, 목적어 뒤에 목적격 보어로 현재분사(동사원형-ing)가 오면 '그 순간' 보고 듣는다는 의미를 더 자세하게 말하는 거지. 춤추는 것을 처음부터 끝까지 다 보거나 들으면 원형부정사를 쓰는데, 일부분만 보거나 듣게 되는 경우에는 현재분사를 쓴다고 생각하면 쉬워.

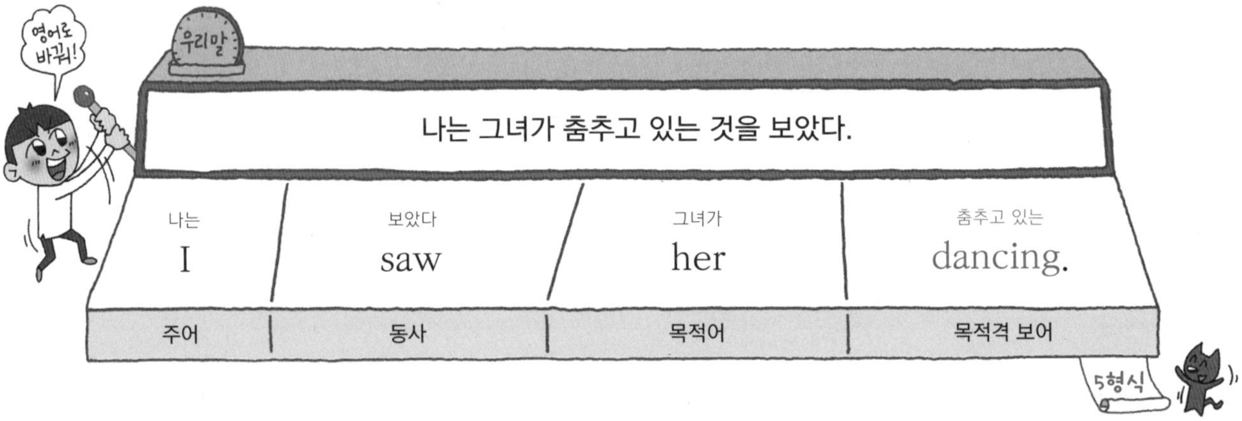

영어로 바꿔!
우리말
나는 그녀가 춤추고 있는 것을 보았다.
나는
I
보았다
saw
그녀가
her
춤추고 있는
dancing.
주어
동사
목적어
목적격 보어
5형식

확인 문제 우리말을 보고 주어진 단어를 바르게 배열해 보자.

❶ 그녀는 그가 노래하고 있는 것을 들었다.
She heard (singing, him). → She heard ______________.

❷ 나는 그들이 누워 있는 것을 보았다.
I saw (lying, them). → I saw ______________.

◆ 꼭 알아야 할 단어 다음 동사의 -ing형을 써 보자.

-ie로 끝나는 동사는 ie를 y로 바꾸고 +ing

cry(울다)-________	sing(노래하다)-________	lie(눕다)-________
flow(흐르다)-________	sleep(자다)-________	laugh(웃다)-________

01 채우면 5형식 문장이 보인다!

1

그녀는 She	보았다 ________	꼬마 여자아이가 the ______ girl	울고 있는 crying.
주어	동사	목적어	목적격 보어

2

너는 You	볼 수 있다 can ________	꼬마 여자아이가 the little girl	노래하고 있는 ________.
주어	동사	목적어	목적격 보어

3

너는 You	들을 수 있다 ________ hear	시냇물이 the ________	흐르고 있는 flowing.
주어	동사	목적어	목적격 보어

4

그는 He	들었다 ________	시냇물이 the stream	흐르고 있는 ________.
주어	동사	목적어	목적격 보어

02 쓰다 보면 어순 감각이 생긴다!

1. 그녀는 / 들었다 / 시냇물이 / 흐르고 있는
   She heard ________ ________ flowing.

2. 나는 / 들었다 / 시냇물이 / 흐르고 있는
   I ________ the stream flowing.

3. 나는 / 들었다 / 강이 / 흐르고 있는
   I heard the river ________.

4. 나는 / 듣는다 / 강이 / 흐르고 있는
   ____

5. 나는 / 듣는다 / 새들이 / 지저귀고 있는
   I ________ birds singing.

6. 나는 / 들을 수 있다 / 새들이 / 지저귀고 있는
   I can ________ ________ ________.

7. 너는 / 들을 수 있다 / 새들이 / 지저귀고 있는
   ____

8. 너는 / 볼 수 있다 / 새들이 / 지저귀고 있는
   ________ ________ see birds singing.

9. 너는 / 볼 수 없다 / 새들이 / 지저귀고 있는 / 여기에서
   You cannot see ________ ________ here.

10. 나는 / 볼 수 없다 / 새들이 / 지저귀는 / 여기에서
    ____

11. 나는 / 보지 못했다 / 새들이 / 지저귀고 있는 / 여기에서
    I didn't see birds ________ here.

12. 나는 / 보지 못했다 / 그 여자아이가 / 노래하고 있는 / 여기에서
    ____

03 5형식 문장이 손에 붙는다!

❶ 나는 그 여자아이가 자고 있는 것을 보았다.
I ________ the girl sleeping.

❷ 나는 그 꼬마 여자아이가 자고 있는 것을 보았다.
I saw the little girl ________.

❸ 나는 그 꼬마 여자아이가 잔디에 누워 있는 것을 보았다.
I ________ ________ ________ ________
lying on the grass.

❹ 나는 그 꼬마 남자아이가 잔디에 누워 있는 것을 보았다.
____

❺ 그녀는 그 꼬마 남자아이가 잔디에 누워 있는 것을 보았다.
________ saw the little boy ________ on the grass.

❻ 그녀는 그 꼬마 남자아이가 울고 있는 것을 보았다.
She saw the little boy ________ .

❼ 그녀는 그 남자아이가 나무 아래에서 울고 있는 것을 보았다.
She saw ________ ________ crying ________ ________ ________.

❽ 그녀는 그 남자아이가 나무 아래에서 울고 있는 것을 들었다.
____

❾ 그녀는 그 남자아이가 나무 아래에서 웃고 있는 것을 들었다.
She ________ ________ ________ laughing under the tree.

❿ 그는 그 남자아이가 나무 아래에서 웃고 있는 것을 들었다.
____

04 서술형, 수행평가에도 통하는 영작문!

◆ STEP 01

지난 주말에 우리는 소풍을 갔다. 우리 주위의 모든 것이 아름다웠다. 우리는 시냇물이 흐르고 있는 것을 보았다. 우리는 새들이 지저귀고 있는 것을 들었다. 우리는 귀여운 꼬마 여자아이가 잔디 위에 앉아 웃고 있는 것도 보았다.

go on a picnic: 소풍 가다

We went on a picnic ________ ________.
Everything around us ________ beautiful. We saw the stream ________. We ________ some birds singing. We ________ a cute little girl sitting and ________ on the grass.

Everything around us was beautiful.
(주어 / 형용사구 / 동사 / 보어)
<전치사+대명사>로 된 형용사구[전치사구]가 주어 everything을 뒤에서 꾸며 주고 있어.

◆ STEP 02

지난주 일요일에 우리는 소풍을 갔다. 우리 주위의 모든 것이 아름다웠다. 우리는 시냇물이 흐르고 있는 것을 들었다. 우리는 새들이 지저귀고 있는 것도 들었다. 우리는 귀여운 꼬마 남자아이가 잔디 위에서 놀면서 웃고 있는 것도 보았다.

____
____
____
____
____

5형식 누구(목적어)에게 무언가를 하라고 말하거나 요청할 때

47 He told me to come.

그는 내게 오라고 말했다.

◆ 누군가에게 '~하라고 말하거나 요청할' 때는 목적격 보어 자리에 to부정사를 쓴다

영어는 동사에 따라 목적어나 목적격 보어로 특별한 형태를 원하는 경우가 많아. **tell(말하다, 명하다), ask(~해 달라고 부탁하다/말하다), allow(허락하다), want(원하다)** 등은 **목적격 보어로 to부정사**만 고집해. 〈주어+동사+목적어(사람)+목적격 보어(to부정사)〉의 5형식 문장으로 '…에게 ~하라고 말하다[부탁하다/허락하다/원하다]'는 의미를 나타내지. 목적격 보어로 꼭 to부정사가 오는 4개의 동사 tell, ask, allow, want는 반드시 외워 두자.

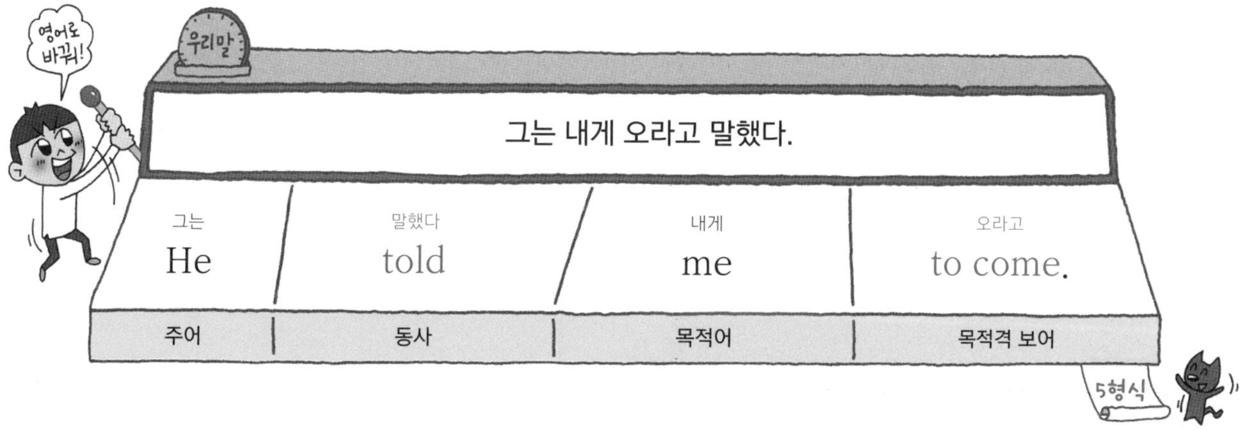
영어로 바꿔!
우리말
그는 내게 오라고 말했다.
그는
He
말했다
told
내게
me
오라고
to come.
주어
동사
목적어
목적격 보어
5형식

확인 문제 우리말을 보고 주어진 단어를 바르게 배열해 보자.

1. 나는 그가 다시 돌아오기를 원한다.
(to, come, want, him, I) back. → ______________________ back.

2. 그녀는 나에게 설거지를 하라고 말했다.
(me, wash, told, she, to) the dishes. → ______________________ the dishes.

◆ 꼭 알아야 할 단어 덩어리 표현을 익히자.

wash the dishes 설거지하다	go camping 캠핑하러 가다
go shopping 쇼핑하러 가다	go hiking 하이킹하러 가다

01 채우면 5형식 문장이 보인다!

❶

나는 I	말했다 ________	그녀에게 ________	오라고 to come.
주어	동사	목적어	목적격 보어

❷

나는 I	부탁했다 asked	그에게 him	와 달라고 ____________________.
주어	동사	목적어	목적격 보어

❸

나는 I	허락했다 allowed	그가 ________	캠핑하러 가는 것을 __________ camping.
주어	동사	목적어	목적격 보어

❹

나는 I	원했다 ________	그들이 them	나를 도와주기를 ______ help me.
주어	동사	목적어	목적격 보어

02 쓰다 보면 어순 감각이 생긴다!

❶ 그녀는 / 원했다 / 내가 / 그녀를 도와주기를
She wanted ________ to help ________.

❷ 그녀는 / 원했다 / 그가 / 그녀를 도와주기를
She ________ him ________ ________ her.

❸ 그녀는 / 원한다 / 그가 / 그녀를 도와주기를
____

❹ 그녀는 / 원한다 / 그가 / 설거지하기를
She wants ________ ________ wash the dishes.

❺ 그녀는 / 부탁했다 / 그에게 / 설거지를 해 달라고
She asked him to ________ ________ ________.

❻ 나는 / 부탁했다 / 그에게 / 설거지를 해 달라고
____

❼ 나는 / 말했다 / 그에게 / 설거지를 하라고
I told ________ ________ ________ the dishes.

❽ 나는 / 말했다 / 그들에게 / 설거지를 하라고
____

❾ 나는 / 말할 것이다 / 그들에게 / 설거지를 하라고
I will tell ________ to ________ the dishes.

❿ 나는 / 말할 것이다 / 그들에게 / 오라고 / 여기에
I ________ ________ ________ to come here.

⓫ 나는 / 허락할 것이다 / 그들이 / 오는 것을 / 여기에
I will allow them ________ ________ ________.

⓬ 그는 / 허락할 것이다 / 그들이 / 오는 것을 / 여기에
____

03 5형식 문장이 손에 붙는다!

부정형은 줄임말로 써 보자.

❶ 그는 그들이 캠핑하러 가는 것을 허락할 것이다.
He _______ _______ _______ to go camping.

❷ 그는 그들이 캠핑하러 가는 것을 허락하지 않을 것이다.
He won't allow them to _______ _______.

❸ 그는 그들이 쇼핑하러 가는 것을 허락하지 않을 것이다.
____

❹ 그는 그의 딸이 쇼핑하러 가는 것을 허락하지 않을 것이다.
He _______ _______ his daughter to go shopping.

❺ 그는 그의 딸이 하이킹하러 가는 것을 허락하지 않았다.
He didn't allow _____ _______ to go hiking.

❻ 그는 그의 딸이 하이킹하러 가는 것을 허락했다.
____

❼ 그는 그녀가 오는 것을 허락했다.
He _______ her to come.

❽ 그는 그녀에게 와 달라고 부탁했다.
He asked _______ _______ _______.

❾ 그는 그녀에게 물 좀 갖다 달라고 부탁했다.
He _______ _______ _______ bring some water.

❿ 그는 나에게 물 좀 갖다 달라고 부탁했다.
____

04 서술형, 수행평가에도 통하는 영작문!

◆ STEP 01

밖은 매우 추웠다. 우리 부모님은 내가 밖에 나가서 노는 것을 허락하지 않았다. 우리 어머니는 내게 집에 있으라고 말했다. 우리 아버지는 내가 그를 도와주기를 원했다. 우리 어머니는 내게 설거지를 해 달라고 (부탁)하셨다.

날씨를 나타낼 때는 비인칭주어를 쓰는 것을 기억해.

_______ was very cold outside. My parents didn't _______ me _______ go out and play. My mother _______ _______ to stay home. My father _______ me _______ help him. My mother asked _______ to _______ the dishes.

◆ STEP 02

밖은 매우 춥고 바람이 불었다. 우리 부모님은 내가 스키 타러 가는 것을 허락하지 않았다. 우리 아버지는 내게 집에 있으라고 말했다. 우리 어머니는 내가 그녀를 도와주기를 원했다. 우리 아버지는 내게 마실 것을 갖다 달라고 (부탁)하셨다.

____

____

____

____

____

____

5형식 누가(목적어) 무언가를 하는 것을 도와줄 때

48 I helped him (to) study.

나는 그가 공부하는 것을 도와주었다.

◆ '누군가 ~하는 것을 돕는다'는 의미를 나타낼 때도 5형식 구문을 활용한다

마지막으로 동사 help를 활용해서 5형식 문장을 만들어 보자. 'I helped him.'(나는 그를 도왔다.)처럼 간단한 3형식 문장에도 쓰이지만, **구체적으로 그가 '뭘 하는 것을' 도왔는지 밝혀야 할 때는 5형식** 〈주어+동사+목적어+목적격 보어〉를 활용할 수 있어. 이때는 목적격 보어 자리에 원형부정사나 to부정사를 의미 차이 없이 모두 쓸 수 있어.

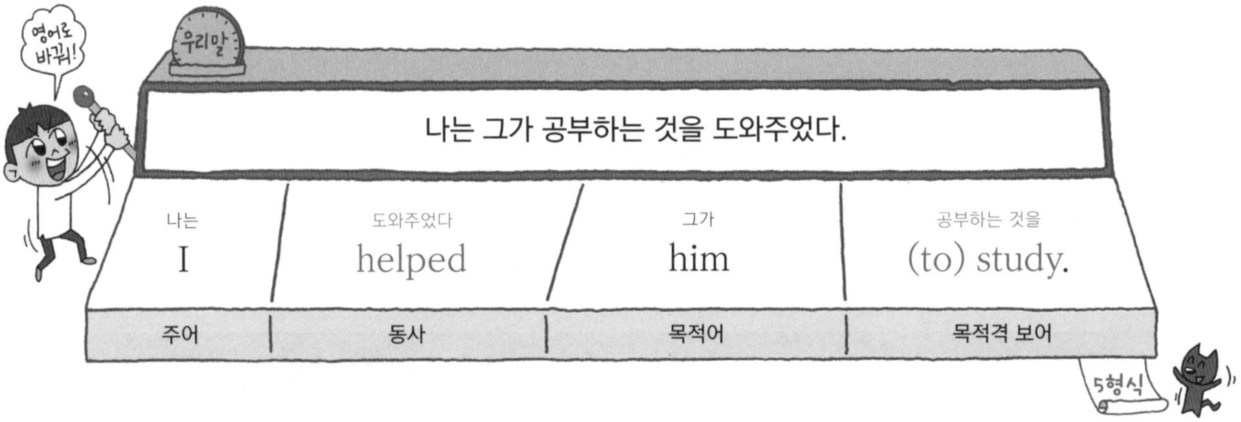
영어로 바꿔!
우리말
나는 그가 공부하는 것을 도와주었다.
나는
I
도와주었다
helped
그가
him
공부하는 것을
(to) study.
주어
동사
목적어
목적격 보어
5형식

확인 문제 우리말을 보고 주어진 단어를 바르게 배열해 보자.

❶ 그는 그녀가 공부하는 것을 도와주었다.
(he, study, helped, her) → ______________________

❷ 나는 그들이 집을 청소하는 것을 도와주었다.
(clean, them, helped, I) the house. → ______________ the house.

◆ 꼭 알아야 할 단어 동사를 찾아 동그라미 표시를 해 보자.

garage 창고	solve 풀다, 해결하다	roof 지붕
repair 수리하다	wall 벽	problem 문제

01 채우면 5형식 문장이 보인다!

원형부정사로 문장을 써 보자.

1

주어	동사	목적어	목적격 보어
나는 I	도왔다 helped	그녀가 ________	공부하는 것을 study.

2

주어	동사	목적어	목적격 보어
우리는 We	도왔다 ________	그녀가 her	집 청소하는 것을 clean the ______.

3

주어	동사	목적어	목적격 보어
우리는 We	도울 것이다 will help	그들이 ________	집 청소하는 것을 ______ the house.

4

주어	동사	목적어	목적격 보어
우리는 We	도울 수 있다 ______________	그들이 them	그들의 집 짓는 것을 build __________.

02 쓰다 보면 어순 감각이 생긴다!

원형부정사로 문장을 써 보자.

1 우리는 / 도와주었다 / 그가 / 그의 집 짓는 것을
We ________ him build ________ ________.

2 에밀리는 / 도와주었다 / 그가 / 그의 집 짓는 것을
____

3 에밀리는 / 도와주었다 / 그가 / 차고 청소하는 것을
Emily helped ________ clean the garage.

4 에밀리는 / 도와준다 / 그가 / 차고 청소하는 것을
Emily helps him ________ ________ ________.

5 에밀리는 / 도와준다 / 그들이 / 차고 청소하는 것을
____

6 에밀리는 / 도와준다 / 그들이 / 벽에 페인트칠하는 것을
________ helps ________ paint the wall.

7 에밀리는 / 도와주고 있다 / 그들이 / 벽에 페인트칠하는 것을
Emily is helping them ________ the ________.

8 존슨 씨는 / 도와주고 있다 / 그들이 / 벽에 페인트칠하는 것을
Mr. Johnson is ________ ________ ________
________ ________.

9 존슨 씨는 / 도와주고 있다 / 그들이 / 지붕 수리하는 것을
Mr. Johnson ________ ________ ________
repair the roof.

10 존슨 씨는 / 도와줄 것이다 / 그들이 / 지붕 수리하는 것을
Mr. Johnson will ________ ________
________ ________ ________.

11 존슨 씨[Mr. Johnson]는 / 도와줄 것이다 / 내가 / 지붕 수리하는 것을
____

03 5형식 문장이 손에 붙는다!

원형부정사로 문장을 써 보자.

1. 존슨 씨는 내가 영어 공부하는 것을 도와줄 것이다.
Ms. Johnson ________ ________ me ________ English.

2. 존슨 씨는 내가 영어 공부하는 것을 도와줄 수 있다.
Ms. Johnson can help ______ study ______.

3. 존슨 씨[Ms. Johnson]는 그녀가 영어 공부하는 것을 도와줄 수 있다. [can 활용]
____

4. 존슨 씨는 그녀가 스페인어 배우는 것을 도와줄 수 있다.
Ms. Johnson ________ ________ her learn Spanish.

5. 나는 그녀가 스페인어 배우는 것을 도와줄 수 있다. [can 활용]
____

6. 나는 그녀가 스페인어 배우는 것을 도와줄 예정이다.
I am going to ________ ________ ________ Spanish.

7. 나는 그녀가 문제 푸는 것을 도와줄 예정이다.
I ________ ________ ________ help her solve the problems.

8. 알렉스는 그녀가 문제 푸는 것을 도와줄 예정이다. [be going to 활용]
____

9. 알렉스는 우리가 문제 푸는 것을 도와줄 예정이다.
Alex is going to ________ ________ ________ the problems.

10. 알렉스는 우리가 문제 푸는 것을 도와주었다.
____

04 서술형, 수행평가에도 통하는 영작문!

원형부정사로 문장을 써 보자.

◆ STEP 01

내 형과 나는 서로 자주 돕는다. 내 형은 언어를 잘한다. 그는 매일 내가 영어 공부하는 것을 도와준다. 나는 수학을 잘한다. 나는 가끔 그가 문제 푸는 것을 도와준다.

My brother and I often ________ each other.

each other: 서로
보통 둘 사이일 때 사용해.

My brother is good ________ languages.

be good at: ~을 잘하다

He helps ________ ________ English every day. I am ________ at math. I sometimes ________ him solve the problems.

sometimes: 가끔, 때때로

◆ STEP 02

내 언니와 나는 서로 자주 돕는다. 내 언니는 영어를 잘한다. 그녀는 매일 내가 영어 공부하는 것을 도와준다. 나는 수학을 잘한다. 나는 자주 그녀가 문제 푸는 것을 도와준다.

____

____

____

____

____

49 5형식

주어 + 동사 + 목적어 + 목적격 보어 총정리

01 채우면 5형식 문장이 보인다!

1 그는 나를 그의 친구라고 불렀다.

주어	동사	목적어	목적격 보어
He	called	me	his friend.

2 그는 나를 화나게 만들었다.

주어	동사	목적어	목적격 보어
________	________	________	________.

3 나는 그에게 내 자전거 수리를 받았다.

주어	동사	목적어	목적격 보어
I	________	________	________________.

4 나는 그가 내 자전거를 타게 해 주었다.

주어	동사	목적어	목적격 보어
________	________	________	________________.

5 나는 내 자전거 수리를 받았다.

주어	동사	목적어	목적격 보어
________	________	________________	________.

6 나는 그가 춤추는 것을 보았다.

주어	동사	목적어	목적격 보어
________	________	________	________.

7 그는 내게 오라고 말했다.

주어	동사	목적어	목적격 보어
________	________	________	________________.

02 쓰다 보면 어순 감각이 생긴다!

1 그녀는 / 만들었다 / 나를 / 행복한
She made ________ happy.

2 그녀는 / 만들었다 / 나를 / 화나는
________ ________ me angry.

3 그는 / 만들었다 / 나를 / 화나는
____

4 그는 / 만들었다 / 나를 / 울다
He ________ me cry.

5 그들은 / 만들었다 / 나를 / 울다
____

6 그들은 / 보았다 / 내가 / 울다
They saw me ________.

7 그들은 / 보았다 / 내가 / 춤추다
They ________ ________ dance.

8 그들은 / 보았다 / 우리가 / 춤추다
____

9 그들은 / 보았다 / 우리가 / 춤추고 있는
They ________ us dancing.

10 그들은 / 보았다 / 그들의 딸이 / 춤추고 있는
They saw their daughter ________.

11 우리는 / 보았다 / 우리의 딸이 / 춤추고 있는
____

12 우리는 / 보았다 / 우리의 딸이 / 플루트를 연주하고 있는
We ________ our ________ playing the flute.

13 나는 / 들었다 / 내 딸이 / 플루트를 연주하고 있는
I heard my daughter ________ the ________.

14 나는 / 들었다 / 내 딸이 / 플루트를 연주하다
____

15 나는 / 당했다 / 내 플루트를 / 도둑맞은
I had ________ ________ stolen.

16 나는 / 당했다 [have 활용] / 내 스마트폰을 / 도둑맞은
I ________ my smartphone stolen.

17 그는 / 당했다 [have 활용] / 그의 스마트폰을 / 도둑맞은
____

18 그는 / 당했다 [have 활용] / 그의 팔이 / 부러진
He ________ ________ ________ broken.

19 그녀는 / 당했다 [have 활용] / 그녀의 팔이 / 부러진
____

20 그녀는 / 당했다 / 그녀의 팔을 / 다친
She had ________ ________ hurt.

21 그녀는 / 당했다 [have 활용] / 그녀의 다리를 / 다친
____

22 나는 / 당했다 [have 활용] / 내 다리를 / 다친
____

TIP • **필수 단어** stolen 도둑맞은 hurt 다친 daughter 딸

03 5형식 문장이 손에 붙는다!

그녀의 아버지는 그녀가 수영하러 가게 해 줄 것이다.
1 Her father will ________ her go swimming.

나는 그녀가 수영하러 가게 해 줄 것이다.
2 I ________ let ________ go __________.

나는 그녀가 내 자전거를 타도록 해 줄 것이다.
3 ________ ________ ________ ________ ride my bike.

나는 내 남동생이 내 자전거를 타도록 해 줄 것이다.
4 ____

나는 내 남동생이 내 자전거를 타도록 해 주었다.
5 I let ________ ________ ________ my bike.

나는 그가 내 자전거를 타도록 해 주었다.
6 ____

나는 그에게서 자전거를 수리 받았다.
7 I had ________ fix the ________.

나는 그들에게서 자전거를 수리 받았다. [have 활용]
8 I ________ them ________ the bike.

나는 그녀에게서 자전거를 수리 받았다. [have 활용]
9 ____

나는 그녀에게 자전거를 가져오라고 말했다.
10 I told ________ to bring ________ ________.

그는 그녀에게 테이블을 옮기라고 말했다.
11 ________ ________ ________ ________ move the table.

그는 내게 테이블을 옮기라고 말했다.
12 ____

그는 내가 테이블을 옮기는 것을 도와주었다.
13 He helped ________ move ________ ________.

그들은 내가 테이블을 옮기는 것을 도와주었다. [원형부정사로]
14 ____

04 서술형, 수행평가에도 통하는 영작문!

나는 오늘 바쁠 것이다. 우선, 나는 화초에 물을 줄 것이다. 우리 어머니가 내게 그것을 하라고 말씀하셨다. 그다음 나는 자전거를 수리 받을 것이다. 나는 내 여동생이 숙제하는 것도 도와줄 것이다.

50 Did you help him study?

너는 그가 공부하는 것을 도와주었니?

◆ '~했니?' 라고 물어볼 때는 주어 앞에 Did를 쓴다

이제 마지막 단원이야! 지금까지 익힌 1~5형식 문장을 활용해서 '~했니?'라고 물어보는 의문문을 써 보자. 의문문을 만들 때 일반동사가 있으면 조동사 Do나 Does를 주어 앞에 썼잖아. 과거의 일에 대해 물을 때는 **주어 앞에 과거형 Did를** 쓰면 돼. 이때도 주어 뒤의 동사는 동사원형, 잊지 말자!

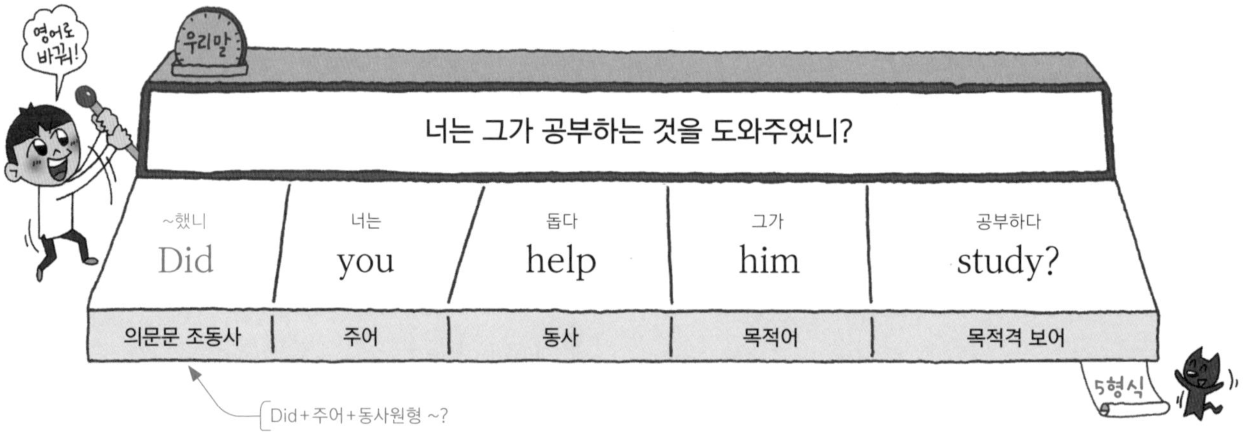

영어로 바꿔!
우리말
너는 그가 공부하는 것을 도와주었니?
~했니
Did
의문문 조동사
너는
you
주어
돕다
help
동사
그가
him
목적어
공부하다
study?
목적격 보어
Did+주어+동사원형 ~?
5형식

확인 문제 우리말을 보고 주어진 단어를 바르게 배열해 보자.

❶ 너는 어제 일했니?
(you, work, did) yesterday? → Did you work yesterday?

❷ 그 피자는 안 좋은 냄새가 났니?
(smell, did, the pizza) bad? → ______

❸ 그는 여행하기를 원했니?
(to, want, did, he) travel? → ______

❹ 너는 그녀에게 이메일을 썼니?
(you, did, her, write) an email? → ______

01 채우면 문장이 보인다!

1

~했니	그들은	일하다	어제	
Did	they	________	yesterday?	1형식 문장
의문문 조동사	주어	동사	부사	

2

~했니	그것은	~한 맛이 나다	좋은	
________	it	________	good?	2형식 문장
의문문 조동사	주어	동사	보어	

3

~했니	너는	말하다	그 이야기를	그녀에게	
Did	you	________	the story	______ her?	3형식 문장
의문문 조동사	주어	동사	목적어	부사구	

4

~했니	너는	말하다	그녀에게	그 이야기를	
________	________	tell	________	the ______?	4형식 문장
의문문 조동사	주어	동사	간접 목적어	직접 목적어	

02 쓰다 보면 어순 감각이 생긴다!

1. ~했니 / 너는 / 말하다 / 그들에게 / 그 이야기를
________ you ________ them the story?

2. ~했니 / 너는 / 말하다 / 그에게 / 그 이야기를
____

3. ~했니 / 너는 / 말하다 / 그에게 / 그 사실을
________ ________ ________ him the truth?

4. ~했니 / 너는 / 말하다 / 그녀에게 / 그 사실을
____

5. ~했니 / 너는 / 말하다 / 그녀에게 / 공부하라고
Did you ________ ________ to study?

6. ~했니 / 너는 / 도와주다 / 그녀가 / 공부하는 것을
Did you help her ________?

7. ~했니 / 너는 / 도와주다 / 그가 / 공부하는 것을
____

8. ~했니 / 너는 / 도와주다 / 그가 / 숙제하는 것을
________ you ________ him do his homework?

9. ~했니 / 너는 / 도와주다 / 그녀가 / 숙제하는 것을
Did you help her ________ ________ ________?

10. ~했니 / 너는 / 도와주다 / 그녀를
____

11. ~했니 / 너는 / 도와주다 / 그들을
________ you help them?

12. ~했니 / 너는 / 하다 / 너의 숙제를
____

03 문장이 손에 붙는다!

1. 그 피자는 맛있었니?
_______ the pizza taste good?

2. 그것은 맛있었니?
____

3. 그것은 감촉이 좋았니?
_______ it feel _______?

4. 너는 기분이 좋았니?
Did _______ _______ good?

5. 그들은 기분이 좋았니?
____

6. 그들은 어제 일했니?
_______ they work _________?

7. 그는 지난 주말에 일했니?
____

8. 그는 지난 주말에 여행했니?
_______ _______ travel last weekend?

9. 그는 그의 가족과 여행했니?
_______ _______ _______ with his family?

10. 너는 너희 가족과 여행했니?
____

04 서술형, 수행평가에도 통하는 영작문!

◆ STEP 01

너는 지난 주말에 몇 가지 일을 하고 싶다고 했잖아, 맞지? 그 모든 것들을 다 했어? 네 친구에게 이메일을 썼어? 자전거 수리는 했어[받았어]? 그리고 네 남동생이 숙제하는 것을 도와주었니?

a few: 몇 개의

thing: 일, 것

You wanted _________ do a few things last weekend, right? _________ you do all those things? Did you _________ an email to your friend? _________ you _________ your bike fixed? And, did you _________ your brother _______ his homework?

all those things: 그 모든 것들

~, right?: 문장 끝에 right?라고 붙이면 자신이 한 말이 '맞지?'라는 의미야.

◆ STEP 02

너는 지난 주말에 몇 가지 일을 하고 싶다고 했잖아, 맞지? 그 모든 것들을 다 했어? 공부는 했니? 그 책은 읽었어? 네 삼촌에게 이메일을 썼어? 그리고 네 여동생이 숙제하는 것을 도와주었니?

____
____
____
____
____
____

대표 문장으로 정리하는 영어 문장의 5형식

1형식 문장

주어 | 동사

나는 노래한다.	I sing.
그는 프랑스에서 일한다.	He works in France.
나는 학교에 가지 않는다.	I don't go to school.
그녀는 자고 있다.	She is sleeping.
그녀는 부엌에 있다.	She is in the kitchen.
그는 그의 방 안에 없다.	He isn't in his room.
파티가 있다.	There is a party.
책상 아래에 책이 있다.	There is a book under the desk.

2형식 문장

주어 | 동사 | 보어

나는 학생이다.	I am a student.
그는 친절한 선생님이다.	He is a kind teacher.
나는 피곤하다.	I am tired.
그 피자는 맛이 좋다.	The pizza tastes good.
오늘 날씨가 흐리다.	It is cloudy today.
추워지고 있다.	It is getting cold.
내일은 추울 것이다.	It will be cold tomorrow.

3형식 문장

주어 | 동사 | 목적어

그녀는 과일을 먹는다.	She eats fruit.
그녀는 초록색 원피스를 갖고 있다.	She has a green dress.
나는 그녀를 만나지 않을 것이다.	I won't meet her.
그는 약간의 물을 원했다.	He wanted some water.
그는 축구하는 것을 좋아한다. [to부정사 활용]	He likes to play soccer.
그는 아무것도 하지 않았다.	He didn't do anything.
그녀는 먹을 것을 원한다.	She wants something to eat.
그는 축구하는 것을 좋아한다. [동명사 활용]	He likes playing soccer.
나는 너를 만났던 것을 기억한다.	I remember meeting you.

나는 선물 사는 것을 잊어버렸다.	I forgot to buy a gift.
그는 프랑스어를 말할 수 있다.	He can speak French.
나는 그녀에게 선물을 보냈다.	I sent a gift to her.

4형식 문장	주어 / 동사 / 간접 목적어 / 직접 목적어
나는 그에게 지도를 주었다.	I gave him a map.
아빠는 내게 새장을 만들어 주었다.	Dad made me a birdhouse.
나는 그녀에게 이메일을 쓸 예정이다.	I am going to write her an email.
그가 내게 수영하는 법을 가르쳐 주었다.	He taught me how to swim.

5형식 문장	주어 / 동사 / 목적어 / 목적격 보어
그는 나를 그의 친구라고 불렀다.	He called me his friend.
그녀가 나를 화나게 했다.	She made me angry.
그가 나를 울게 만들었다.	He made me cry.
나는 그에게 내 자전거를 수리 받았다.	I had him fix my bike.
나는 내 자전거를 수리 받았다.	I had my bike fixed.
나는 그가 춤추는 것을 보았다.	I saw him dance.
나는 그녀가 춤추고 있는 것을 보았다.	I saw her dancing.
그는 내게 오라고 말했다.	He told me to come.
나는 그가 공부하는 것을 도와주었다.	I helped him (to) study.

영어 문장은
손으로 가리고
우리말만 보고 문장을
만들어 보세요.

분당 영재사랑 교육 연구소, 호사라 박사 지음 / 각 권 9,800원

읽는 재미를 높인 초등 문해력 향상 프로그램

고사성어

바빠 독해 06 **반딧불, 눈과 함께한 노력**

형설지공 반딧불이 형(螢), 눈 설(雪), 의 지(之), 공 공(功)

소리 내어 읽기

다음 글을 소리 내어 읽어 보세요.

진나라에서 있었던 이야기예요. 차윤이라는 사람이 과거를 준비하고 있었어요. 과거를 치르기 위해서는 공부해야 할 과목도 많고, 분량도 아주 많았어요. 몇 년을 준비해야 할 만큼 힘든 공부였어요. 하지만 차윤의 집안은 공부에만 전념할 형편이 못 되었어요. 그래서 그는 낮에는 부모님 일을 도와드리고, 밤늦은 시간에 혼자 깨어 공부를 했지요.

어느 날 늦은 시간까지 공부를 하고 있었는데, 갑자기 등불이 꺼지고 말았어요. 등잔 기름이 다 떨어진 거예요.

"이를 어쩌나! 시험이 얼마 남지 않았는데."

그러나 차윤은 부모님께 차마 등잔 기름 살 돈을 달라고 말할 수가 없었어요. 당장 먹고 쓰는 데 필요한 돈도 부족한 형편이었거든요. 어쩔 수 없이 밤공부를 포기한 채 며칠이 지났어요. 어느 날, 해 질 녘 밭일을 마치고 집으로 돌아가던 그의 눈에 반딧불이가 들어왔어요. 갑자기 그는 주먹을 불끈 쥐었어요.

"그래, 바로 그거야!"

그는 공부니에 빛을 내며 날아다니는 반딧불이 수백 마리를 잡았어요. 그리고 얇은 천으로 된 자루에 넣었지요. 그 자루에 책을 가까이 대자 다행히 글씨를 읽을 만큼이 되었어요.

이렇게 반딧불이를 등불 삼아 여름내내 공부한 차윤은 결국 과거에 합격했고, 훗날 높은 벼슬까지 올랐다고 해요.

손강 역시 형편이 넉넉하지 못해 등잔불을 마음껏 켤 수 없었어요.

어느 겨울밤 잠자리에 누웠는데, 좋은 환경에서 밤낮없이 꾸준히 공부하는 친구들 생각에 가슴이 답답하고 속상했지요.

마음을 달래려고 마당에 나온 그는 깜짝 놀랐어요. 소복이 쌓인 눈이 온 세상을 덮으며 달빛이 반사된 까닭에 평상시보다 주변이 환했기 때문이에요.

"이 정도 밝기라면 책도 읽을 수 있지 않을까?"

그는 방으로 가서 옷을 단단히 입고 책을 가져와 눈밭 위를 걸어갔어요. 그리고 책을 펼치자 눈에 반사된 달빛으로 글을 읽을 수 있었어요. 밤에도 공부할 수 있다는 기쁨에 (   ). 그렇게 추위를 이기며 공부한 손강은 훗날 과거에 급제하여 높은 벼슬에 올랐답니다.

반딧불이를 모아서 책을 보자.

눈에 반사된 달빛으로 책을 보자.

어휘
- 과거: 우리나라와 중국에서 관리를 뽑을 때 치르던 시험.
- 전념: 한 가지 일에만 마음을 씀.
- 급제: 시험이나 검사 따위에 합격함. 과거에 합격함.

낱말 뜻부터 확인!

1 '형설지공'의 뜻을 설명한 문장을 완성하세요.

부지런히 | 공부 | 어려움 | 적당히

반딧불이의 불빛과 눈에 비친 달빛으로 (   )한다는 뜻으로, (   )을 딛고 (   ) 공부하는 자세를 이르는 말.

O표 하며 자세히 이해하기

2 (   ) 안에 들어갈 내용으로 알맞은 것에 O표 하세요.

① 차윤은 등잔 기름이 다 떨어지자 (귀뚜라미 | 반딧불이 | 딱정벌레)를 모아 그 불빛으로 공부했어요.

② 손강은 등잔불을 마음껏 켤 형편이 안 되자 밤에 눈에 비친 (햇빛 | 달빛 | 별빛)으로 공부했어요.

32 33

호 박사

영재사랑 연구소에서 16년간 지도한 내용 중 누구나 쉽게 성취감을 맛볼 수 있는 활동을 선별했어요!

바빠 시리즈 초등 학년별 추천 도서

학년	학기별 연산책 바빠 교과서 연산 학기 중, 선행용으로 추천!	나 혼자 푼다 바빠 수학 문장제 학교 시험 서술형 완벽 대비!
1학년	· 바빠 교과서 연산 1-1 · 바빠 교과서 연산 1-2	· 나 혼자 푼다 바빠 수학 문장제 1-1 · 나 혼자 푼다 바빠 수학 문장제 1-2
2학년	· 바빠 교과서 연산 2-1 · 바빠 교과서 연산 2-2	· 나 혼자 푼다 바빠 수학 문장제 2-1 · 나 혼자 푼다 바빠 수학 문장제 2-2
3학년	· 바빠 교과서 연산 3-1 · 바빠 교과서 연산 3-2	· 나 혼자 푼다 바빠 수학 문장제 3-1 · 나 혼자 푼다 바빠 수학 문장제 3-2
4학년	· 바빠 교과서 연산 4-1 · 바빠 교과서 연산 4-2	· 나 혼자 푼다 바빠 수학 문장제 4-1 · 나 혼자 푼다 바빠 수학 문장제 4-2
5학년	· 바빠 교과서 연산 5-1 · 바빠 교과서 연산 5-2	· 나 혼자 푼다 바빠 수학 문장제 5-1 · 나 혼자 푼다 바빠 수학 문장제 5-2
6학년	· 바빠 교과서 연산 6-1 · 바빠 교과서 연산 6-2	· 나 혼자 푼다 바빠 수학 문장제 6-1 · 나 혼자 푼다 바빠 수학 문장제 6-2

'바빠 교과서 연산'과 '바빠 수학 문장제'를 함께 풀면 한 학기 수학 완성!
학기별 계산력 강화 프로그램
바쁜 4학년을 위한 빠른 교과서 연산
4-1학기
4-2학기
나 혼자 푼다! 수학 문장제
초등 4-2
초등 4-1

1형식부터 5형식까지, 빈칸을 채우면 영작 완성!

바빠 초등 문장의 5형식 영작문

Writing

정답

이지스에듀

① 정답을 확인한 후 틀린 문제는 ☆표를 쳐 놓으세요~

② 그리고 그 문제들만 다시 풀어 보는 습관을 들이면 최고!

내가 틀린 문제를 확인하는 습관을 들이면
아무리 바쁘더라도 공부 실력을 키울 수 있어요!

1형식부터 5형식까지, 빈칸을 채우면 영작 완성!

바빠 초등 문장의 5형식 영작문

Writing

정답

이지스에듀

01 1형식=주어+동사

13쪽

◆ 꼭 알아야 할 단어

meet 만나다	they 그들, 그것들	sing 노래하다	we 우리들
he 그	play 놀다	every Sunday 일요일마다	you 너, 너희들

14쪽

01 채우면 1형식 문장이 보인다!

	주어	동사	부사구
1	나는 I	노래한다 sing.	
2	나는 I	노래한다 sing	매일 every day.
3	우리는 We	노래한다 sing	매일 every day.
4	그와 나는 He and I	노래한다 sing	매일 every day.

every day: 때를 나타내는 말 → 시간 부사. 부사는 생략 가능해.

and: ~와/과
He and I(그와 나)가 문장의 주어

부사구는 왜 점선으로 되어 있을까? 부사구가 없어도 1형식 문장이 되거든.

02 쓰다 보면 어순 감각이 생긴다!

문제를 푼 후 동사에 동그라미 표시를 해 보자.

1. 나는 / 노래한다
I sing.
2. 너는 / 노래한다
You sing.
3. 우리는 / 노래한다
We sing.
4. 그들은 / 노래한다
They sing.
5. 그들은 / 노래한다 / 일요일마다
They sing every Sunday.
every ~: ~마다, 매 ~
6. 너는 / 노래한다 / 일요일마다
You sing every Sunday.
7. 우리는 / 노래한다 / 일요일마다
We sing every Sunday.
8. 우리는 / 춤춘다 / 일요일마다
We dance every Sunday.
9. 나는 / 춤춘다 / 일요일마다
I dance every Sunday.
10. 나는 / 춤춘다 / 매일
I dance every day.
every day는 부사구로 동사(dance)를 꾸며 주고 있어.
11. 너는 / 춤춘다 / 매일
You dance every day.
12. 그들은 / 춤춘다 / 매일
They dance every day.

15쪽

03 1형식 문장이 손에 붙는다!

1. 너는 월요일마다 논다.
You play every Monday.
2. 너와 나는 월요일마다 논다.
You and I play every Monday.
3. 너와 나는 화요일마다 만난다.
You and I meet every Tuesday.
4. 그와 나는 화요일마다 만난다.
He and I meet every Tuesday.
5. 그와 나는 수요일마다 만난다.
He and I meet every Wednesday.
6. 그녀와 나는 수요일마다 만난다.
She and I meet every Wednesday.
7. 우리는 목요일마다 만난다.
We meet every Thursday.
8. 그들은 목요일마다 만난다.
They meet every Thursday.
9. 그들은 금요일마다 만난다.
They meet every Friday.
10. 그들과 나는 일요일마다 논다.
They and I play every Sunday.

TIP

요일을 나타내는 말	Monday	Tuesday	Wednesday	Thursday	Friday	Saturday	Sunday
	월요일	화요일	수요일	목요일	금요일	토요일	일요일

04 서술형, 수행평가에도 통하는 영작문!

◆ STEP 01

그와 나는 토요일마다 만난다. 우리는 함께 노래한다. 그녀와 나는 일요일마다 만난다. 우리는 함께 춤춘다.

He and I meet every Saturday. We sing together. She and I meet every Sunday. We dance together.

문장 마지막에 마침표를 붙이는 것을 잊지 마.

◆ STEP 02

그들과 나는 수요일마다 만난다. 우리는 함께 논다. 너와 나는 금요일마다 만난다. 우리는 함께 노래한다.

문장의 첫 글자는 항상 대문자로 시작해.

They and I meet every Wednesday. We play together. You and I meet every Friday. We sing together.

16쪽

확인 문제

❶ works ❷ dances ❸ goes

◆ 꼭 알아야 할 단어

in Paris 파리에서	work 일하다	in Suwon 수원에서	in the library 도서관에서
go 가다	in the park 공원에서	live 살다	in France 프랑스에서

17쪽

01 채우면 1형식 문장이 보인다!

work-works / live-lives
play-plays / go-goes

주어	동사	부사구
❶ 그녀는 She	일한다 works	매일 every day.
❷ 그는 He	산다 lives	프랑스에서 in France.
❸ 그는 He	논다 plays	공원에서 in the park.
❹ 그녀는 She	간다 goes	공원에 to the park.

he나 she는 3인칭 단수 주어

in: (장소) 안에(위치를 나타냄)
to: (장소)로(방향을 나타냄)

02 쓰다 보면 어순 감각이 생긴다!

❶ 그녀는 / 산다 / 프랑스에서
She lives in France.
(도시나 국가처럼 큰 장소 앞에는 in을 써.)

❷ 그녀는 / 산다 / 파리에서
She lives in Paris.

❸ 그는 / 산다 / 파리에서
He lives in Paris.

❹ 나는 / 산다 / 파리에서
I live in Paris.

❺ 나는 / 일한다 / 파리에서
I work in Paris. 보통 〈장소 부사+시간 부사〉의 순서로 써.

❻ 나는 / 일한다 / 수원에서 / 토요일마다
I work in Suwon every Saturday.

❼ 그는 / 일한다 / 수원에서 / 토요일마다
He works in Suwon every Saturday.

❽ 그는 / 일한다 / 중국에서 / 토요일마다
He works in China every Saturday.

❾ 그들은 / 일한다 / 중국에서 / 매일
They work in China every day.

❿ 그녀는 / 일한다 / 중국에서 / 매일
She works in China every day.

⓫ 그는 / 일한다 / 프랑스에서 / 매일
He works in France every day.

⓬ 그녀는 / 일한다 / 프랑스에서 / 일요일마다
She works in France every Sunday.

18쪽

03 1형식 문장이 손에 붙는다!

❶ 그는 공원에 간다.
He goes to the park.

❷ 그는 일요일마다 공원에 간다.
He goes to the park every Sunday.

❸ 그는 일요일마다 공원에서 노래한다.
He sings in the park every Sunday.

❹ 나는 일요일마다 공원에서 노래한다.
I sing in the park every Sunday.

❺ 나는 일요일마다 일한다.
I work every Sunday.

❻ 그녀와 나는 일요일마다 일한다.
She and I work every Sunday.

❼ 그녀는 금요일마다 일한다.
She works every Friday.

❽ 그녀는 금요일마다 도서관에서 일한다.
She works in the library every Friday.

❾ 그녀는 금요일마다 도서관에 간다.
She goes to the library every Friday.

❿ 그들은 금요일마다 도서관에 간다.
They go to the library every Friday.

TIP • 〈in+the+구체적인 장소〉 in the park 공원(안)에서 in the library 도서관(안)에서
〈in+도시/국가명〉 in Suwon 수원에서 in Paris 파리에서 in France 프랑스에서 in China 중국에서

04 서술형, 수행평가에도 통하는 영작문!

◆ STEP 01

그는 서울에서 일한다. 그는 도서관에서 일한다. 그는 수원에서 산다. 나도 수원에서 산다. 우리는 일요일마다 만난다. 우리는 공원에 가서 그곳에서 논다.

He works in Seoul. He works in the library. He lives in Suwon. I live in Suwon, too. We meet every Sunday. We go to the park and play there.

too: 또한, 역시
there: 그곳에서(= in the park)

◆ STEP 02

그녀는 수원에서 일한다. 그녀는 공원에서 일한다. 그녀는 서울에서 산다. 나도 서울에서 산다. 우리는 토요일마다 만난다. 우리는 도서관에 간다.

She works in Suwon. She works in the park. She lives in Seoul. I live in Seoul, too. We meet every Saturday. We go to the library.

03 '~하지 않는다'는 의미를 나타내려면?

19쪽

확인 문제

① don't go ② doesn't walk ③ don't play

◆ 꼭 알아야 할 단어

U.S. 미국	to the park 공원에	walk 걷다	to school 학교에
from China 중국으로부터	come 오다	to the library 도서관에	drive 운전하다

20쪽

01 채우면 1형식 문장이 보인다!

<do/does+not>은 줄임말로 써 보자.

	주어	동사	부사구
①	나는 I	가지 않는다 don't go.	
②	그는 He	가지 않는다 doesn't go.	
③	그녀는 She	가지 않는다 doesn't go	공원에 to the park.
④	우리는 We	가지 않는다 don't go	학교에 to school.

① I/You/We/They+don't+동사원형

② He/She/It+doesn't+동사원형

02 쓰다 보면 어순 감각이 생긴다!

<do/does+not>은 줄임말로 써 보자.

1. 그들은 / 가지 않는다 / 학교에 — They don't go to school.
2. 그들은 / 가지 않는다 / 학교에 / 오늘 — They don't go to school today.
3. 그는 / 가지 않는다 / 학교에 / 오늘 — He doesn't go to school today.
4. 그는 / 가지 않는다 / 도서관에 / 오늘 — He doesn't go to the library today.
5. 그녀는 / 가지 않는다 / 도서관에 / 오늘 — She doesn't go to the library today.
6. 그녀는 / 가지 않는다 / 시장에 / 오늘 — She doesn't go to the market today.
7. 나는 / 가지 않는다 / 시장에 / 오늘 — I don't go to the market today.
8. 나는 / 가지 않는다 / 공원에 — I don't go to the park.
9. 나는 / 걸어가지 않는다 / 공원에 — I don't walk to the park.
10. 우리는 / 걸어가지 않는다 / 공원에 — We don't walk to the park.
11. 우리는 / 운전해서 가지 않는다 / 공원에 — We don't drive to the park.
12. 그는 / 운전해서 가지 않는다 / 공원에 — He doesn't drive to the park.

21쪽

03 1형식 문장이 손에 붙는다!

<do/does+not>은 줄임말로 써 보자.

1. 그는 프랑스 출신이 아니다. — He doesn't come from France. (come from: ~ 출신이다)
2. 그는 프랑스 출신이다. — He comes from France.
3. 나는 프랑스 출신이다. — I come from France.
4. 나는 프랑스 출신이 아니다. — I don't come from France.
5. 나는 중국 출신이 아니다. — I don't come from China.
6. 그들은 중국 출신이 아니다. — They don't come from China.
7. 그들은 중국 출신이다. — They come from China.
8. 그녀는 중국 출신이다. — She comes from China.
9. 그녀는 미국 출신이다. — She comes from the U.S. (the United States: 미국)
10. 그녀는 미국 출신이 아니다. — She doesn't come from the U.S.

04 서술형, 수행평가에도 통하는 영작문!

◆ STEP 01

그는 서울에서 산다. 그는 한국 출신이 아니다. 그는 프랑스 출신이다. 그는 학교에 걸어간다. 나는 서울에서 살지 않는다. 나는 수원에서 산다. 나도 한국 출신이 아니다. 나는 미국 출신이다. 나는 학교에 가지 않는다.

He lives in Seoul. He doesn't come from Korea. He comes from France. He walks to school. I don't live in Seoul. I live in Suwon. I don't come from Korea, either. I come from the U.S. I don't go to school.

either: (부정문에서) 또한, 역시

◆ STEP 02

나는 파리에서 산다. 나는 프랑스 출신이 아니다. 나는 한국 출신이다. 나는 학교에 걸어간다. 그녀는 파리에서 살지 않는다. 그녀는 서울에서 산다. 그녀는 한국 출신이 아니다. 그녀는 미국 출신이다. 그녀는 학교에 가지 않는다.

I live in Paris. I don't[do not] come from France. I come from Korea. I walk to school. She doesn't[does not] live in Paris. She lives in Seoul. She doesn't[does not] come from Korea. She comes from the U.S. She doesn't[does not] go to school.

22쪽

확인 문제

❷ are eating ❸ is singing ❹ are playing
❺ is dancing ❻ are working

◆ 꼭 알아야 할 단어

restaurant 식당	work 일하다	kitchen 부엌	eat 먹다
living room 거실	bedroom 침실	sleep 잠자다	clean 청소하다, 닦다

23쪽

01 채우면 1형식 문장이 보인다!

	주어	동사	부사구
❶	그녀는 She	식사하고 있다 is eating.	
❷	나는 I	식사하고 있다 am eating.	
❸	그들은 They	식사하고 있다 are eating	식당에서 in the restaurant.
❹	그는 He	일하고 있다 is working	식당에서 in the restaurant.

He/She/It is ~ing
I am ~ing
You/We/They are ~ing

in the restaurant은 부사구라서 생략할 수 있어. → <주어+동사>의 1형식 문장

02 쓰다 보면 어순 감각이 생긴다!

❶ 그는 / 자고 있다
He is sleeping.

❷ 그들은 / 자고 있다
They are sleeping.

❸ 그들은 / 청소하고 있다
They are cleaning.

❹ 나는 / 청소하고 있다
I am cleaning.

❺ 너는 / 청소하고 있다
You are cleaning.

❻ 너는 / 일하고 있다
You are working.

❼ 너는 / 일하고 있다 / 레스토랑에서
You are working in the restaurant.

❽ 우리는 / 일하고 있다 / 레스토랑에서
We are working in the restaurant.

❾ 그녀는 / 일하고 있다 / 레스토랑에서
She is working in the restaurant.

❿ 그녀는 / 식사하고 있다 / 레스토랑에서
She is eating in the restaurant.

⓫ 나는 / 식사하고 있다 / 레스토랑에서
I am eating in the restaurant.

⓬ 나는 / 일하고 있다 / 레스토랑에서
I am working in the restaurant.

24쪽

03 1형식 문장이 손에 붙는다!

❶ 나는 놀고 있다.
I am playing.

❷ 그와 나는 놀고 있다.
He and I are playing.
He and I(그와 나)는 2명이므로 동사는 are를 써야 해.

❸ 그와 나는 거실에서 놀고 있다.
He and I are playing in the living room.

❹ 그는 거실에서 놀고 있다.
He is playing in the living room.

❺ 그는 거실에서 노래하고 있다.
He is singing in the living room.

❻ 그들은 거실에서 노래하고 있다.
They are singing in the living room.

❼ 그들은 침실에서 노래하고 있다.
They are singing in the bedroom.

❽ 나는 침실에서 노래하고 있다.
I am singing in the bedroom.

❾ 나는 침실에서 춤추고 있다.
I am dancing in the bedroom.

❿ 그녀는 침실에서 춤추고 있다.
She is dancing in the bedroom.

TIP • <in+the+구체적인 장소> in the restaurant 레스토랑(안)에서 in the living room 거실에서 in the bedroom 침실에서 in the kitchen 부엌에서

04 서술형, 수행평가에도 통하는 영작문!

◆ STEP 01

그녀는 침실에서 자고 있다. 그는 거실에서 놀고 있다. 나는 부엌에서 식사하고 있다.

She is sleeping in the bedroom. He is playing in the living room. I am eating in the kitchen.

◆ STEP 02

그들은 거실에서 놀고 있다. 우리는 침실에서 춤추고 있다. 그는 부엌에서 식사하고 있다.

They are playing in the living room. We are dancing in the bedroom. He is eating in the kitchen.

05 '(~에) 있다'는 의미를 나타낼 때 am/are/is를 쓴다

25쪽

확인 문제

❶ am ❷ is, are ❸ are, is

◆ 꼭 알아야 할 단어

my 나의	mother 어머니	am 있다, ~이다	is 있다, ~이다
are 있다, ~이다	sister 누나, 언니, 여동생	parents 부모	brother 형, 오빠, 남동생

26쪽

01 채우면 1형식 문장이 보인다!

	주어	동사	부사구
❶	내 어머니는 My mother	있다 is	침실에 in the bedroom.
❷	내 아버지는 My father	있다 is	부엌에 in the kitchen.
❸	나는 I	있다 am	화장실에 in the bathroom.
❹	내 형들은 My brothers	있다 are	거실에 in the living room.

my(나의): I의 소유격. 소유를 나타내기 때문에 소유격이라고 해.

02 쓰다 보면 어순 감각이 생긴다!

❶ 내 부모님은 / 계신다 / 거실에
My parents are in the living room.

❷ 내 어머니는 / 계신다 / 거실에
My mother is in the living room.

❸ 내 어머니는 / 계신다 / 침실에
My mother is in the bedroom.

❹ 나는 / 있다 / 침실에
I am in the bedroom.

❺ 내 형은 / 있다 / 침실에
My brother is in the bedroom.

❻ 내 형들은 / 있다 / 침실에
My brothers are in the bedroom.

❼ 내 형들은 / 있다 / 부엌에
My brothers are in the kitchen.

❽ 내 아버지는 / 계신다 / 부엌에
My father is in the kitchen.

❾ 내 아버지는 / 계신다 / 화장실에
My father is in the bathroom.

❿ 내 여동생은 / 있다 / 화장실에
My sister is in the bathroom.

⓫ 내 여동생들은 / 있다 / 화장실에
My sisters are in the bathroom.

⓬ 내 여동생과 나는 / 있다 / 화장실에
My sister and I are in the bathroom.

27쪽

03 1형식 문장이 손에 붙는다!

❶ 나는 부엌에 있다.
I am in the kitchen.

❷ 내[우리] 어머니는 부엌에 계신다.
My mother is in the kitchen.

❸ 내[우리] 부모님은 부엌에 계신다.
My parents are in the kitchen.

❹ 내[우리] 부모님은 정원에 계신다.
My parents are in the garden.

❺ 내 누나들은 정원에 있다.
My sisters are in the garden.

❻ 내 누나는 정원에 있다.
My sister is in the garden.

❼ 내 누나는 뒤뜰에 있다.
My sister is in the backyard.

❽ 내[우리] 아버지는 뒤뜰에 계신다.
My father is in the backyard.

❾ 내 남동생들은 뒤뜰에 있다.
My brothers are in the backyard.

❿ 나는 뒤뜰에 있다.
I am in the backyard.

TIP 우리 어머니는 my mother?
우리말에서는 '우리 어머니' 또는 '어머니'라고 하잖아. 이럴 때 영어는 my mother(내 어머니)라고 써. 여기서 중요한 핵심 하나! '우리말 단어=영어 단어'로 그대로 옮기면 자연스럽지 않은 때가 많아. 다양한 문장을 많이 써 보면서 영어 사용자의 생각을 감각적으로 익히는 게 좋아.

04 서술형, 수행평가에도 통하는 영작문!

◆ STEP 01

우리 어머니는 부엌에 계신다. 그녀는 요리하고 계신다. 우리 아버지는 침실에 계신다. 그는 주무시고 계신다. 나는 거실에 있다. 나는 노래하며 춤추고 있다.

My mother is in the kitchen. She is cooking. My father is in the bedroom. He is sleeping. I am in the living room. I am singing and dancing.

◆ STEP 02

우리 아버지는 부엌에 계신다. 그는 요리하고 계신다. 우리 어머니는 화장실에 계신다. 내 형과 나는 거실에 있다. 우리는 노래하며 춤추고 있다.

My father is in the kitchen. He is cooking. My mother is in the bathroom. My brother and I are in the living room. We are singing and dancing.

28쪽

확인 문제

❶ isn't ❷ isn't ❸ aren't ❹ aren't

◆ 꼭 알아야 할 단어

at home 집에서	her 그녀의	their 그들의	not 아니다, 않다
his 그의	in his room 그의 방 안에	and 그리고	garden 정원

29쪽

01 채우면 1형식 문장이 보인다!

(am not은 줄임말이 없어.)

	주어	동사	부사구
❶	나는 I	없다 am not	집에 at home.
❷	알렉스는 Alex	없다 isn't[is not]	집에 at home.
❸	에밀리는 Emily	없다 isn't [is not]	그녀의 방 안에 in her room.
❹	에밀리와 사라는 Emily and Sarah	없다 aren't [are not]	그들의 방 안에 in their room.

주격-소유격
I - my / you - your / we - our /
he - his / she - her / they - their /
it - its

02 쓰다 보면 어순 감각이 생긴다!

〈be동사+not〉은 줄임말로 써 보자.

❶ 알렉스와 사라는 / 없다 / 그들의 방 안에
Alex and Sarah aren't in their room.

❷ 사라는 / 없다 / 그녀의 방 안에
Sarah isn't in her room.

❸ 사라는 / 없다 / 집에
Sarah isn't at home.

❹ 그녀는 / 없다 / 집에
She isn't at home.

❺ 그들은 / 없다 / 집에
They aren't at home.

❻ 그들은 / 없다 / 그들의 방 안에
They aren't in their room.

❼ 그들은 / 없다 / 그들의 차 안에
They aren't in their car.

❽ 알렉스는 / 없다 / 그의 차 안에
Alex isn't in his car.

❾ 알렉스는 / 없다 / 그의 방 안에
Alex isn't in his room.

❿ 나는 / 없다 / 내 방 안에
I am not in my room.

⓫ 나는 / 없다 / 정원에
I am not in the garden.

⓬ 우리는 / 없다 / 정원에
We aren't in the garden.

30쪽

03 1형식 문장이 손에 붙는다!

〈be동사+not〉은 줄임말로 써 보자.

❶ 알렉스와 사라는 정원에 없다.
Alex and Sarah aren't in the garden.

❷ 알렉스는 정원에 없다.
Alex isn't in the garden.

❸ 알렉스는 부엌에 없다.
Alex isn't in the kitchen.

❹ 나는 부엌에 없다.
I am not in the kitchen.

❺ 나는 거실에 없다.
I am not in the living room.

❻ 에밀리는 거실에 없다.
Emily isn't in the living room.

❼ 에밀리와 나는 거실에 없다.
Emily and I aren't in the living room.

❽ 우리는 거실에 없다.
We aren't in the living room.

❾ 우리는 침실에 없다.
We aren't in the bedroom.

❿ 사라는 침실에 없다.
Sarah isn't in the bedroom.

TIP • and(~와/과)
and는 '~와/과' 또는 '그리고'라는 의미의 단어야. and로 두 단어 이상을 연결할 때는 앞뒤에 오는 단어 성질이 같아야 해. 〈명사 and 명사〉, 〈동사 and 동사〉, 〈형용사 and 형용사〉 식으로 연결하는 거지.
또 Emily and I(에밀리와 나)처럼 주어에 2명이 오면 be동사는 are로 써야 해.

04 서술형, 수행평가에도 통하는 영작문!

◆ STEP 01

알렉스는 식사하고 있지 않다. 그는 부엌에 없다. 그는 거실에 있다. 에밀리는 자고 있지 않다. 그녀는 침실에 없다. 그녀는 정원에 있다.

Alex isn't eating. He isn't in the kitchen. He is in the living room. Emily isn't sleeping. She isn't in the bedroom. She is in the garden.

◆ STEP 02

사라는 요리하고 있지 않다. 그녀는 부엌에 없다. 그녀는 화장실에 있다. 나는 놀고 있지 않다. 나는 정원에 없다. 나는 내 방 안에 있다.

Sarah isn't[is not] cooking. She isn't[is not] in the kitchen. She is in the bathroom. I am not playing. I am not in the garden. I am in my room.

07 There is/are ~로 '있다'는 의미를 나타낼 수 있다

31쪽

◆ 꼭 알아야 할 단어

party 파티, 잔치	museum 박물관	here 이곳에, 여기에	house 집, 주택
together 함께	game 게임, 경기	pond 연못	neighborhood 동네, 근처

32쪽

01 채우면 1형식 문장이 보인다!

<be동사+not>은 줄임말로 써 보자.

	There+be동사	주어	부사(구)
❶	있다 There is	경기가 a game.	
❷	있다 There are	경기들이 games.	
❸	있다 There are	경기들이 games	매일 every day. (부사구)
❹	없다 There aren't	경기들이 games	저곳에서 there. (부사)

a: '하나의'라는 뜻이 있어. 단수 명사 앞에만 쓰고 복수 명사 앞에는 쓰지 않아.

There isn't/aren't ~: ~이 없다

there: 저기에, 저곳에서

02 쓰다 보면 어순 감각이 생긴다!

❶ 있다 / 경기가 / 이곳에서
There is a game here.

❷ 있다 / 경기들이 / 이곳에서
There are games here.

❸ 있다 / 경기들이 / 이곳에서 / 주말마다
There are games here every weekend.

❹ 있다 / 파티들이 / 이곳에서 / 주말마다
There are parties here every weekend.

❺ 있다 / 파티들이 / 저곳에서 / 주말마다
There are parties there every weekend.

❻ 있다 / 파티들이 / 주말마다
There are parties every weekend.

❼ 있다 / 파티들이 / 매일
There are parties every day.

❽ 있다 / 파티가 / 매일
There is a party every day.

❾ 있다 / 파티가 / 5시에
There is a party at 5:00.

at+시간: ~ 시에

❿ 있다 / 파티가 / 5시에 / 저곳에서
There is a party at 5:00 there.

⓫ 있다 / 경기가 / 5시에 / 저곳에서
There is a game at 5:00 there.

⓬ 있다 / 경기들이 / 5시에 / 저곳에서
There are games at 5:00 there.

33쪽

03 1형식 문장이 손에 붙는다!

<be동사+not>은 줄임말로 써 보자.

❶ 공원 안에 연못들이 있다.
There are ponds in the park.

❷ 공원 안에 연못이 있다.
There is a pond in the park.

❸ 공원 안에 연못이 없다.
There isn't a pond in the park.

❹ 이 동네에 연못이 없다.
There isn't a pond in this neighborhood.

❺ 이 동네에 박물관이 없다.
There isn't a museum in this neighborhood.

❻ 이 동네에 박물관이 있다.
There is a museum in this neighborhood.

❼ 저기에 박물관이 있다.
There is a museum there.

❽ 저기에 박물관들이 있다.
There are museums there.

❾ 저기에 박물관들이 없다.
There aren't museums there.

❿ 저기에 집들이 없다.
There aren't houses there.

TIP • 명사의 복수형 만들기

대부분의 단수 명사	명사-(e)s	a game → games
-y로 끝나는 단수 명사	명사의 y를 i로 고치고 -es	a party → parties

04 서술형, 수행평가에도 통하는 영작문!

◆ STEP 01

우리 마을에 공원이 있다. 공원에 연못은 없다. 나는 매일 공원에 간다. 알렉스와 나는 공원에서 만난다. 우리는 공원에서 함께 논다.

There is a park in my neighborhood. There isn't a pond in the park. I go to the park every day. Alex and I meet in the park. We play together in the park.

◆ STEP 02

우리 마을에 공원이 있다. 주말마다 공원에서 파티들이 있다. 사라[Sarah]와 나는 주말마다 공원에 간다. 우리는 공원에서 함께 논다.

There is a park in my neighborhood. There are parties in the park every weekend. Sarah and I go to the park every weekend. We play together in the park.

34쪽

확인 문제

❶ in ❷ on

35쪽

01 채우면 1형식 문장이 보인다!

<be동사+not>은 줄임말로 써 보자.

	There+be동사	주어	부사구
❶	있다 There is	키보드가 a keyboard	책상 위에 on the desk.
❷	없다 There aren't	키보드들이 keyboards	책 옆에 beside the book.

	주어	동사	부사구
❸	그 책이 The book	있다 is	가방 안에 in the bag.
❹	그 책들이 The books	있다 are	테이블 아래에 under the table.

02 쓰다 보면 어순 감각이 생긴다!

❶ 그 책들이 / 있다 / 테이블 위에
The books are on the table.

❷ 그 책이 / 있다 / 테이블 위에
The book is on the table.

❸ 그 책이 / 있다 / 테이블 옆에
The book is beside the table.

❹ 그 책이 / 있다 / 키보드 옆에
The book is beside the keyboard.

❺ 그 마우스가 / 있다 / 키보드 옆에
The mouse is beside the keyboard.

❻ 그 마우스가 / 있다 / 책 옆에
The mouse is beside the book.

❼ 그 마우스가 / 있다 / 책 위에
The mouse is on the book.

❽ 그 키보드가 / 있다 / 책 위에
The keyboard is on the book.

❾ 그 키보드가 / 있다 / 책 뒤에
The keyboard is behind the book.

❿ 그 키보드가 / 있다 / 모니터 뒤에
The keyboard is behind the monitor.

⓫ 그 연필들이 / 있다 / 모니터 뒤에
The pencils are behind the monitor.

⓬ 그 연필들이 / 있다 / 모니터 옆에
The pencils are beside the monitor.

36쪽

03 1형식 문장이 손에 붙는다!

❶ 모니터 옆에 연필들이 있다.
There are pencils beside the monitor.

❷ 모니터 옆에 키보드가 있다.
There is a keyboard beside the monitor.

❸ 모니터 앞에 키보드가 있다.
There is a keyboard in front of the monitor.

❹ 모니터 앞에 마우스가 있다.
There is a mouse in front of the monitor.

❺ 가방 앞에 마우스가 있다.
There is a mouse in front of the bag.

❻ 가방 안에 마우스가 있다.
There is a mouse in the bag.

❼ 가방 안에 연필이 있다.
There is a pencil in the bag.

❽ 가방 안에 연필들이 있다.
There are pencils in the bag.

❾ 책상 아래에 연필들이 있다.
There are pencils under the desk.

❿ 책상 아래에 책들이 있다.
There are books under the desk.

TIP •

a(an)/the는 언제 쓰는 걸까?
영어에는 명사 앞에 쓰는 관사라는 게 있어. 명사가 하나일 때는 a나 an을, 특정한 것일 경우는 the를 붙여. a(an)은 '하나의', the는 '그, 저'라는 뜻이 있기는 하지만 해석하지 않을 때가 많아.

the의 대표적인 두 가지 쓰임
1. 앞에 나온 명사를 다시 말할 때
2. 어느 것을 가리키는지 다들 이미 알고 있을 때

04 서술형, 수행평가에도 통하는 영작문!

◆ STEP 01

방 안에 책상이 있다. 책상 옆에 가방이 있다. 책상 위에는 키보드가 있다. 키보드 뒤에는 책들이 있다. 키보드 앞에는 마우스가 있다.

There is a desk in the room. There is a bag beside the desk. There is a keyboard on the desk. There are books behind the keyboard. There is a mouse in front of the keyboard.

◆ STEP 02

거실에 테이블이 있다. 테이블 아래에 책이 있다. 책 위에 연필들이 있다. 책 옆에는 가방이 있다. 가방 안에는 마우스가 있다.

There is a table in the living room. There is a book under the table. There are pencils on the book. There is a bag beside the book. There is a mouse in the bag.

37쪽

01. 채우면 1형식 문장이 보인다!

② works, in France ③ I, don't go, to school ④ She, is sleeping ⑤ is, in the kitchen ⑥ He, isn't, in his room ⑦ There is, a party, here

38쪽

02 쓰다 보면 어순 감각이 생긴다!

부정형은 줄임말로 써 보자.

① 우리는 / 노래한다
We sing.

② 우리는 / 노래한다 / 함께
We sing together.

③ 그들은 / 노래한다 / 함께
They sing together.

④ 그들은 / 일한다 / 함께
They work together.

⑤ 그녀와 나는 / 일한다 / 함께
She and I work together.

⑥ 그녀와 나는 / 일한다 / 파리에서
She and I work in Paris.

⑦ 그녀는 / 일한다 / 파리에서
She works in Paris.

⑧ 그녀는 / 산다 / 파리에서
She lives in Paris.

⑨ 그녀는 / 살지 않는다 / 파리에서
She doesn't live in Paris.

⑩ 나는 / 살지 않는다 / 파리에서
I don't live in Paris.

⑪ 나는 / 학교에 다니지 않는다 / 파리에서
I don't go to school in Paris.

⑫ 나는 / 학교에 다닌다 / 파리에서
I go to school in Paris.

⑬ 나는 / 간다 / 도서관에
I go to the library.

⑭ 그는 / 간다 / 도서관에
He goes to the library.

⑮ 그는 / 공부한다 / 도서관에서
He studies in the library.

⑯ 내 형은 / 공부한다 / 도서관에서
My brother studies in the library.

⑰ 내 형은 / 공부하지 않는다 / 도서관에서
My brother doesn't study in the library.

⑱ 내 형은 / 공부하고 있지 않다 / 도서관에서
My brother isn't studying in the library.

⑲ 내 누나들은 / 공부하고 있지 않다 / 도서관에서
My sisters aren't studying in the library.

⑳ 내 누나는 / 공부하고 있지 않다 / 도서관에서
My sister isn't studying in the library.

㉑ 나는 / 공부하고 있지 않다 / 도서관에서
I am not studying in the library.

㉒ 나는 / 없다 / 도서관에
I am not in the library.

TIP • 일반동사의 긍정문과 부정문

긍정문	부정문
You **work** in Paris. 너는 파리에서 일한다.	You **don't work** in Paris. 너는 파리에서 일하지 않는다.
They **sing** together. 그들은 함께 노래한다.	They **don't sing** together. 그들은 함께 노래하지 않는다.
She **goes** to the library. 그녀는 도서관에 간다.	She **doesn't go** to the library. 그녀는 도서관에 가지 않는다.

39쪽

03 1형식 문장이 손에 붙는다!

① 나는 집에 없다.
I am not at home.

② 나는 내 방 안에 없다.
I am not in my room.

③ 우리 부모님은 그들의 방 안에 안 계신다.
My parents are not in their room.

④ 우리 부모님은 거실에 안 계신다.
My parents are not in the living room.

⑤ 우리 부모님은 거실에 계신다.
My parents are in the living room.

⑥ 우리 아버지는 거실에 계신다.
My father is in the living room.

⑦ 거실에 테이블이 하나 있다.
There is a table in the living room.

⑧ 거실에 테이블들이 있다.
There are tables in the living room.

⑨ 거실에 의자들이 있다.
There are chairs in the living room.

⑩ 의자 아래에 공들이 있다.
There are balls under the chair.

⑪ 의자 위에 공들이 있다.
There are balls on the chair.

⑫ 공 앞에 책이 있다.
There is a book in front of the ball.

⑬ 책 옆에 가방이 있다.
There is a bag beside the book.

⑭ 가방 뒤에 모니터가 있다.
There is a monitor behind the bag.

04 서술형, 수행평가에도 통하는 영작문!

내 형은 제주도에 산다. 그는 매일 일한다. 그는 지금 일하고 있다. 내 누나는 파리에 산다. 그녀는 그곳에서 공부한다. 그녀는 지금 자고 있다.

My brother lives in Jeju island. He works every day. He is working now. My sister lives in Paris. She studies there. She is sleeping now.

40쪽

확인 문제

❶ my mother ❷ a teacher

◆ 꼭 알아야 할 단어

teacher 교사	hairdresser 미용사	engineer 엔지니어	aunt 이모, 고모, 아줌마
fashion model 패션 모델	uncle 삼촌, 외삼촌, 아저씨	on TV 텔레비전에	entertainer 연예인

41쪽

01 채우면 2형식 문장이 보인다!

비교해 보자!

❶

주어	동사	보어	
나는 I	~이다 am	학생 a student.	2형식 문장

주어	동사	부사구	
나는 I	있다 am	도서관에 in the library.	1형식 문장

❷

주어	동사	보어	
그녀는 She	~이다 is	내 어머니 my mother.	2형식 문장

주어	동사	부사구	
그녀는 She	있다 is	집에 at home.	1형식 문장

부사구는 생략 가능해.
→ <주어+동사>의 1형식 문장

02 쓰다 보면 어순 감각이 생긴다!

문제를 푼 후 보어에 동그라미 표시를 해 보자.

❶ 그는 / ~이다 / 엔지니어
He is an engineer.

❷ 그는 / ~이다 / 내 아버지
He is my father.
I(나) - my(나의)

❸ 이분은 / ~이다 / 내 아버지
This is my father.

❹ 이분은 / ~이다 / 내 어머니
This is my mother.

❺ 그녀는 / ~이다 / 내 어머니
She is my mother.

❻ 내 어머니는 / ~이다 / 미용사
My mother is a hairdresser.

❼ 나는 / ~이다 / 미용사
I am a hairdresser.

❽ 그들은 / ~이다 / 미용사들
They are hairdressers.

❾ 내 언니들은 / ~이다 / 미용사들
My sisters are hairdressers.

❿ 내 언니들은 / ~이다 / 패션 모델들
My sisters are fashion models.

⓫ 내 언니는 / ~이다 / 패션 모델
My sister is a fashion model.

⓬ 내 오빠는 / ~이다 / 패션 모델
My brother is a fashion model.

42쪽

03 2형식 문장이 손에 붙는다!

<be동사+not>은 줄임말로 써 보자.

❶ 그는 패션 모델이다.
He is a fashion model.

❷ 그는 연예인이다.
He is an entertainer.
모음 소리(a, e, i, o, u)로 시작하는 단어 앞에는 an을 써.

❸ 그의 이모는 연예인이다.
His aunt is an entertainer.
he(그) - his(그의)

❹ 그의 이모는 연예인이 아니다.
His aunt isn't an entertainer.

❺ 그의 이모들은 연예인들이 아니다.
His aunts aren't entertainers.

❻ 그들은 연예인들이 아니다.
They aren't entertainers.

❼ 그들은 연예인들이다.
They are entertainers.

❽ 그들은 내 삼촌들이다.
They are my uncles.

❾ 그 연예인들은 내 삼촌들이다.
The entertainers are my uncles.

❿ 그 연예인들은 그의 삼촌들이다.
The entertainers are his uncles.

TIP • be동사의 부정문

<be동사+not>	<be동사+not>의 줄임말
I am not a fashion model. He is not a fashion model. They are not fashion models.	I am not a fashion model. (am not은 줄임말 없음) He isn't a fashion model. They aren't fashion models.

04 서술형, 수행평가에도 통하는 영작문!

◆ STEP 01

우리 아버지는 엔지니어이다. 그는 오늘 일한다. 우리 어머니는 연예인이다. 그녀는 매일 TV에 나온다. 나는 학생이다. 나는 지금 도서관에 있다.

My father is an engineer. He works today. My mother is an entertainer. She is on TV every day. I am a student. I am in the library now.

on TV: TV(화면)에

◆ STEP 02

우리 아버지는 연예인이다. 그는 매일 TV에 나온다. 우리 어머니는 디자이너다. 그녀는 매주 토요일에 일한다. 나는 학생이다. 나는 지금 집에 있다.

My father is an entertainer. He is on TV every day. My mother is a designer. She works every Saturday. I am a student. I am at home now.

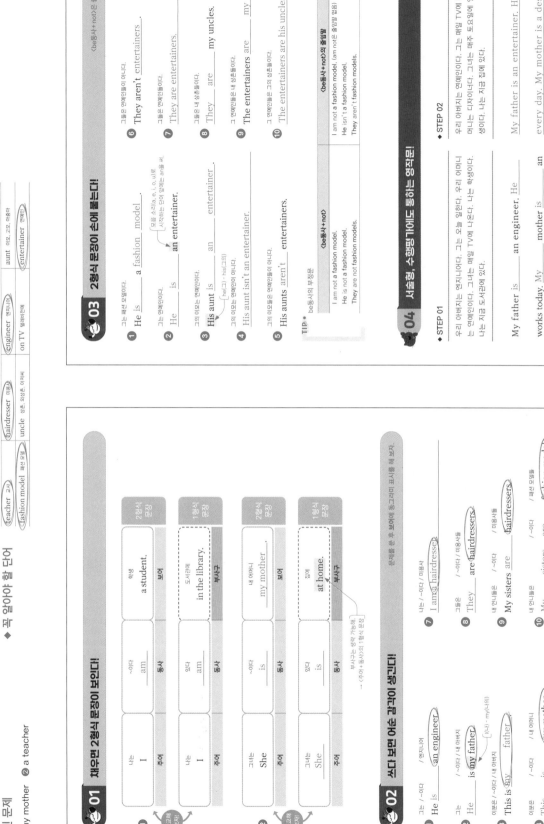

11 형용사로 명사의 뜻을 풍부하게 해 주자

43쪽

확인 문제

❶ a smart girl ❷ a tall boy

◆ 꼭 알아야 할 단어

girl 소녀	happy 행복한	people 사람들	smart 똑똑한
kind 친절한	a / an 하나의	tall 키가 큰	person 사람

44쪽

01 채우면 2형식 문장이 보인다!

<a, an/the+형용사+명사>의 순서로 써.

	주어	동사	보어		
❶	크리스는 Chris	~이다 is	(한 명의) a	키가 큰 tall	학생 student.
	주어	동사	보어(관사+형용사+명사)		
❷	밀러 씨는 Ms. Miller	~이다 is	(한 명의) a	친절한 kind	선생님 teacher.
	주어	동사	보어(관사+형용사+명사)		
❸	나는 I	~이다 am	(한 명의) a	행복한 happy	선생님 teacher.
	주어	동사	보어(관사+형용사+명사)		
❹	우리는 We	~이다 are	×	행복한 happy	선생님들 teachers.
	주어	동사	보어(형용사+명사)		

2명/2개 이상일 때는 a, an을 쓰지 않아.

02 쓰다 보면 어순 감각이 생긴다!

❶ 우리는 / ~이다 / 행복한 사람들
We are happy people.

❷ 그들은 / ~이다 / 행복한 사람들
They are happy people.

❸ 그는 / ~이다 / 행복한 사람
He is a happy person.
(단수 명사 - 복수 명사 / person - people)

❹ 크리스는 / ~이다 / 행복한 사람
Chris is a happy person.

❺ 크리스는 / ~이다 / 행복한 소년
Chris is a happy boy.

❻ 그는 / ~이다 / 행복한 소년
He is a happy boy.

❼ 그녀는 / ~이다 / 행복한 소녀
She is a happy girl.

❽ 그녀는 / ~이다 / 똑똑한 소녀
She is a smart girl.

❾ 에밀리는 / ~이다 / 똑똑한 소녀
Emily is a smart girl.

❿ 에밀리와 알렉스는 / ~이다 / 똑똑한 학생들
Emily and Alex are smart students.

⓫ 그들은 / ~이다 / 친절한 학생들
They are kind students.

⓬ 크리스는 / ~이다 / 친절한 학생
Chris is a kind student.

45쪽

03 2형식 문장이 손에 붙는다!

<be동사+not>은 줄임말로 써 보자.

❶ 알렉스는 친절한 학생이다.
Alex is a kind student.

❷ 알렉스는 친절한 학생이 아니다.
Alex isn't a kind student.

❸ 나는 친절한 학생이 아니다.
I am not a kind student.

❹ 나는 키가 큰 학생이 아니다.
I am not a tall student.

❺ 나는 키가 큰 학생이다.
I am a tall student.

❻ 크리스와 나는 키가 큰 학생들이다.
Chris and I are tall students.
(2명/2개 이상일 때는 a, an을 쓰지 않아.)

❼ 크리스와 나는 키가 큰 학생들이 아니다.
Chris and I aren't tall students.

❽ 우리는 키가 큰 학생들이 아니다.
We aren't tall students.

❾ 우리는 똑똑한 학생들이 아니다.
We aren't smart students.

❿ 그녀는 똑똑한 학생이 아니다.
She isn't a smart student.

04 서술형, 수행평가에도 통하는 영작문!

◆ STEP 01

존슨 씨는 친절한 선생님이다. 그녀는 우리 어머니다. 크리스는 똑똑한 학생이다. 그는 내 형이다. 에밀리는 키가 큰 소녀다. 그녀는 내 누나이다.

Ms. Johnson is a kind teacher. She is my mother. Chris is a smart student. He is my brother. Emily is a tall girl. She is my sister.

◆ STEP 02

밀러 씨[Ms. Miller]는 똑똑한 엔지니어다. 그녀는 내 누나다. 알렉스는 키가 큰 소년이다. 그는 내 형이다. 나는 친절한 학생이다. 우리는 행복한 사람들이다.

Ms. Miller is a smart engineer. She is my sister. Alex is a tall boy. He is my brother. I am a kind student. We are happy people.

46쪽

◆ 꼭 알아야 할 단어

was ~이었다, 있었다	yesterday 어제	worried 걱정하는
tired 피곤한	angry 화가 난	were ~이었다, 있었다

47쪽

01 채우면 2형식 문장이 보인다!

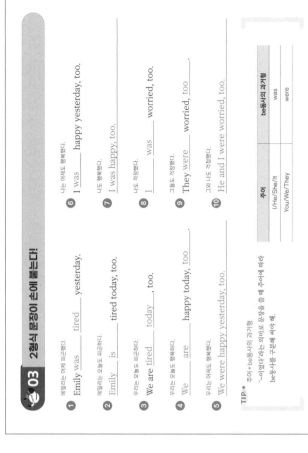

1. 나는 I (주어) / ~이다 am (동사) / 화가 난 angry. (보어) — be동사 뒤에 오는 형용사는 보어야.
2. 나는 I (주어) / ~이었다 was (동사) / 화가 난 angry. (보어)
3. 우리는 We (주어) / ~이다 are (동사) / 피곤한 tired. (보어)
4. 우리는 We (주어) / ~이었다 were (동사) / 피곤한 tired (보어) / 어제 yesterday. (부사)

부사 yesterday는 생략할 수 있어. → <주어+동사+보어>의 2형식 문장

02 쓰다 보면 어순 감각이 생긴다!

1. 그들은 / ~이었다 / 피곤한
They were tired.
2. 그들은 / ~이다 / 피곤한
They are tired.
3. 알렉스와 크리스는 / ~이다 / 피곤한
Alex and Chris are tired.
4. 알렉스와 크리스는 / ~이다 / 행복한
Alex and Chris are happy.
5. 알렉스는 / ~이다 / 행복한
Alex is happy.
6. 그는 / ~이다 / 행복한
He is happy.
7. 그는 / ~이었다 / 행복한 / 어제
He was happy yesterday.
8. 우리는 / ~이었다 / 행복한 / 어제
We were happy yesterday.
9. 우리는 / ~이었다 / 화가 난 / 어제
We were angry yesterday.
10. 나는 / ~이었다 / 화가 난 / 어제
I was angry yesterday.
11. 에밀리와 나는 / ~이었다 / 화가 난 / 어제
Emily and I were angry yesterday.
12. 에밀리는 / ~이었다 / 화가 난 / 어제
Emily was angry yesterday.

48쪽

03 2형식 문장이 손에 붙는다!

1. 에밀리는 어제 피곤했다.
Emily was tired yesterday.
2. 에밀리는 오늘도 피곤하다.
Emily is tired today, too.
3. 우리는 오늘도 피곤하다.
We are tired today, too.
4. 우리는 오늘도 행복하다.
We are happy today, too.
5. 우리는 어제도 행복했다.
We were happy yesterday, too.
6. 나는 어제도 행복했다.
I was happy yesterday, too.
7. 나도 행복했다.
I was happy, too.
8. 나도 걱정했다.
I was worried, too.
9. 그들도 걱정했다.
They were worried, too.
10. 그와 나도 걱정했다.
He and I were worried, too.

TIP • 주어+be동사의 과거형
'~이었다'라는 의미로 문장을 쓸 때 주어에 따라 be동사를 구분해 써야 해.

주어	be동사의 과거형
I/He/She/It	was
You/We/They	were

04 서술형, 수행평가에도 통하는 영작문!

◆ STEP 01

존슨 씨는 어제 피곤했다. 그는 오늘도 피곤하다. 그는 지금 일하고 있다. 그의 여동생도 일하고 있다. 그녀는 지금 화가 나 있다.

Mr. Johnson was tired yesterday. He is tired today, too. He is working now. His sister is working, too. She is angry now.

◆ STEP 02

밀러 씨[Ms. Miller]는 어제 행복했다. 그녀는 오늘도 행복하다. 그녀는 지금 식사하고 있다. 그녀의 남동생도 식사하고 있다. 그는 지금 피곤하다.

Ms. Miller was happy yesterday. She is happy today, too. She is eating now. Her brother is eating, too. He is tired now.

49쪽

확인 문제

❷ It smells good. ❸ You look pretty.

◆ 꼭 알아야 할 단어

story 이야기	feel 느끼다	boring 지루한, 따분한	sound 들리다
taste ~한 맛이 나다	smell ~한 냄새가 나다	look 보이다	wonderful 멋있는, 훌륭한

50쪽

01 채우면 2형식 문장이 보인다!

	주어	동사	보어	
1	나는 I	느끼다 feel	행복한 happy.	나는 행복한 기분이다.
2	그 피자는 The pizza	냄새가 난다 smells	좋은 good.	그 피자는 좋은 냄새가 난다.
3	그는 He	보인다 looks	멋있는 wonderful.	그는 멋있어 보인다.
4	그것은 That	들린다 sounds	지루한 boring.	그것은 지루하게 들린다.

02 쓰다 보면 어순 감각이 생긴다!

1. 그 이야기는 / 들린다 / 지루한
The story sounds boring.
2. 그 이야기는 / 들린다 / 멋진
The story sounds wonderful.
3. 너는 / 보인다 / 멋진
You look wonderful.
4. 그녀는 / 보인다 / 멋진
She looks wonderful.
5. 그녀는 / 보인다 / 예쁜
She looks pretty.
6. 그녀의 언니들은 / 보인다 / 예쁜
Her sisters look pretty.
7. 그녀의 언니들은 / 보인다 / 행복한
Her sisters look happy.
8. 그녀의 언니들은 / 느낀다 / 행복한
Her sisters feel happy.
9. 우리는 / 느낀다 / 행복한
we feel happy.
10. 우리는 / 느낀다 / 좋은
We feel good.
11. 그는 / 느낀다 / 좋은
He feels good.
12. 그는 / 느낀다 / 화가 난
He feels angry.

51쪽

03 2형식 문장이 손에 붙는다!

1. 그 피자는 맛이 좋다.
The pizza tastes good.
2. 그 케이크는 맛이 좋다.
The cake tastes good.
3. 그것은 맛이 좋다.
It tastes good.
4. 그것은 맛있다.
It tastes delicious.
5. 그것들은 맛있다.
They taste delicious.
6. 그것들은 맛있는 냄새가 난다.
They smell delicious.
7. 그 피자는 맛있는 냄새가 난다.
The pizza smells delicious.
8. 그 피자는 상한 냄새가 난다.
The pizza smells bad.
9. 그것들은 상한 냄새가 난다.
They smell bad.
10. 그것은 상한 냄새가 난다.
It smells bad.

TIP
I am angry.와 I feel angry.
두 문장 모두 우리말로는 '나는 화가 난다.'는 의미야. 그런데 그냥 **화가 난 '상태'에 대해서 말할 때는 I am angry.로, 화가 나는 '기분' 또는 화가 나는 게 '느껴진다'는 것을 나타내고 싶으면 I feel angry.**라고 쓰면 돼. 둘 다 〈주어+동사+보어〉로 된 2형식 문장이야.

04 서술형, 수행평가에도 통하는 영작문!

◆ STEP 01

내 여동생과 나는 오늘 학교에 가지 않는다. 우리는 지금 집에 있다. 내 여동생은 피곤해 보인다. 그녀가 화난 것처럼 들린다. 그러나 나는 지금 행복한 기분이다. 왜냐고? 피자가 맛있는 냄새가 나니까.

My sister and I don't go to school today. We are at home now. My sister looks tired. She sounds angry. But I feel happy now. Why? The pizza smells delicious.

◆ STEP 02

내 형과 나는 오늘 학교에 가지 않는다. 나는 지금 부엌에 있다. 나는 화가 난다[화나는 기분이다]. 피자가 상한 냄새가 난다. 내 형은 거실에 있다. 그는 행복해 보인다. 그는 지금 노래하고 있다.

My brother and I don't[do not] go to school today. I am in the kitchen now. I feel angry. The pizza smells bad. My brother is in the living room. He looks happy. He is singing now.

14 날씨를 표현할 때는 It is ~를 쓴다

52쪽

◆ 꼭 알아야 할 단어

windy 바람이 부는	hot 더운, 뜨거운	last Sunday 지난주 일요일에	cloudy 흐린, 구름이 낀
now 지금	last weekend 지난 주말에	warm 따뜻한	clear 맑은

53쪽

01 채우면 2형식 문장이 보인다!

(여기서 be동사 뒤에 온 형용사는 보어야.)

	비인칭주어	동사	보어	부사	
❶	(해석 ×) It	~이다 is	추운 cold	오늘 today.	오늘 날씨가 춥다.
❷	(해석 ×) It	~이었다 was	바람이 부는 windy	어제 yesterday.	어제 바람이 불었다.
❸	(해석 ×) It	~이다 is	월요일 Monday	오늘 today.	오늘은 월요일이다.
❹	(해석 ×) It	~이다 is	10시 10 o'clock	지금 now.	지금 10시다.

02 쓰다 보면 어순 감각이 생긴다!

❶ (비인칭주어) / ~이다 / 더운 / 지금
It is hot now.

❷ (비인칭주어) / ~이다 / 추운 / 지금
It is cold now.

❸ (비인칭주어) / ~이었다 / 추운 / 어제
It was cold yesterday.

❹ (비인칭주어) / ~이었다 / 바람이 부는 / 어제
It was windy yesterday.

❺ (비인칭주어) / ~이었다 / 바람이 부는 / 지난주 일요일에
It was windy last Sunday.

❻ (비인칭주어) / ~이었다 / 흐린 / 지난주 일요일에
It was cloudy last Sunday.

❼ (비인칭주어) / ~이었다 / 흐린 / 그리고 / 바람이 부는 / 지난주 일요일에
It was cloudy and windy last Sunday.

❽ (비인칭주어) / ~이다 / 흐리고 바람 부는 / 오늘
It is cloudy and windy today.

❾ (비인칭주어) / ~이다 / 춥고 바람 부는 / 오늘
It is cold and windy today.

❿ (비인칭주어) / ~이다 / 덥고 맑은 / 오늘
It is hot and clear today.

⓫ (비인칭주어) / ~이다 / 맑은 / 오늘
It is clear today.

⓬ (비인칭주어) / ~이다 / 따뜻한 / 오늘
It is warm today.

54쪽

03 2형식 문장이 손에 붙는다!

❶ 오늘은 화요일이다.
It is Tuesday today.

❷ 오늘은 토요일이다. [It is~ 활용]
It is Saturday today.

❸ 어제는 금요일이었다.
It was Friday yesterday.

❹ 어제는 맑았다.
It was clear yesterday.

❺ 지금은 맑다.
It is clear now.

❻ 지금 4시다.
It is 4 o'clock now.

❼ 지금 7시다.
It is 7 o'clock now.

❽ 지금 덥다.
It is hot now.

❾ 지난 주말에 더웠다.
It was hot last weekend.

❿ 지난 주말에 추웠다.
It was cold last weekend.

TIP 비인칭주어 it
비인칭주어 it을 활용해서 거리나 명암에 대해서도 쓸 수 있어.
- It is dark in the room. 방 안이 어둡다.
- It is ten kilometers away. 10킬로미터 떨어져 있다.

이때 it에도 '그것'이라는 의미가 없다는 점을 기억해 둬.

<last+때>
last Monday 지난주 월요일 last week 지난주
last weekend 지난 주말 last month 지난달

04 서술형, 수행평가에도 통하는 영작문!

◆ STEP 01

어제는 추웠다. 알렉스는 피곤했다. 그래서 그는 집에 있었다. 오늘은 따뜻하다. 그는 기분이 좋다. 지금 6시다. 그는 식사하고 있다.

It was cold yesterday. Alex was tired. So, he was at home. Today, it is warm. He feels good. It is 6 o'clock now. He is eating.

(부사(today 등)는 문장 맨 앞에 써도 돼.)
(so: 그래서 앞의 내용에 대한 결과를 말할 때 사용해.)

◆ STEP 02

지난 주말에는 더웠다. 나는 피곤했다. 그래서 나는 집에 있었다. 오늘은 춥고 바람이 분다. 지금 8시다. 내 남동생이 지금 집에 없다. 나는 걱정된다.

It was hot last weekend. I was tired. So, I was at home. Today, it is cold and windy. It is 8 o'clock now. My brother is not at home now. I am worried.

15 get으로 '~되고 있다'는 의미를 나타내 보자

55쪽

◆ 꼭 알아야 할 단어

hungry 배고픈	get ~되다	outside 바깥에
inside 안에, 실내에	thirsty 목이 마른	warm 따뜻한

56쪽

01 채우면 2형식 문장이 보인다!

	비인칭주어 / 주어	동사	보어	부사
1	(×) It	~되고 있다 is getting	따뜻한 warm	실내에 inside.
2	(×) It	~되고 있다 is getting	추운 cold	바깥에 outside.
3	나는 I	~해지고 있다 am getting	추운 cold.	
4	우리는 We	~해지고 있다 are getting	배고픈 hungry.	

(1, 2의 주어: 비인칭주어 / 3, 4의 주어: 주어)

주어가 it이면 날씨가 추워지고 있다는 뜻

주어가 I이면 내가 추워지고 있다는 뜻

단모음+단자음으로 끝나는 동사는 마지막 자음을 하나 더 쓰고+ing: get-getting

02 쓰다 보면 어순 감각이 생긴다!

1. 그들은 / ~해지고 있다 / 배고픈
They are getting hungry.

2. 그녀는 / ~해지고 있다 / 배고픈
She is getting hungry.

3. 그녀는 / ~해지고 있다 / 피곤한
She is getting tired.

4. 나는 / ~해지고 있다 / 피곤한
I am getting tired.

5. 그는 / ~해지고 있다 / 피곤한
He is getting tired.

6. 그는 / ~해지고 있다 / 목이 마른
He is getting thirsty.

7. 알렉스는 / ~해지고 있다 / 목이 마른
Alex is getting thirsty.

8. 알렉스와 크리스는 / ~해지고 있다 / 목이 마른
Alex and Chris are getting thirsty.

9. 그들은 / ~해지고 있다 / 목이 마른
They are getting thirsty.

10. 우리는 / ~해지고 있다 / 목이 마른
We are getting thirsty.

11. 우리는 / ~해지고 있다 / 추운
We are getting cold.

12. 나는 / ~해지고 있다 / 추운
I am getting cold.

57쪽

03 2형식 문장이 손에 붙는다!

1. (날씨가) 추워지고 있다.
It is getting cold.

2. (날씨가) 더워지고 있다.
It is getting hot.

3. 바깥이 더워지고 있다.
It is getting hot outside.

4. 바깥이 따뜻해지고 있다.
It is getting warm outside.

5. 실내가 따뜻해지고 있다.
It is getting warm inside.

6. 실내가 더워지고 있다.
It is getting hot inside.

7. 실내가 추워지고 있다.
It is getting cold inside.

8. 크리스는 추워지고 있다.
Chris is getting cold.

9. 크리스는 배고파지고 있다.
Chris is getting hungry.

10. 나는 배고파지고 있다.
I am getting hungry.

TIP It is getting cold.와 I am getting cold.
cold, hot 같은 형용사들은 날씨를 나타낼 때도 쓰지만, 사람이 춥거나 덥다고 느낄 때도 쓸 수 있어.
날씨를 나타낼 때는 주어 자리에 it, 사람이 춥거나 더울 때는 주어 자리에 사람을 쓰면 되는 거지.

It is cold. (날씨가) 춥다. It **is getting** cold. (날씨가) 추워지고 있다.
I am cold. 나는 춥다. I **am getting** cold. 나는 추워지고 있다.

04 서술형, 수행평가에도 통하는 영작문!

◆ STEP 01

오늘은 월요일이다. 지금 5시다. 바깥이 추워지고 있다. 나는 배고파지고 있다. 우리 어머니는 요리하고 계신다. 그녀도 배고파지고 있다.

It is Monday today. It is 5 o'clock now. It is getting cold outside. I am getting hungry. My mother is cooking. She is getting hungry, too.

◆ STEP 02

오늘은 일요일이다. 지금 12시다. 바깥이 따뜻해지고 있다. 내 여동생과 나는 청소하고 있다. 나는 피곤해지고 있다. 나는 또한 배고파지고 있다.

It is Sunday today. It is 12 o'clock now. It is getting warm outside. My sister and I are cleaning. I am getting tired. I am getting hungry, too.

58쪽

확인 문제

❷ I will be tired. ❸ She will be happy.

◆ 꼭 알아야 할 단어

tomorrow 내일	in the afternoon 오후에	sunny 화창한, 햇살이 눈부시게 내리쬐는	be ~이다, 있다
bored 지루한, 따분한	about you 너에 대해	foggy 안개 낀	will ~일[할] 것이다

59쪽

01 채우면 2형식 문장이 보인다!

❶

비인칭주어	동사	보어	부사
(×) It	~일 것이다 will be	따뜻한 warm	바깥에 outside.

❷

비인칭주어	동사	보어
(×) It	~해질 것이다 will get	안개 낀 foggy.

about: ~에 관하여. 전치사라서 명사 앞에 써.

❸

주어	동사	보어	부사구
그녀는 She	~일 것이다 will be	걱정하는 worried	너에 대해 about you.

❹

주어	동사	보어
그들은 They	~해질 것이다 will get	피곤한 tired.

02 쓰다 보면 어순 감각이 생긴다!

❶ 나는 / ~일 것이다 / 피곤한
I will be tired.

❷ 에밀리는 / ~일 것이다 / 피곤한
Emily will be tired.

❸ 에밀리는 / ~일 것이다 / 지루한
Emily will be bored.

❹ 에밀리와 나는 / ~일 것이다 / 지루한
Emily and I will be bored.

❺ 우리는 / ~일 것이다 / 지루한
We will be bored.

❻ 우리는 / ~해질 것이다 / 지루한
We will get bored.

❼ 우리는 / ~해질 것이다 / 걱정하는
We will get worried.

❽ 우리는 / ~해질 것이다 / 걱정하는 / 너에 대해
We will get worried about you.

❾ 나는 / ~해질 것이다 / 걱정하는 / 너에 대해
I will get worried about you.

❿ 그들은 / ~해질 것이다 / 걱정하는 / 너에 대해
They will get worried about you.

⓫ 너는 / ~해질 것이다 / 걱정하는
You will get worried.

⓬ 너는 / ~해질 것이다 / 행복한
You will get happy.

60쪽

03 2형식 문장이 손에 붙는다!

❶ 내일 추워질 것이다.
It will get cold tomorrow.

❷ 내일 따뜻해질 것이다.
It will get warm tomorrow.

❸ 내일 화창해질 것이다.
It will get sunny tomorrow.

❹ 내일 흐릴 것이다.
It will be cloudy tomorrow.

❺ 내일 바람이 불 것이다.
It will be windy tomorrow.

❻ 오후에 바람이 불 것이다.
It will be windy in the afternoon.

❼ 오후에 따뜻할 것이다.
It will be warm in the afternoon.

❽ 오후에 안개가 낄 것이다.
It will be foggy in the afternoon.

❾ 오전에 안개가 낄 것이다.
It will be foggy in the morning.

❿ 오전에 안개가 끼게 될 것이다.
It will get foggy in the morning.

TIP It will be warm.과 It will get warm.
'내일은 따뜻할 것이다.'를 영어로 'It **will be** warm tomorrow.'라고 하지? be동사를 쓰면 단순히 '~이다'라는 상태를 나타내.
'내일은 (점점) 따뜻해질 것이다.'처럼 '~되어 가는' 변화를 보여 주려면 'It **will get** warm tomorrow.'와 같이 get을 써 주면 돼.

04 서술형, 수행평가에도 통하는 영작문!

◆ STEP 01

내일은 날씨가 더울 것이다. 나는 바닷가에 갈 것이다. 사라도 바닷가에 올 것이다. 우리는 그곳에서 수영할 것이다. 그 다음 우리는 함께 박물관에 갈 것이다.

It will be hot tomorrow. I will go to the beach. Sarah will come to the beach, too. We will swim there. Then we will go to the museum together.

◆ STEP 02

내일은 날씨가 맑을 것이다. 나는 공원에 갈 것이다. 에밀리[Emily]도 공원에 올 것이다. 우리는 그곳에서 놀 것이다. 그 다음 우리는 함께 박물관에 갈 것이다.

It will be sunny tomorrow. I will go to the park. Emily will come to the park, too. We will play there. Then we will go to the museum together.

17 주어+동사+보어 총정리

61쪽

01. 채우면 2형식 문장이 보인다!

② is, a kind teacher ③ I, am, tired ④ They, were, happy ⑤ The pizza, tastes ⑥ is, cloudy, today ⑦ It, will be, cold, tomorrow

62쪽

02 쓰다 보면 어순 감각이 생긴다!

① 알렉스는 / ~이다 / 학생
Alex is a student.

② 알렉스는 / ~이다 / 똑똑한 학생
Alex is a smart student.

③ 알렉스와 에밀리는 / ~이다 / 똑똑한 학생들
Alex and Emily are smart students.

④ 그들은 / ~이다 / 친절한 학생들
They are kind students.

⑤ 그들은 / ~이다 / 친절한 선생님들
They are kind teachers.

⑥ 그는 / ~이다 / 친절한 선생님
He is a kind teacher.

⑦ 그는 / ~이다 / 친절한
He is kind.

⑧ 그는 / ~이다 / 화가 난
He is angry.

⑨ 나는 / ~이다 / 화가 난
I am angry.

⑩ 나는 / ~이었다 / 화가 난 / 어제
I was angry yesterday.

⑪ 그들은 / ~이었다 / 화가 난 / 어제
They were angry yesterday.

⑫ 그들은 / ~이었다 / 행복한 / 어제
They were happy yesterday.

⑬ 그들은 / ~이었다 / 피곤한 / 어제
They were tired yesterday.

⑭ 에밀리는 / ~이었다 / 피곤한 / 어제
Emily was tired yesterday.

⑮ 에밀리는 / ~이었다 / 추운 / 어제
Emily was cold yesterday.

⑯ (비인칭주어) / ~이었다 / 추운 / 어제
It was cold yesterday.

⑰ (비인칭주어)/ ~이었다 / 덥고 화창한 / 어제
It was hot and sunny yesterday.

⑱ (비인칭주어) / ~이다 / 덥고 화창한 / 오늘
It is hot and sunny today.

⑲ (비인칭주어)/ ~이다 / 흐리고 바람 부는 / 오늘
It is cloudy and windy today.

⑳ (비인칭주어) / ~일 것이다 / 흐리고 바람 부는 / 내일
It will be cloudy and windy tomorrow.

㉑ (비인칭주어) / ~일 것이다 / 따뜻한 / 내일
It will be warm tomorrow.

㉒ (비인칭주어) / ~일 것이다 / 안개가 끼는 / 내일
It will be foggy tomorrow.

TIP
형용사 smart 똑똑한 kind 친절한 angry 화가 난 tired 피곤한 sleepy 졸린
날씨 형용사 cold 추운 hot 더운, 뜨거운 sunny 화창한 cloudy 흐린, 구름이 낀 warm 따뜻한 foggy 안개가 끼는

63쪽

03 2형식 문장이 손에 붙는다!

① 바람이 불고 추워지고 있다.
It is getting windy and cold.

② 추워지고 있다.
It is getting cold.

③ 나는 추워지고 있다.
I am getting cold.

④ 그들은 추워지고 있다.
They are getting cold.

⑤ 그 피자가 차가워지고 있다.
The pizza is getting cold.

⑥ 그 피자가 차갑다.
The pizza is cold.

⑦ 그 피자가 맛이 좋다.
The pizza tastes good.

⑧ 그 피자가 좋은 냄새가 난다.
The pizza smells good.

⑨ 그것은 좋은 냄새가 난다.
It smells good.

⑩ 그것은 훌륭한[아주 좋은] 냄새가 난다.
It smells wonderful.

⑪ 그것은 훌륭해[아주 좋아] 보인다.
It looks wonderful.

⑫ 그것은 예뻐 보인다.
It looks pretty.

⑬ 너는 예뻐 보인다.
You look pretty.

⑭ 네 언니는 예뻐 보인다.
Your sister looks pretty.

04 서술형, 수행평가에도 통하는 영작문!

밖이 추워지고 있다. 나는 지금 내 방 안에 있다. 나는 공부하고 있다. 나는 졸리다. 내 여동생은 거실에 있다. 그녀는 놀고 있다. 그녀는 행복하다.

It is getting cold outside. I am in my room now. I am studying. I am sleepy. My sister is in the living room. She is playing. She is happy.

64쪽

확인 문제

❶ Is he a teacher? ❷ Were you in the library?

65쪽

01 채우면 문장이 보인다!

	동사	주어	부사구/보어	
❶	있니 Are	그들은 they	그들의 방 안에 in their room? (부사구)	1형식 문장
❷	있었니 Was	그녀는 she	정원에 in the garden? (부사구)	1형식 문장
❸	~이니 Is	그는 he	네 형 your brother ? (보어)	2형식 문장
❹	~이었니 Were	너는 you	바쁜 busy? (보어)	2형식 문장

02 쓰다 보면 어순 감각이 생긴다!

❶ ~이니 / 너는 / 그의 누나
Are you his sister?

❷ ~이니 / 너는 / 알렉스의 누나
Are you Alex's sister?

❸ ~이니 / 그녀는 / 알렉스의 누나
Is she Alex's sister?

❹ ~이니 / 그들은 / 알렉스의 누나들
Are they Alex's sisters?

❺ ~이니 / 그들은 / 한가한 / 오늘
Are they free today?

❻ ~이니 / 네 언니는 / 한가한 / 오늘
Is your sister free today ?

❼ ~이니 / 그녀는 / 한가한 / 오늘
Is she free today?

❽ 있니 / 그녀는 / 집에 / 오늘
Is she at home today ?

❾ 있니 / 그들은 / 집에 / 오늘
Are they at home today?

❿ 있니 / 그들은 / 정원에 / 지금
Are they in the garden now?

⓫ 있니 / 너는 / 정원에 / 지금
Are you in the garden now?

⓬ 있니 / 너는 / 네 방에 / 지금
Are you in your room now?

66쪽

03 문장이 손에 붙는다!

❶ 너는 그때 교실에 있었니?
Were you in the classroom at that time?

❷ 그들은 그때 교실에 있었니?
Were they in the classroom at that time?

❸ 에밀리는 그때 교실에 있었니?
Was Emily in the classroom at that time?

❹ 에밀리는 그때 강당에 있었니?
Was Emily in the auditorium at that time?

❺ 학생들이 그때 강당에 있었니?
Were the students in the auditorium at that time?

❻ 학생들이 그때 바빴니?
Were the students busy at that time?

❼ 그는 그때 바빴니?
Was he busy at that time?

❽ 그는 과학자였니?
Was he a scientist?

❾ 그들은 그때 과학자들이었니?
Were they scientists at that time?

❿ 그들은 그때 의사들이었니?
Were they doctors at that time?

TIP 현재진행 시제 의문문

'~하고 있니?', '~하는 중이니?'는 어떻게 써야 할까? be동사 의문문을 써 보았으니까 눈치챘을 거야. 현재진행은 〈주어+be동사+(동사원형)-ing〉 형태로 썼잖아. 현재진행 시제 의문문도 be동사 의문문처럼 be동사만 주어 앞으로 보내면 되는 거야!

- They are eating. 그들은 식사 중이다.
  → Are they eating? 그들은 식사 중이니?
- It is getting cold. (날씨가) 추워지고 있다.
  → Is it getting cold? (날씨가) 추워지고 있니?

04 서술형, 수행평가에도 통하는 영작문!

◆ STEP 01

그녀는 어제 바빴니? 나는 바빴어. 그런데 나는 오늘은 한가해. 그녀는 오늘도 바쁘니? 아니면 한가하니?

Was she busy yesterday? I was busy . However, I am free today. Is she busy today, too? Or is she free?

(however: 그러나) (or: 아니면, 또는, 혹은)

◆ STEP 02

너는 어제 바빴니? 나는 바빴어. 그런데 나는 오늘은 한가해. 너는 오늘도 바쁘니? 아니면 한가하니?

Were you busy yesterday? I was busy. However, I am free today. Are you busy today, too? Or are you free?

19 3형식=주어+동사+목적어

67쪽

확인 문제

❶ eats, steak ❷ doesn't eat, fruit

◆ 꼭 알아야 할 단어

fruit 과일	want 원하다	bread 빵	vegetable 야채
make 만들다	steak 스테이크	cook 요리하다	milk 우유

68쪽

01 채우면 3형식 문장이 보인다!

〈do/does+not〉은 줄임말로 써 보자.

	주어	동사	목적어
❶	그녀는 She	먹는다 eats	과일을 fruit.
❷	그녀는 She	먹지 않는다 doesn't eat	고기를 meat.
❸	그는 He	먹을 것이다 will eat	스테이크를 steak.
❹	우리는 We	먹을 것이다 will eat	야채를 vegetables.

긍정문 또는 부정문 일지, 혹은 현재, 미래, 과거 중 어떤 시점에 대해 말할지는 동사에서 모두 나타내야 해.

주어, 동사 다음에 목적어가 나오는 3형식 문장이야.

02 쓰다 보면 어순 감각이 생긴다!

문제를 푼 후 목적어에 동그라미 표시를 해 보자.

❶ 우리는 / 먹을 것이다 / 스테이크를
We will eat steak.

❷ 우리는 / 먹는다 / 스테이크를
We eat steak.

❸ 우리는 / 먹지 않는다 / 스테이크를
We don't eat steak.

❹ 우리는 / 먹지 않는다 / 야채를
We don't eat vegetables.

❺ 우리는 / 원하지 않는다 / 야채를
We don't want vegetables.

❻ 그는 / 원하지 않는다 / 야채를
He doesn't want vegetables.

❼ 그는 / 원한다 / 야채를
He wants vegetables.

❽ 그는 / 산다 / 야채를
He buys vegetables.

❾ 그는 / 산다 / 고기를
He buys meat.

❿ 그는 / 살 것이다 / 고기를
He will buy meat.

⓫ 그는 / 요리할 것이다 / 고기를
He will cook meat.

⓬ 우리 어머니는 / 요리할 것이다 / 고기를
My mother will cook meat.

69쪽

03 3형식 문장이 손에 붙는다!

〈do/does+not〉은 줄임말로 써 보자.

❶ 그들은 야채를 원한다.
They want vegetables.

❷ 그들은 야채를 원하지 않는다.
They don't want vegetables.

❸ 그들은 빵과 우유를 원하지 않는다.
They don't want bread and milk.

❹ 그들은 빵과 우유를 사지 않는다.
They don't buy bread and milk.

❺ 그녀는 빵과 우유를 산다.
She buys bread and milk.

❻ 그녀는 시장에서 빵과 우유를 살 것이다.
She will buy bread and milk at the market.

❼ 그녀는 빵을 만들 것이다.
She will make bread.

at the market(시장에서)과 at home(집에서)은 부사구야.

❽ 그녀는 집에서 케이크를 만들 것이다.
She will make a cake at home.

❾ 그녀는 집에서 케이크를 만든다.
She makes a cake at home.

❿ 그녀는 집에서 케이크를 만들지 않는다.
She doesn't make a cake at home.

04 서술형, 수행평가에도 통하는 영작문!

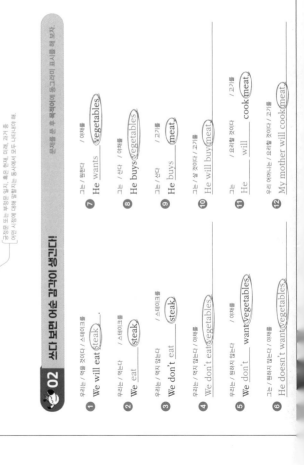

◆ STEP 01

오늘은 내 언니의 생일이다. 나는 카드를 살 것이다. 나는 케이크를 만들 것이다. 나는 쿠키도 만들 것이다. 우리는 집에서 파티를 열 것이다.

명사의 소유격은 명사 뒤에 -'s를 붙여 써.

Today is my sister's birthday. I will buy a card. I will make a cake. I will make cookies, too. We will have a party at home.

have a party: 파티를 열다

◆ STEP 02

오늘은 내 오빠의 생일이다. 나는 집에서 쿠키를 만들 것이다. 나는 케이크를 살 것이다. 나는 카드도 살 것이다. 우리는 공원에 갈 것이다. 우리는 그곳에서 파티를 열 것이다.

Today is my brother's birthday. I will make cookies at home. I will buy a cake. I will buy a card, too. We will go to the park. We will have a party there.

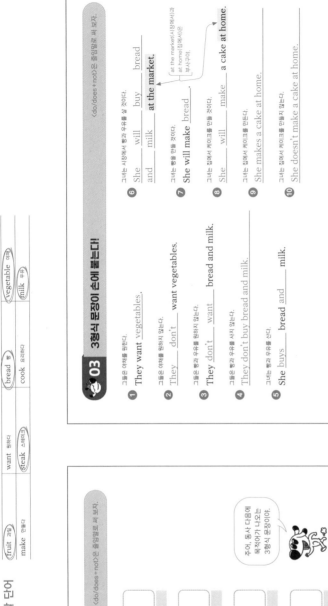

20 형용사는 목적어도 꾸며 줄 수 있다

70쪽

확인 문제

❶ a red T-shirt ❷ a brown cap

◆ 꼭 알아야 할 단어

orange 주황색의	have/has 갖고 있다	cap 모자	red 빨간색의
wear 입다, 쓰다, 신다	dress 원피스	yellow 노란색의	skirt 치마

71쪽

01 채우면 3형식 문장이 보인다!

	주어	동사	목적어		
❶	나는 I	갖고 있다 have	(하나의) a	빨간색의 red	티셔츠를 T-shirt.
❷	나는 I	입고 있다 am wearing	(하나의) a	빨간색의 red	티셔츠를 T-shirt.
❸	나는 I	쓰고 있지 않다 am not wearing	(하나의) a	빨간색의 red	모자를 cap.
❹	나는 I	쓸 것이다 will wear	(하나의) a	초록색의 green	모자를 cap.

want(원하다), have(가지고 있다), know(알고 있다) 등의 상태를 나타내는 동사는 진행 시제로 쓰지 않아.

02 쓰다 보면 어순 감각이 생긴다!

부정형은 줄임말로 써 보자.

❶ 나는 / 입을 것이다 / 초록색 치마를
I will wear a green skirt.

❷ 나는 / 입고 있다 / 초록색 치마를
I am wearing a green skirt.

❸ 그녀는 / 입고 있다 / 노란색 치마를
She is wearing a yellow skirt.

❹ 그녀는 / 쓰고 있다 / 노란색 모자를
She is wearing a yellow cap.

❺ 그녀는 / 쓰고 있지 않다 / 노란색 모자를
She isn't wearing a yellow cap.

❻ 그녀는 / 갖고 있지 않다 / 노란색 모자를
She doesn't have a yellow cap.

❼ 그녀는 / 갖고 있지 않다 / 주황색 원피스를
She doesn't have an orange dress.

❽ 그녀는 / 갖고 있다 / 주황색 구두를
She has orange shoes.

have의 3인칭 단수형은 has: He/She/It+has ~

❾ 그는 / 갖고 있다 / 갈색 구두를
He has brown shoes.

❿ 그는 / 살 것이다 / 갈색 구두를
He will buy brown shoes.

⓫ 그는 / 살 것이다 / 갈색 바지를
He will buy brown pants.

⓬ 그는 / 입고 있다 / 갈색 바지를
He is wearing brown pants.

72쪽

03 3형식 문장이 손에 붙는다!

부정형은 줄임말로 써 보자.

❶ 그 소년은 파란색 모자를 쓰고 있다.
The boy is wearing a blue cap.

❷ 그 소년은 파란색 모자를 쓰고 있지 않다.
The boy isn't wearing a blue cap.

❸ 그 소년은 파란색 구두를 신고 있지 않다.
The boy isn't wearing blue shoes.

❹ 그 소년은 노란색 모자를 사고 있지 않다.
The boy isn't buying a yellow cap.

❺ 그 소년은 노란색 모자를 살 것이다.
The boy will buy a yellow cap.

❻ 그 소녀는 노란색 티셔츠를 살 것이다.
The girl will buy a yellow T-shirt.

❼ 그 소녀는 노란색 모자를 쓸 것이다.
The girl will wear a yellow cap.

❽ 그 소녀는 빨간색 안경을 쓸 것이다.
The girl will wear red glasses.

❾ 그 소녀는 빨간색 안경을 갖고 있다.
The girl has red glasses.

❿ 그 소녀는 빨간색 안경을 갖고 있지 않다.
The girl doesn't have red glasses.

TIP 짝을 이루는 복수 명사
shoes(구두), pants(바지), glasses(안경)는 짝을 이루는 복수 명사라서 앞에 a, an이 필요하지 않아.
이외에도 shorts(반바지), boots(부츠), gloves(장갑), socks(양말) 등이 있어.

04 서술형, 수행평가에도 통하는 영작문!

◆ STEP 01

나는 노란색 모자를 갖고 있다. 나는 지금 그것을 쓰고 있다. 나는 갈색 티셔츠도 입고 있다. 내 여동생은 빨간색 원피스를 입고 주황색 구두를 신고 있다.

I have a yellow cap. I am wearing it now. I am wearing a brown T-shirt, too. My sister is wearing a red dress and orange shoes.

우리말은 몸에 걸치는 종류에 따라 동사를 다르게 쓰지만 영어는 wear 하나로 '입다, 신다, 쓰다, 끼다' 등의 의미를 다 나타내.

◆ STEP 02

나는 지금 주황색 안경을 쓰고 있다. 나는 주황색 모자를 살 것이다. 나는 빨간색 원피스를 입고 있다. 내 남동생은 노란색 티셔츠와 파란 바지를 입고 있다.

I am wearing orange glasses now. I will buy an orange cap. I am wearing a red dress. My brother is wearing a yellow T-shirt and blue pants.

21 '~하지 않을 것이다' 라는 의미를 나타내 보자

73쪽

확인 문제

❷ He won't meet us. ❸ I won't visit him.
❹ He won't meet his teacher.

◆ 꼭 알아야 할 단어

visit 방문하다	us 우리를	them 그들을	watch 보다, 시청하다
him 그를	meet 만나다	tonight 오늘 밤, 오늘 저녁	her 그녀를

74쪽

01 채우면 3형식 문장이 보인다!

will not은 줄임말로 써 보자.

	주어	동사	목적어	부사
❶	나는 I	먹지 않을 것이다 won't eat	아무것도 anything.	
❷	그녀는 She	입지 않을 것이다 won't wear	원피스를 a dress.	
❸	그는 He	만나지 않을 것이다 won't meet	너를 you	오늘 밤에 tonight.
❹	그들은 They	사지 않을 것이다 won't buy	옷을 clothes	다음 주말에 next weekend. (부사구)

anything: 아무것, 주로 부정문과 의문문에 쓰여.

미래 시제는 미래 시점을 나타내는 말과 함께 쓸 수 있어.

02 쓰다 보면 어순 감각이 생긴다!

will not은 줄임말로 써 보자.

❶ 우리는 / 사지 않을 것이다 / 옷을 / 다음 주말에
We won't buy clothes next weekend.

❷ 그녀는 / 사지 않을 것이다 / 옷을 / 다음 주말에
She won't buy clothes next weekend.

❸ 그녀는 / 사지 않을 것이다 / 원피스를 / 다음 주말에
She won't buy a dress next weekend.

❹ 그녀는 / 입지 않을 것이다 / 원피스를 / 다음 주말에
She won't wear a dress next weekend.

❺ 그녀는 / 입지 않을 것이다 / 원피스를 / 내일
She won't wear a dress tomorrow.

❻ 그녀는 / 만나지 않을 것이다 / 그를 / 내일
She won't meet him tomorrow.

❼ 우리는 / 만나지 않을 것이다 / 그를 / 내일
We won't meet him tomorrow.

❽ 우리는 / 만나지 않을 것이다 / 그녀를 / 내일
We won't meet her tomorrow.

❾ 우리는 / 방문하지 않을 것이다 / 그녀를 / 내일
We won't visit her tomorrow.

❿ 나는 / 방문하지 않을 것이다 / 그녀를 / 내일
I won't visit her tomorrow.

⓫ 나는 / 방문하지 않을 것이다 / 그들을 / 내일
I won't visit them tomorrow.

⓬ 나는 / 방문하지 않을 것이다 / 너를 / 내일
I won't visit you tomorrow.

75쪽

03 3형식 문장이 손에 붙는다!

will not은 줄임말로 써 보자.

this week: 이번 주 this weekend: 이번 주말
this month: 이번 달 this year: 올해

❶ 나는 이번 주에 너를 방문하지 않을 것이다.
I won't visit you this week.

❷ 나는 이번 주에 그들을 방문하지 않을 것이다.
I won't visit them this week.

❸ 그는 이번 주에 그들을 방문하지 않을 것이다.
He won't visit them this week.

❹ 그는 오늘 밤 우리를 방문하지 않을 것이다.
He won't visit us tonight.

❺ 그녀는 오늘 밤 우리를 방문하지 않을 것이다.
She won't visit us tonight.

❻ 그녀는 오늘 밤 아무것도 먹지 않을 것이다.
She won't eat anything tonight.

❼ 그들은 오늘 밤 아무것도 먹지 않을 것이다.
They won't eat anything tonight.

❽ 그들은 오늘 밤 아무것도 하지 않을 것이다.
They won't do anything tonight.

❾ 그들은 오늘 밤 텔레비전을 보지 않을 것이다.
They won't watch TV tonight.

❿ 우리는 오늘 밤 텔레비전을 보지 않을 것이다.
We won't watch TV tonight.

TIP• 인칭 대명사

격 \ 인칭	1인칭(나 포함)		2인칭(상대방)		3인칭(제3자)			
	1명(나)	2명 이상	1명	2명 이상	1명/1개 남성	여성	중성	여러 명/여러 개
주격	I	we	you	you	he	she	it	they
소유격	my	our	your	your	his	her	its	their
목적격	me	us	you	you	him	her	it	them

04 서술형, 수행평가에도 통하는 영작문!

◆ STEP 01

내 형은 제주도에서 살고 우리 부모님과 나는 서울에서 산다. 그는 매달 우리를 방문한다. 그러나 그는 이번 달에 서울에 오지 않을 것이다. 그는 요즘 매우 바쁘다.

My brother lives in Jeju island, and my parents and I live in Seoul. He visits us every month. However, he won't come to Seoul this month. He is very busy these days.

◆ STEP 02

내 형과 나는 서울에서 살고, 우리 부모님은 부산에서 사신다. 우리는 매달 그들을 방문한다. 그러나 우리는 이번 달에 부산에 가지 않을 것이다. 우리는 요즘 매우 바쁘다.

My brother and I live in Seoul, and my parents live in Busan. We visit them every month. However, we won't[will not] go to Busan this month. We are very busy these days.

76쪽

확인 문제

❷ He wanted some cake. ❸ My mother cooked steak.

77쪽

01 채우면 3형식 문장이 보인다!

	주어	동사	목적어	
❶	그녀는 She	읽었다 read	책을 a book.	
❷	그는 He	썼다 wrote	이메일을 an email.	
❸	우리는 We	공부했다 studied	영어를 English	어제 yesterday. (부사)
❹	그들은 They	먹었다 had	스테이크를 steak	어젯밤에 last night. (부사구)

모음 소리로 시작하는 단어 앞에는 an!

과거 시제는 '어제'와 같이 과거 시점을 나타내는 말과 함께 써.

have의 다양한 뜻:
1. 먹다, 마시다 2. 가지다, 있다, 소유하다
3. (파티 등 행사를) 열다, 하다 4. (병이) 걸리다

02 쓰다 보면 어순 감각이 생긴다!

❶ 그의 누나는 / 먹었다 / 스테이크를 / 어젯밤에
His sister had steak last night.
(have steak: 스테이크를 먹다)

❷ 그의 누나는 / 먹었다 / 피자를 / 어젯밤에
His sister had pizza last night.

❸ 그녀의 오빠는 / 먹었다 / (약간의) 피자를 / 어젯밤에
Her brother had some pizza last night.

❹ 그녀의 오빠는 / 원했다 / (약간의) 피자를 / 어젯밤에
Her brother wanted some pizza last night.

❺ 그녀의 오빠는 / 원했다 / (약간의) 물을
Her brother wanted some water.

❻ 내 형은 / 원했다 / (약간의) 물을
My brother wanted some water.

❼ 내 형은 / 원했다 / (약간의) 고기를
My brother wanted some meat.

❽ 내 형은 / 요리했다 / (약간의) 고기를
My brother cooked some meat.

❾ 우리 부모님은 / 요리했다 / (약간의) 고기를
Our parents cooked some meat.
(형제, 남매가 같이 '우리 부모님'이라고 할 때는 영어도 our parents라고 써 주면 돼.)

❿ 우리 부모님은 / 요리했다 / (약간의) 스파게티를
Our parents cooked some spaghetti.

⓫ 우리 부모님은 / 만들었다 / (약간의) 스파게티를 / 어제
Our parents made some spaghetti yesterday.

⓬ 우리는 / 만들었다 / (약간의) 스파게티를 / 어제
We made some spaghetti yesterday.

78쪽

03 3형식 문장이 손에 붙는다!

❶ 사라는 어제 책을 읽었다.
Sarah read a book yesterday.

❷ 사라는 어제 영어 책을 읽었다.
Sarah read an English book yesterday.

❸ 그녀는 어제 영어 책을 읽었다.
She read an English book yesterday.

❹ 그녀는 어젯밤에 이메일을 읽었다.
She read an email last night.

❺ 그녀는 어젯밤에 이메일을 썼다.
She wrote an email last night.

❻ 나는 어젯밤에 이메일을 썼다.
I wrote an email last night.

❼ 크리스는 1시간 전에 이메일을 썼다.
Chris wrote an email an hour ago.

❽ 크리스는 1시간 전에 영어를 공부했다.
Chris studied English an hour ago.

❾ 크리스는 2시간 전에 영어를 공부했다.
Chris studied English two hours ago.

❿ 그는 3시간 전에 영어를 공부했다.
He studied English three hours ago.

TIP • ago ~ 전에 an hour ago: 1시간 전에 two hours ago: 2시간 전에 a week ago: 일주일 전에 two weeks ago: 2주 전에 a month ago: 1달 전에 two months ago: 2달 전에

04 서술형, 수행평가에도 통하는 영작문!

◆ STEP 01

지난주 일요일에는 비가 왔다. 알렉스의 가족은 집에 있었다. 그는 이메일을 썼다. 그의 형은 책을 읽었다. 그의 여동생은 영어를 공부했다. 그의 부모님은 (약간의) 스테이크를 요리했다.

It rained last Sunday. Alex's family was at home. He wrote an email. His brother read a book. His sister studied English. His parents cooked some steak.

(명사의 소유격은 명사 뒤에 -'s를 붙여 써.)
(family를 한 덩어리로 볼 때는 여러명이라도 단수여서 was가 와.)

◆ STEP 02

지난주 일요일에는 바람이 불고 흐렸다. 사라의 가족은 집에 있었다. 그녀는 책을 읽었다. 그녀의 여동생은 이메일을 썼다. 그녀의 오빠는 영어를 공부했다. 그녀의 부모님은 (약간의) 피자를 만들었다.

It was windy and cloudy last Sunday. Sarah's family was at home. She read a book. Her sister wrote an email. Her brother studied English. Her parents made some pizza.

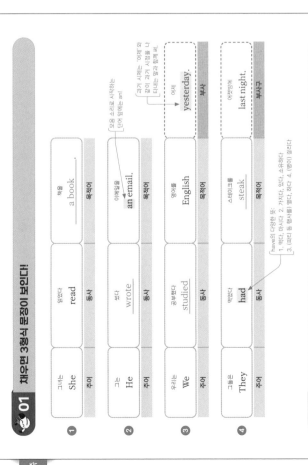

23 목적어 자리에 동작(~하기/~하는 것)을 써야 하면?

79쪽

확인 문제

① to swim ② to play baseball ③ to ride a bike

◆ 꼭 알아야 할 단어

ski 스키를 타다	learn 배우다	bike 자전거	play (운동을) 하다
after school 방과 후에	baseball 야구	swim 수영하다	ride 타다

80쪽

01 채우면 3형식 문장이 보인다!

부정형은 줄임말로 써 보자.

	주어	동사	목적어	
①	그는 He	좋아한다 likes	스키 타는 것 to ski.	
②	그는 He	원한다 wants	수영하는 것 to swim.	
③	그는 He	원하지 않는다 doesn't want	하는 것 to play	야구를 baseball.
④	그는 He	원했다 wanted	하는 것 to play	축구를 soccer.

주어, 동사 다음에 to부정사 목적어가 나오는 3형식 문장이야.

02 쓰다 보면 어순 감각이 생긴다!

부정형은 줄임말로 써 보자.

① 나는 / 원한다 / 축구하는 것을
I want to play soccer.

② 나는 / 배운다 / 축구하는 것을
I learn to play soccer.

③ 나는 / 배웠다 / 축구하는 것을 / 작년에
I learned to play soccer last year.

④ 나는 / 배웠다 / 스키 타는 것을 / 작년에
I learned to ski last year.

⑤ 그들은 / 배웠다 / 스키 타는 것을/ 작년에
They learned to ski last year.

⑥ 그들은 / 배우고 있다 / 스키 타는 것을
They are learning to ski.

⑦ 그녀는 / 배우고 있다 / 스키 타는 것을
She is learning to ski.

⑧ 그녀는 / 배우고 있지 않다 / 수영하는 것을
She isn't learning to swim.

⑨ 그녀는 / 좋아하지 않는다 / 수영하는 것을
She doesn't like to swim.

⑩ 그녀는 / 좋아하지 않는다 / 자전거 타는 것을
She doesn't like to ride a bike.

⑪ 그녀는 / 좋아한다 / 자전거 타는 것을
She likes to ride a bike.

⑫ 그녀는 / 원한다 / 자전거 타는 것을
She wants to ride a bike.

81쪽

03 3형식 문장이 손에 붙는다!

부정형은 줄임말로 써 보자.

① 그녀는 영화 보러 가는 것을 좋아했다.
She liked to go to the movies.

② 그녀는 영화 보러 가고 싶었다.
She wanted to go to the movies.

③ 그는 영화 보러 가고 싶어 한다.
He wants to go to the movies.

④ 그는 야구를 하고 싶어 한다.
He wants to play baseball.

⑤ 그는 야구하는 것을 무척 좋아한다.
He loves to play baseball.

⑥ 그는 매일 야구하는 것을 무척 좋아한다.
He loves to play baseball every day.

⑦ 그는 야구 경기 보는 것을 무척 좋아한다.
He loves to watch baseball games.

⑧ 그는 야구 경기 보는 것을 좋아하지 않는다.
He doesn't like to watch baseball games.

⑨ 그녀는 축구 경기 보는 것을 좋아하지 않는다.
She doesn't like to watch soccer games.

⑩ 그녀는 축구 경기 보는 것을 좋아한다.
She likes to watch soccer games.

TIP • 진행 시제에 쓰지 않는 동사
want(원하다), have(가지고 있다), know(알고 있다) 등 상태를 나타내는 동사는 진행 시제 문장에는 쓰지 않아. 하지만 have가 '먹다'라는 의미일 때는 'He is having meat.'(그는 고기를 먹고 있다.)처럼 진행 시제로 쓸 수 있어.

04 서술형, 수행평가에도 통하는 영작문!

◆ STEP 01

나는 스포츠를 좋아한다. 나는 축구하는 것을 무척 좋아했다. 나는 매일 방과 후에 축구를 했다. 그러나 지금은 축구를 하지 않는다. 나는 지금 야구하는 것을 좋아한다.

I like sports. I loved to play soccer. I played soccer after school every day. However, I don't play soccer now. I like to play baseball now.

◆ STEP 02

내 형은 스포츠를 좋아한다. 그는 야구하는 것을 무척 좋아했다. 그는 매일 방과 후에 야구를 했다. 그러나 지금은 야구를 하지 않는다. 그는 지금 축구하는 것을 좋아한다.

My brother likes sports. He loved to play baseball. He played baseball after school every day. However, he doesn't[does not] play baseball now. He likes to play soccer now.

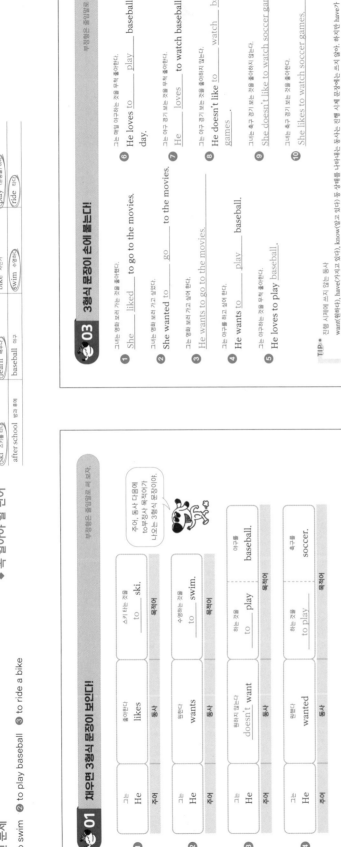

82쪽

확인 문제

❷ We didn't do anything. ❸ He didn't write an email.

◆ 꼭 알아야 할 단어

1 meet 만나다 – met
2 ride 타다 – rode
3 study 공부하다 – studied
4 buy 사다 – bought
5 eat 먹다 – ate

83쪽

01 채우면 3형식 문장이 보인다!

did not은 줄임말로 써 보자.

	주어	동사	목적어	부사구
❶	나는 I	하지 않았다 didn't do	아무것도 anything.	
❷	그는 He	좋아하지 않았다 didn't like	스키 타는 것을 to ski.	
❸	그녀는 She	하고 싶지 않았다 didn't want	수영하는 것을 to swim	어젯밤에 last night.
❹	그들은 They	사지 않았다 didn't buy	피자를 a pizza	며칠 전에 a few days ago.

anything: 아무것 주로 부정문과 의문문에 쓰여.

want to+동사원형: ~하고 싶어 하다

과거 시제는 과거 시점을 나타내는 말과 함께 써.

02 쓰다 보면 어순 감각이 생긴다!

did not은 줄임말로 써 보자.

❶ 나는 / 사지 않았다 / 피자를 / 며칠 전에
I didn't buy a pizza a few days ago.

❷ 나는 / 먹지 않았다 / 피자를 / 며칠 전에
I didn't eat a pizza a few days ago.

❸ 나는 / 먹지 않았다 / 아무것도 / 며칠 전에
I didn't eat anything a few days ago.

❹ 우리는 / 먹지 않았다 / 아무것도 / 며칠 전에
We didn't eat anything a few days ago.

❺ 우리는 / 하지 않았다 / 아무것도 / 어제
We didn't do anything yesterday.

❻ 우리는 / 하고 싶지 않았다 / 하는 것을 / 아무것도 / 어제
We didn't want to do anything yesterday.

❼ 그는 / 하고 싶지 않았다 / 하는 것을 / 아무것도 / 어제
He didn't want to do anything yesterday.

현재 시제와 달리 과거 시제 부정문의 동사 형태는 주어가 1인칭이든 3인칭이든 항상 똑같아.

❽ 그는 / 하고 싶지 않았다 / 공부하는 것을 / 영어를
He didn't want to study English.

❾ 그들은 / 하고 싶지 않았다 / 공부하는 것을 / 영어를
They didn't want to study English.

❿ 그들은 / 하고 싶지 않았다 / 공부하는 것을 / 중국어를
They didn't want to study Chinese.

⓫ 그들은 / 좋아하지 않았다 / 공부하는 것을 / 중국어를
They didn't like to study Chinese.

⓬ 나는 / 좋아하지 않았다 / 공부하는 것을 / 중국어를
I didn't like to study Chinese.

84쪽

03 3형식 문장이 손에 붙는다!

did not은 줄임말로 써 보자.

❶ 나는 아무것도 사지 않았다.
I didn't buy anything.

❷ 나는 며칠 전에 아무것도 사지 않았다.
I didn't buy anything a few days ago.

❸ 에밀리는 며칠 전에 아무것도 사지 않았다.
Emily didn't buy anything a few days ago.

❹ 에밀리는 어제 아무것도 사지 않았다.
Emily didn't buy anything yesterday.

❺ 에밀리는 어제 아무것도 하지 않았다.
Emily didn't do anything yesterday.

❻ 그들은 어제 아무것도 하지 않았다.
They didn't do anything yesterday.

❼ 그들은 아무것도 하고 싶지 않았다.
They didn't want to do anything.

❽ 알렉스는 아무것도 하고 싶지 않았다.
Alex didn't want to do anything

❾ 알렉스는 농구를 하고 싶지 않았다.
Alex didn't want to play basketball.

❿ 우리는 농구를 하고 싶지 않았다.
We didn't want to play basketball.

TIP
<play+the+악기 이름>과 <play+운동 이름>
play에는 여러 가지 뜻이 있는데 대표적인 것이 '(악기를) 연주하다'와 '(운동을) 하다'야. 그런데 악기를 연주한다고 할 때는 꼭 악기 이름 앞에 the를 넣어 주어야 해. 하지만 운동은 play 바로 다음에 운동 이름만 넣어.
<play+the+악기 이름> play the piano / play the violin **<play+운동 이름>** play soccer / play baseball

04 서술형, 수행평가에도 통하는 영작문!

◆ STEP 01

나는 며칠 전에 알렉스를 만났다. 우리는 농구를 하고 싶었지만, 비가 많이 왔다. 그래서 우리는 농구를 하지 않았다. 대신에 우리는 영화를 보러 갔다. 영화가 매우 재미있었다.

불규칙동사 과거형: meet(만나다)-met / go(가다)-went / ride(자전거 등을 타다)-rode

I met Alex a few days ago.

We wanted to play basketball, but it rained a lot. So we didn't play basketball. Instead, we went to the movies. The movie was very interesting.

◆ STEP 02

나는 며칠 전에 에밀리를 만났다. 우리는 수영하고 싶었지만, 날씨가 매우 추웠다. 그래서 우리는 수영을 하지 않았다. 대신에 우리는 공원에 갔다. 우리는 자전거를 탔다.

I met Emily a few days ago. We wanted to swim, but it was very cold. So we didn't[did not] swim. Instead, we went to the park. We rode bikes.

85쪽

확인 문제

❶ something to read ❷ something to eat

◆ 꼭 알아야 할 단어

something 어떤 것	read 읽다	bring-brought 가져오다-가져왔다
drink 마시다	have 가지고 있다, ~이 있다	anything 아무것

86쪽

01 채우면 3형식 문장이 보인다!

부정형은 줄임말로 써 보자.

something은 긍정문에 주로 써. / 할 일이 있다는 의미야.

	주어	동사	목적어	형용사적 용법의 to부정사
❶	그는 He	(가지고) 있다 has	어떤 것을 something	할 to do.
❷	그는 He	(가지고) 있지 않다 doesn't have	아무것도 anything	할 to do.
❸	우리는 We	원하지 않는다 don't want	아무것도 anything	먹을 to eat.
❹	우리는 We	원한다 want	어떤 것을 something	먹을 to eat.

anything은 부정문이나 의문문에 주로 써. / 할 일이 없다는 의미야.

형용사적 용법의 to부정사가 앞의 명사 something을 꾸며 주고 있어.

02 쓰다 보면 어순 감각이 생긴다!

부정형은 줄임말로 써 보자.

❶ 나는 / 원한다 / 어떤 것을 / 마실
I want something to drink.

❷ 사라는 / 원한다 / 어떤 것을 / 마실
Sarah wants something to drink.

❸ 사라는 / 원하지 않는다 / 아무것도 / 마실
Sarah doesn't want anything to drink.

❹ 사라는 / 원하지 않는다 / 아무것도 / 먹을
Sarah doesn't want anything to eat.

❺ 우리는 / 원하지 않는다 / 아무것도 / 먹을
We don't want anything to eat.

❻ 우리는 / 없다 / 아무것도 / 먹을
We don't have anything to eat.

❼ 우리는 / (가지고) 있지않다 / 아무것도 / 할
We don't have anything to do.

❽ 그는 / (가지고) 있지 않았다 / 아무것도 / 할
He didn't have anything to do.

❾ 크리스는 / 갖고 있었다 / 어떤 것을 / 할
Chris had something to do.

❿ 크리스는 / 갖고 있었다 / 어떤 것을 / 읽을
Chris had something to read.

⓫ 크리스는 / 갖고 있다 / 어떤 것을 / 읽을
Chris has something to read.

⓬ 그들은 / 갖고 있다 / 어떤 것을 / 읽을
They have something to read.

87쪽

03 3형식 문장이 손에 붙는다!

부정형은 줄임말로 써 보자.

❶ 나는 읽을 것이 있다.
I have something to read.

❷ 나는 할 일이 있다.
I have something to do.

❸ 에밀리는 할 일이 있다.
Emily has something to do.

❹ 에밀리는 할 일이 없다.
Emily doesn't have anything to do.

❺ 에밀리는 마실 것이 없다.
Emily doesn't have anything to drink.

❻ 에밀리는 마실 것을 가져오지 않을 것이다.
Emily won't bring anything to drink.

❼ 에밀리는 마실 것을 가져오지 않았다.
Emily didn't bring anything to drink.

❽ 에밀리는 마실 것을 가져왔다.
Emily brought something to drink.

❾ 에밀리는 먹을 것을 가져왔다.
Emily brought something to eat.

❿ 그들은 먹을 것을 가져왔다.
They brought something to eat.

TIP nothing 활용해서 부정문 쓰기

nothing은 '아무것도 없다[아니다]'는 의미여서 목적어 자리에 쓰는 경우 동사가 부정문 형태가 되어선 안 돼.

Emily doesn't have anything to drink. = Emily has nothing to drink. 에밀리는 마실 게 없다.

Emily didn't bring anything to drink. = Emily brought nothing to drink. 에밀리는 마실 걸 가져오지 않았다.

04 서술형, 수행평가에도 통하는 영작문!

◆ STEP 01

나는 따분해졌다. 나는 읽을 것을 원했지만, 읽을 것이 없었다. 그래서 나는 서점에 갔다. 나는 책을 한 권 사고 집으로 돌아왔다.

동사원형-과거형: get(~되다)-got / go(가다)-went / buy(사다)-bought / come(오다)-came

I **got** bored. I wanted something to read, but there **was not** anything to read. So, I went to the bookstore. I bought a book and **came back** home.

was not은 wasn't로 줄여 쓸 수 있어.

come back: 돌아오다

◆ STEP 02

나는 배가 고파졌다. 나는 먹을 것을 원했지만, 먹을 것이 없었다. 그래서 나는 슈퍼마켓에 갔다. 나는 (약간의) 음식을 사고 집으로 돌아왔다.

I got hungry. I wanted something to eat, but there was not[wasn't] anything to eat. So, I went to the supermarket. I bought some food and came back home.

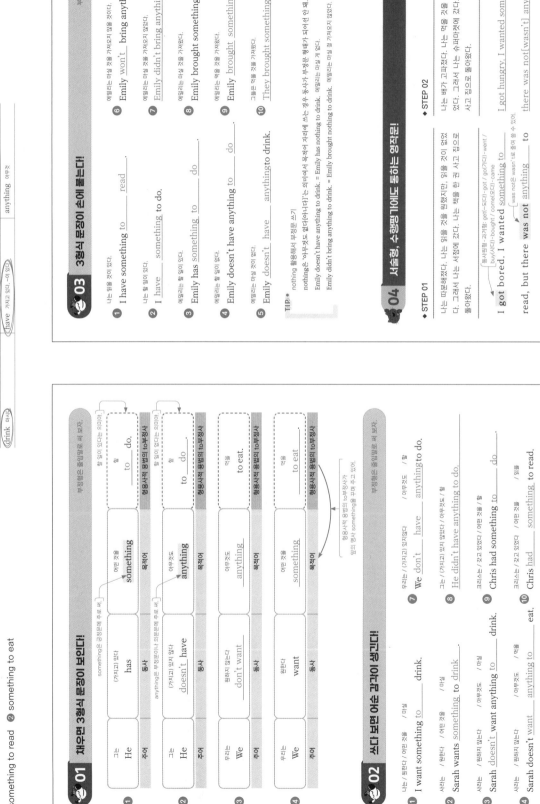

88쪽

확인 문제
❶ singing ❷ studying ❸ learning

◆ 꼭 알아야 할 단어

walk 걷다	beach 바닷가, 해안	finish 마치다, 끝내다	along ~을 따라
homework 숙제	essay 에세이	Spanish 스페인어	soon 곧, 이내

89쪽

01 채우면 3형식 문장이 보인다!
괄호 안의 동사를 이용해 동명사로 문장을 써 보자.

	주어	동사	목적어	
❶	나는 I	무척 좋아한다 love	걷기를(walk) walking.	
❷	그는 He	끝낼 것이다 will finish	하는 것을(do) doing	그의 숙제를 his homework.
❸	우리는 We	즐겼다 enjoyed	보는 것을(watch) watching	그 영화를 the movie.
❹	그들은 They	시작했다 began	배우는 것을(learn) learning	스페인어를 Spanish.

주의! finish와 enjoy는 동명사 목적어만 쓸 수 있고 to부정사를 목적어로 쓸 수 없어.

02 쓰다 보면 어순 감각이 생긴다!
동명사로 문장을 써 보자.

❶ 우리는 / 시작했다 / 배우는 것을 / 중국어를
We began learning Chinese.

❷ 우리는 / 시작했다 / 배우는 것을 / 스페인어를
We began learning Spanish.

❸ 알렉스는 / 시작했다 / 배우는 것을 / 스페인어를
Alex began learning Spanish.

❹ 알렉스는 / 시작했다 / 공부하는 것을 / 스페인어를
Alex began studying Spanish.

❺ 알렉스는 / 즐겼다 / 공부하는 것을 / 스페인어를
Alex enjoyed studying Spanish.

❻ 알렉스는 / 즐겼다 / 공부하는 것을 / 한국어를
Alex enjoyed studying Korean.

❼ 알렉스는 / 좋아했다 / 공부하는 것을 / 한국어를
Alex liked studying Korean.

❽ 그들은 / 좋아했다 / 공부하는 것을 / 한국어를
They liked studying Korean.

❾ 그들은 / 좋아했다 / 걷는 것을 / 바닷가를 따라
They liked walking along the beach.

❿ 그들은 / 좋아하지 않았다 / 걷는 것을 / 바닷가를 따라
They didn't like walking along the beach.

⓫ 사라는 / 좋아하지 않았다 / 걷는 것을 / 바닷가를 따라
Sarah didn't like walking along the beach.
(부정형은 줄임말로 써 봐.)

⓬ 사라는 / 즐기지 않았다 / 걷는 것을 / 바닷가를 따라
Sarah didn't enjoy walking along the beach.

90쪽

03 3형식 문장이 손에 붙는다!
동명사로 문장을 써 보자.

❶ 그녀는 그 영화 보는 것을 즐기지 않았다.
She didn't enjoy watching the movie.

❷ 그녀는 그 영화 보는 것을 즐겼다.
She enjoyed watching the movie.

❸ 그녀는 그 영화 보는 것을 마쳤다.
She finished watching the movie.

❹ 그녀는 숙제하는 것을 마쳤다.
She finished doing her homework.

❺ 그녀는 곧 숙제하는 것을 마칠 것이다.
She will finish doing her homework soon.

❻ 나는 곧 숙제하는 것을 마칠 것이다.
I will finish doing my homework soon.

❼ 나는 곧 숙제하는 것을 시작할 것이다.
I will begin doing my homework soon.

❽ 나는 곧 에세이 쓰는 것을 시작할 것이다.
I will begin writing an essay soon.

❾ 크리스는 곧 에세이 쓰는 것을 시작할 것이다.
Chris will begin writing an essay soon.

❿ 크리스는 어제 에세이 쓰는 것을 시작했다.
Chris began writing an essay yesterday.

04 서술형, 수행평가에도 통하는 영작문!

◆ STEP 01

크리스는 오늘 할 일이 많다. 우선, 그는 숙제하는 것을 마칠 것이다. 그다음 그는 에세이를 쓰기 시작할 것이다. 그는 오후에 사라를 만나 영화 보러 갈 것이다. 그는 영화 보는 것을 즐긴다.

Chris has a lot of things to do today. First, he will finish doing his homework. Then, he will begin writing an essay. He will meet Sarah and go to the movies in the afternoon. He enjoys watching movies.

(형용사적 용법의 to부정사가 앞의 a lot of things를 꾸며 줘.)
(go to the movies: 영화 보러 가다)

◆ STEP 02

나는 오늘 할 일이 많다. 우선, 나는 스페인어 공부하는 것을 마칠 것이다. 그다음 나는 숙제를 하기 시작할 것이다. 나는 오후에 알렉스[Alex]를 만나 영화 보러 갈 것이다. 나는 영화 보는 것을 즐긴다.

I have a lot of things to do today. First, I will finish studying Spanish. Then, I will begin doing[to do] my homework. I will meet Alex and go to the movies in the afternoon. I enjoy watching movies.

27 기억하는 것에 대해 써 보자

91쪽

확인 문제

① meeting ② to meet

◆ 꼭 알아야 할 단어

before 전에	call 전화하다	me 나에게, 나를	there 거기에, 그곳에
remember 기억하다	learn 배우다	you 너에게, 너를	him 그에게, 그를

92쪽

01 채우면 3형식 문장이 보인다!

부정형은 줄임말로 써 보자.

	주어	동사	목적어	
①	나는 I	기억한다 remember	은행에 가는 것을 to go to the bank.	은행에 갈 일이 있다는 것을 기억하고 있다는 의미야.
②	나는 I	기억한다 remember	은행에 간 것을 going to the bank.	은행에 갔던 것을 기억하고 있다는 의미야.
③	나는 I	기억했다 remembered	그녀에게 전화하는 것을 to call her.	그녀에게 전화하는 것을 기억하고[잊지 않고] 했다는 의미야.
④	나는 I	기억하지 못했다 didn't remember	그녀에게 전화하는 것을 to call her.	그녀에게 전화하는 것을 기억하지 못해서[깜빡 잊고] 안 했다는 의미야.

02 쓰다 보면 어순 감각이 생긴다!

부정형은 줄임말로 써 보자.

① 나는 / 기억한다 / 너를
I remember you.

② 나는 / 기억한다 / 너를 만났던 것을
I remember meeting you.

③ 나는 / 기억한다 / 그를 만났던 것을
I remember meeting him.

④ 나는 / 기억하지 못한다 / 그를 만났던 것을
I don't remember meeting him.

⑤ 나는 / 기억하지 못한다 / 그에게 전화했던 것을
I don't remember calling him.

⑥ 그녀는 / 기억하지 못한다 / 그에게 전화했던 것을
She doesn't remember calling him.

⑦ 그녀는 / 기억하지 못했다 / 나에게 전화했던 것을
She didn't remember calling me.

⑧ 그녀는 / 기억하지 못했다 / 나에게 전화하는 것을
She didn't remember to call me.

⑨ 그녀는 / 기억하지 못했다 / 거기에 가는 것을
She didn't remember to go there.

⑩ 그녀는 / 기억했다 / 거기에 가는 것을
She remembered to go there.

⑪ 그녀는 / 기억한다 / 거기에 가는 것을
She remembers to go there.

⑫ 그녀는 / 기억한다 / 거기에 갔던 것을
She remembers going there.

93쪽

03 3형식 문장이 손에 붙는다!

부정형은 줄임말로 써 보자.

① 그녀는 그 은행에 갔던 것을 기억하고 있다.
She is remembering going to the bank.

② 우리는 그 은행에 갔던 것을 기억하고 있다.
We are remembering going to the bank.

③ 우리는 그 은행에 가는 것을 기억하고 있다.
We are remembering to go to the bank.

④ 우리는 영화 보러 가는 것을 기억한다.
We remember to go to the movies.
(go to the movies: 영화 보러 가다)

⑤ 나는 영화 보러 가는 것을 기억한다.
I remember to go to the movies.

⑥ 나는 영화 보러 가는 것을 기억했다.
I remembered to go to the movies.

⑦ 나는 영화 보러 가는 것을 기억하지 못했다.
I didn't remember to go to the movies.

⑧ 나는 수영하는 것을 배웠던 것을 기억하지 못했다.
I didn't remember learning to swim.

⑨ 그는 수영하는 것을 배웠던 것을 기억하지 못했다.
He didn't remember learning to swim.

⑩ 그는 수영하는 것을 배웠던 것을 기억한다.
He remembers learning to swim.

04 서술형, 수행평가에도 통하는 영작문!

◆ STEP 01

알렉스는 나를 만났던 것은 기억하는데, 나와 함께 바닷가를 따라 걸었던 것은 기억하지 못한다. 나는 그와 함께 바닷가에서 축구했던 것을 기억한다. 그러나 그는 그것을 기억하지 못한다.

Alex remembers meeting me, but he doesn't remember walking along the beach with me. I remember playing soccer with him at the beach. However, he doesn't remember it.

(with+목적격: ~와 함께)

◆ STEP 02

(과거에 기억했던 일에 대한 내용이니까 모두 과거 시제로 써야 해.)

나는 사라[Sarah]와 영화 봤던 것을 기억했는데, 그녀는 그것을 기억하지 못했다. 그러나 그녀는 나와 함께 공원에 갔던 것은 기억했다. 우리는 함께 자전거를 탔던 것을 기억했다.

I remembered watching the movie with Sarah, but she didn't[did not] remember it. However, she remembered going to the park with me. We remembered riding bikes together.

94쪽

확인 문제

❶ to call ❷ calling

◆ 꼭 알아야 할 단어

never 절대 ~ 않다	gift 선물	post office 우체국
card 카드	police station 경찰서	cake 케이크

95쪽

01 채우면 3형식 문장이 보인다!

부정형은 줄임말로 써 보자.

	주어	동사	목적어	
❶	나는 I	잊었다 forgot	가방 사는 것을 to buy a bag.	가방 사는 것을 기억하지 못했다는 의미야.
❷	나는 I	잊지 않았다 didn't forget	가방 사는 것을 to buy a bag.	가방 사는 것을 기억하고 있었다는 의미야.
❸	나는 I	잊었다 forgot	그들을 만났던 것을 meeting them.	과거에 그들을 만났던 일을 기억하지 못했다는 의미야.
❹	나는 I	절대 잊지 않을 것이다 will never forget	그를 만났던 것을 meeting him.	과거에 그를 만났던 일을 잊지 않고 기억하겠다는 의미야.

02 쓰다 보면 어순 감각이 생긴다!

❶ 나는 / 절대 잊지 않을 것이다 / 너를
I will never forget you.

❷ 나는 / 절대 잊지 않을 것이다 / 너를 만났던 것을
I will never forget meeting you.

❸ 나는 / 절대 잊지 않을 것이다 / 그 박물관을 방문했던 것을
I will never forget visiting the museum.

❹ 나는 / 절대 잊지 않을 것이다 / 그 박물관을 방문하는 것을
I will never forget to visit the museum.

❺ 나는 / 잊었다 / 그 박물관을 방문하는 것을
I forgot to visit the museum.

❻ 나는 / 잊었다 / 우체국에 가는 것을
I forgot to go to the post office.

❼ 우리는 / 잊었다 / 우체국에 가는 것을
We forgot to go to the post office.

❽ 우리는 / 잊었다 / 우체국에 갔던 것을
We forgot going to the post office.

❾ 우리는 / 잊었다 / 경찰서에 갔던 것을
We forgot going to the police station.

❿ 우리는 / 잊었다 / 경찰서에 가는 것을
We forgot to go to the police station.

96쪽

03 3형식 문장이 손에 붙는다!

부정형은 줄임말로 써 보자.

❶ 우리는 파티에 갔던 것을 잊지 않았다.
We didn't forget going to the party.

❷ 나는 파티에 갔던 것을 잊지 않았다.
I didn't forget going to the party.

❸ 나는 파티에 가는 것을 잊지 않았다.
I didn't forget to go to the party.

❹ 나는 카드 쓰는 것을 잊지 않았다.
I didn't forget to write a card.

❺ 나는 카드 쓰는 것을 잊고 있었다.
I was forgetting to write a card.

❻ 너는 카드 쓰는 것을 잊고 있었다.
You were forgetting to write a card.

❼ 너는 선물 사는 것을 잊고 있었다.
You were forgetting to buy a gift.

❽ 그녀는 선물 사는 것을 잊었다.
She forgot to buy a gift.

❾ 그녀는 선물 사는 것을 잊지 않을 것이다.
She won't forget to buy a gift.

❿ 그들은 선물 사는 것을 잊지 않을 것이다.
They won't forget to buy a gift.

04 서술형, 수행평가에도 통하는 영작문!

◆ STEP 01

나는 우리 어머니의 생일을 잊고 있었다. 나는 백화점에 갔다. 나는 선물은 샀지만, 카드 사는 것을 잊어버렸다. 그래서 나는 집에서 카드를 만들었다. 나는 작년에도 카드를 집에서 만들었던 것을 기억한다.

I was forgetting my mother's birthday. I went to the department store. I bought a gift but forgot to buy a card. So, I made a card at home. I remember making a card at home last year, too.

◆ STEP 02

나는 내 남동생의 생일을 잊고 있었다. 나는 쇼핑몰에 갔다. 나는 선물은 샀지만, 케이크 사는 것을 잊어버렸다. 그래서 나는 집에서 케이크를 만들었다. 나는 작년에도 케이크를 집에서 만들었던 것을 기억한다.

I was forgetting my brother's birthday. I went to the shopping mall. I bought a gift but forgot to buy a cake. So, I made a cake at home. I remember making a cake at home last year, too.

29 '~할 수 있다'는 뜻을 전달할 때는?

97쪽

확인 문제

is able to

98쪽

01 채우면 3형식 문장이 보인다!

	주어	동사	목적어
1	나는 I	말할 수 있다 can speak	중국어를 Chinese.
2	그는 He	말할 수 있다 is able to speak	러시아어를 Russian.
3	그녀는 She	연주할 수 없다 cannot[can't] play	첼로를 the cello.
4	그들은 They	연주할 수 없다 are not able to play	기타를 the guitar.

can/be able to 다음에는 반드시 동사원형을 써야 해.

'악기를 연주하다'는 <play the+악기 이름>으로 써야 해.

02 쓰다 보면 어순 감각이 생긴다!

1. 우리 어머니는 / 연주할 수 있다 / 기타를
My mother is able to play the guitar.

2. 그의 어머니는 / 연주할 수 있다 / 기타를
His mother can play the guitar.

3. 그의 어머니는 / 연주할 수 있다 / 첼로를
His mother can play the cello.

4. 그는 / 연주할 수 있다 / 첼로를 [can 활용]
He can play the cello.

5. 나는 / 연주할 수 있다 / 바이올린을
I can play the violin.

6. 나는 / 연주할 수 있다 / 바이올린을
I am able to play the violin.

7. 나는 / 연주할 수 없다 / 바이올린을
I am not able to play the violin.

8. 내 형은 / 연주할 수 없다 / 바이올린을 [be able to 활용]
My brother is not able to play the violin.

9. 내 형은 / 연주할 수 없다 / 드럼을
My brother is not able to play the drums.

10. 그녀의 오빠들은 / 연주할 수 없다 / 드럼을
Her brothers are not able to play the drums.

11. 그녀의 아버지는 / 연주할 수 없다 / 드럼을 [be able to 활용]
Her father is not able to play the drums.

12. 우리는 / 연주할 수 있다 / 드럼을 [can 활용]
We can play the drums.

99쪽

03 3형식 문장이 손에 붙는다!

1. 우리는 중국어를 (말)할 수 있다.
We can speak Chinese.

2. 우리는 프랑스어를 (말)할 수 있다.
We can speak French.

3. 내 친구는 프랑스어를 (말)할 수 있다.
My friend can speak French.

4. 내 친구는 프랑스어를 못한다.
My friend cannot speak French.

5. 내 친구는 러시아어를 못한다.
My friend cannot[can't] speak Russian.

능력이 안 되서 '할 수 없다', '못한다'는 cannot[can't]/be not able to 중 하나를 활용하면 돼.

6. 내 친구들은 러시아어를 쓰지 못한다. [can 활용]
My friends cannot[can't] write Russian.

7. 그녀는 러시아어를 쓰지 못한다.
She is not able to write Russian.

8. 그들의 남동생은 러시아어를 쓰지 못한다.
Their brother is not able to write Russian.

9. 그들의 남동생은 스페인어를 쓸 수 있다.
Their brother is able to write Spanish.

10. 그들의 남동생은 스페인어를 읽을 수 있다. [be able to 활용]
Their brother is able to read Spanish.

04 서술형, 수행평가에도 통하는 영작문!

◆ STEP 01

소피아가 오늘 나를 방문할 것이다. 그녀는 스페인 출신이다. 그녀는 영어를 조금 할 수 있지만, 나는 영어를 못한다. 그러나 나는 스페인어를 할 수 있다. 그래서 우리는 스페인어로 의사소통할 것이다.

Sofia will visit me today. She comes from Spain. She can speak English a little, but I am not able to speak English. However, I can speak Spanish. So, we'll communicate in Spanish.

communicate: 의사소통하다

in Spanish: 스페인어로
'어떤 언어로' 말하거나 쓰거나 읽는다고 할 때는 <in+언어>로 나타내.

◆ STEP 02

레오[Leo]가 이번 주말에 나를 방문할 것이다. 그는 프랑스 출신이다. 그는 한국어를 못하지만, 나는 프랑스어를 할 수 있다. 그래서 우리는 프랑스어로 의사소통할 것이다.

Leo will visit me this weekend. He comes from France. He cannot[can't/is not able to] speak Korean, but I can[am able to] speak French. So, we'll communicate in French.

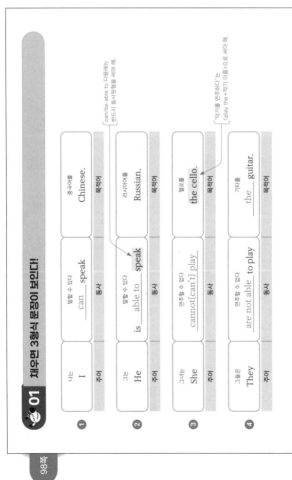

101쪽

01 채우면 3형식 문장이 보인다!

부정형은 줄임말로 써 보자.

some: 얼마 정도의, 약간의, 몇 개의(주로 긍정문에 사용)

any: 아무 ~, 약간의(주로 부정문과 의문문에 사용하며 우리말로는 해석되지 않는 경우가 많음)

	주어	동사	목적어	부사구
1	나는 I	썼다 wrote	이메일 몇 통을 some emails	그에게 to him.
2	그들은 They	쓰지 않았다 didn't write	(아무런) 이메일을 any emails	그녀에게 to her.
3	에밀리는 Emily	만들지 않을 것이다 won't make	케이크를 a cake	우리를 위해 for us.
4	크리스는 Chris	만들었다 made	피자를 좀 some pizza	너를 위해 for you.

02 쓰다 보면 어순 감각이 생긴다!

부정형은 줄임말로 써 보자.

1. 크리스는 / 만들었다 / 피자를 좀 / 우리를 위해
Chris made some pizza for us.
2. 크리스는 / 만들 것이다 / 피자를 좀 / 우리를 위해
Chris will make some pizza for us.
3. 크리스는 / 살 것이다 / 피자를 좀 / 우리를 위해
Chris will buy some pizza for us.
4. 크리스는 / 사지 않을 것이다 / 피자를 / 우리를 위해
Chris won't buy any pizza for us.
5. 크리스는 / 사지 않을 것이다 / 피자를 / 그들을 위해
Chris won't buy any pizza for them.
6. 크리스는 / 사지 않았다 / 피자를 / 그들을 위해
Chris didn't buy any pizza for them.
7. 크리스는 / 샀다 / 피자를 좀 / 그들을 위해
Chris bought some pizza for them.
8. 그는 / 샀다 / 피자를 좀 / 그녀를 위해
He bought some pizza for her.
9. 그는 / 샀다 / 선물 몇 개를 / 그녀를 위해
He bought some gifts for her.
10. 그는 / 사지 않았다 / 선물들을 / 그녀를 위해
He didn't buy any gifts for her.
11. 그는 / 주지 않았다 / 선물들을 / 그녀에게
He didn't give any gifts to her.
12. 그는 / 주었다 / 선물을 / 그녀에게
He gave a gift to her.

102쪽

03 3형식 문장이 손에 붙는다!

부정형은 줄임말로 써 보자.

1. 그는 내게 선물을 보냈다.
He sent a gift to me.
2. 그는 내게 선물을 보내지 않았다.
He didn't send a gift to me.
3. 그는 그의 친구에게 선물을 보내지 않았다.
He didn't send a gift to his friend.
4. 그는 그의 친구에게 선물을 보내지 않을 것이다.
He won't send a gift to his friend.
5. 그는 그의 친구에게 이메일을 보내지 않을 것이다.
He won't send any emails to his friend.
6. 그는 그의 친구에게 이메일을 쓰지 않을 것이다.
He won't write any emails to his friend.
7. 그녀는 그녀의 친구에게 이메일을 쓰지 않을 것이다.
She won't write any emails to her friend.
8. 그녀는 그녀의 친구를 위해 노래를 작곡하지 않을 것이다.
She won't write any songs for her friend.
9. 그녀는 그녀의 친구들을 위해 노래를 작곡하지 않았다.
She didn't write any songs for her friends.
10. 그녀는 그녀의 친구들을 위해 노래를 몇 곡 작곡했다.
She wrote some songs for her friends.

04 서술형, 수행평가에도 통하는 영작문!

◆ STEP 01

에밀리는 나의 가장 친한 친구다. 그녀는 속초에 산다. 어제는 그녀의 생일이었다. 나는 지난주 일요일에 그녀에게 카드를 썼다. 나는 그녀를 위해 케이크를 만들었고 그것을 또한 그녀에게 보냈다.

Emily is my best friend. She lives in Sokcho. Yesterday was her birthday. I wrote a card to her last Sunday. I made a cake for her and sent it to her, too.

◆ STEP 02

크리스[Chris]는 나의 가장 친한 친구다. 그는 제주도[Jeju island]에 산다. 오늘이 그의 생일이다. 나는 며칠 전에 그에게 이메일을 썼다. 나는 그를 위해 선물을 하나 샀고 그것을 또한 그에게 보냈다.

Chris is my best friend. He lives in Jeju island. Today is his birthday. I wrote an email to him a few days ago. I bought a gift for him and sent it to him, too.

31 수동태를 잘 활용하면 문장을 다양하게 표현할 수 있다

103쪽

◆ 꼭 알아야 할 단어

by ~에 의해	in ~에서	light bulb 전구
invent 발명하다	paint (물감 등으로) 그리다	product 제품, 상품

104쪽

01 채우면 수동태 문장이 보인다!

	주어	동사	부사구
1	스페인어가 Spanish	구사된다 is spoken	쿠바에서 in Cuba.
2	전구는 The light bulb	발명되었다 was invented	토머스 에디슨에 의해 by Thomas Edison.
3	그 그림들은 The pictures	그려졌다 were painted	그녀에 의해 by her.
4	이 제품은 This product	만들어진다 is made	한국에서 in Korea.

(수동태 문장에서 과거의 일은 be동사의 과거형을 써야 해.)
(행동을 하는 사람은 <by+목적격>의 형태로 써야 해.)
(<by+목적격>이나 <in+장소>는 모두 부사구라서 주어와 동사만 남으니까 1형식 문장이 되는 거야.)

02 쓰다 보면 어순 감각이 생긴다!

1. 이 제품은 / 만들어졌다 / 싱가포르에서
This product was made in Singapore.
2. 이 제품들은 / 만들어졌다 / 싱가포르에서
These products were made in Singapore.
3. 이 제품들은 / 만들어졌다 / 스페인에서
These products were made in Spain.
4. 이 제품들은 / 만들어진다 / 스페인에서
These products are made in Spain.
5. 이 제품은 / 만들어진다 / 스페인에서
This product is made in Spain.
6. 스페인어가 / 구사된다 / 쿠바에서
Spanish is spoken in Cuba.
7. 스페인어가 / 구사된다 / 멕시코에서
Spanish is spoken in Mexico.
8. 프랑스어가 / 구사된다 / 가봉에서
French is spoken in Gabon.
9. 프랑스어가 / 구사된다 / 캐나다에서
French is spoken in Canada.
10. 영어가 / 구사된다 / 캐나다에서
English is spoken in Canada.
11. 영어가 / 구사된다 / 싱가포르에서
English is spoken in Singapore.
12. 중국어가 / 구사된다 / 싱가포르에서
Chinese is spoken in Singapore.

105쪽

03 수동태 문장이 손에 붙는다!

1. 이 집은 우리에 의해 페인트칠되었다.
This house was painted by us.
2. 이 울타리는 우리에 의해 페인트칠되었다.
This fence was painted by us.
3. 이 울타리는 그들에 의해 페인트칠되었다.
This fence was painted by them.
4. 이 그림은 그들에 의해 그려졌다.
This picture was painted by them.
5. 이 그림은 피카소에 의해 그려졌다.
This picture was painted by Picasso.
(paint: 1. 페인트칠하다 2. (물감 등으로) 그리다)
6. 이 그림은 레오나르도 다빈치에 의해 그려졌다.
This picture was painted by Leonardo da Vinci.
7. 그것은 토머스 에디슨에 의해 발명되었다.
It was invented by Thomas Edison.
8. 전구는 토머스 에디슨에 의해 발명되었다.
The light bulb was invented by Thomas Edison.
9. 이것은 그에 의해 발명되었다.
This was invented by him.
10. 이 책은 그녀에 의해 쓰였다.
This book was written by her.
(write: 1. (책 등을) 쓰다 2. (곡을) 작곡하다)

04 서술형, 수행평가에도 통하는 영작문! 자연스러운 우리말로 써놓은 아래 글을 보고 영작에 도전해 보자!

◆ STEP 01

우리 가족은 물건 만드는 것을 좋아한다. 이 책상은 아버지에 의해 만들어졌다. 이 의자들은 내 형과 나에 의해 만들어졌다. 울타리는 우리 어머니에 의해 만들어졌다.
→ 우리 가족은 물건 만드는 것을 좋아한다. 이 책상은 아버지가 만들었다. 이 의자들은 내 형과 내가 만들었다. 울타리는 우리 어머니가 만들었다.

My family members like to make things. This desk was made by my father. These chairs were made by my brother and me. The fence was made by my mother.

◆ STEP 02

우리 가족은 그림 그리는 것을 좋아한다. 이 그림들은 우리 어머니와 나에 의해 그려졌다. 저 그림은 내 여동생에 의해 그려졌다. 이 그림은 우리 아버지에 의해 그려졌다.
→ 우리 가족은 그림 그리는 것을 좋아한다. 이 그림들은 우리 어머니와 내가 그렸다. 저 그림은 내 여동생이 그렸다. 이 그림은 우리 아버지가 그렸다.

My family members like to paint pictures. These pictures were painted by my mother and me. That picture was painted by my sister. This picture was painted by my father.

106쪽

01. 채우면 3형식 문장이 보인다!

❷ She, has, a green dress ❸ to play soccer ❹ He, likes, playing soccer ❺ remember, meeting you ❻ He, can speak, French ❼ I, wrote, an email, to him

107쪽

02 쓰다 보면 어순 감각이 생긴다!

부정형은 줄임말로 써 보자.

1. 나는 / 갖고 있다 / 빨간색 모자를
I have a red cap.
2. 내 언니는 / 갖고 있다 / 빨간색 모자를
My sister has a red cap.
3. 그녀는 / 갖고 있다 / 빨간색 모자를
She has a red cap.
4. 그녀는 / 원한다 / 빨간색 모자를
She wants a red cap.
5. 그녀는 / 원한다 / 어떤 것을
She wants something.
6. 그녀는 / 원한다 / 어떤 것을 / 먹을
She wants something to eat.
7. 사라는 / 원한다 / 어떤 것을 / 먹을
Sarah wants something to eat.
8. 사라는 / 원한다 / 사기를 / 어떤 것을 / 먹을
Sarah wants to buy something to eat.
9. 우리는 / 원한다 / 사기를 / 어떤 것을 / 읽을
We want to buy something to read.
10. 우리는 / 살 것이다 / 어떤 것을 / 읽을
We will buy something to read.
11. 우리는 / 샀다 / 어떤 것을 / 읽을
We bought something to read.
12. 너는 / 샀다 / 어떤 것을 / 읽을
You bought something to read.
13. 너는 / 샀다 / 약간의 과일을
You bought some fruit.
14. 너는 / 좋아했다 / 과일을
You liked fruit.
15. 너는 / 좋아했다 / 만나는 것을 / 그녀를
You liked to meet her.
16. 크리스는 / 좋아했다 / 만나는 것을 / 그녀를
Chris liked to meet her.
17. 크리스는 / 좋아하지 않았다 / 만나는 것을 / 그녀를
Chris didn't like to meet her.
18. 크리스는 / 좋아하지 않았다 / 하는 것을 / 농구를
Chris didn't like to play basketball.
19. 크리스는 / 즐기지 않았다 / 하는 것을 / 농구를
Chris didn't enjoy playing basketball.
20. 크리스는 / 즐기지 않았다 / 읽는 것을 / 그 책을
Chris didn't enjoy reading the book.
21. 크리스는 / 즐겼다 / 읽는 것을 / 그 책을
Chris enjoyed reading the book.
22. 크리스는 / 마쳤다 / 읽는 것을 / 그 책을
Chris finished reading the book.

enjoy와 finish는 동명사 목적어만 올 수 있고, to부정사는 목적어로 올 수 없어.

TIP 지금까지 배운, 목적어 자리에 올 수 있는 것들
1. 명사 I have a red cap.
2. 대명사 He will meet us.
3. to부정사 We want to buy something to read.
4. 동명사 He enjoyed playing basketball.

108쪽

03 3형식 문장이 손에 붙는다!

부정형은 줄임말로 써 보자.

1. 우리는 영어를 할 수 없다.
We cannot[can't] speak English.
2. 우리는 스페인어를 할 수 없다.
We cannot speak Spanish.
3. 우리는 스페인어를 할 수 있다. [can 활용]
We can speak Spanish.
4. 우리는 스페인어를 할 수 있다.
We are able to speak Spanish.
5. 우리는 케이크를 만들 수 있다.
We are able to make a cake.
6. 우리는 그들을 위해 케이크를 만들지 않을 것이다.
We won't make a cake for them.
7. 나는 그들을 위해 케이크를 만들지 않을 것이다.
I won't make a cake for them.
8. 나는 그를 위해 케이크를 만들지 않을 것이다.
I won't make a cake for him.
9. 나는 그에게 이메일을 쓰지 않을 것이다.
I won't write an email to him.
10. 나는 그에게 이메일을 쓸 것이다.
I will write an email to him.
11. 나는 그에게 이메일 썼던 것을 기억한다.
I remember writing an email to him.
12. 나는 그에게 이메일 써야 하는 것을 기억한다.
I remember to write an email to him.
13. 나는 그에게 이메일 써야 하는 것을 잊어버렸다.
I forgot to write an email to him.
14. 나는 그에게 이메일 썼던 것을 잊어버렸다.
I forgot writing an email to him.

04 서술형, 수행평가에도 통하는 영작문!

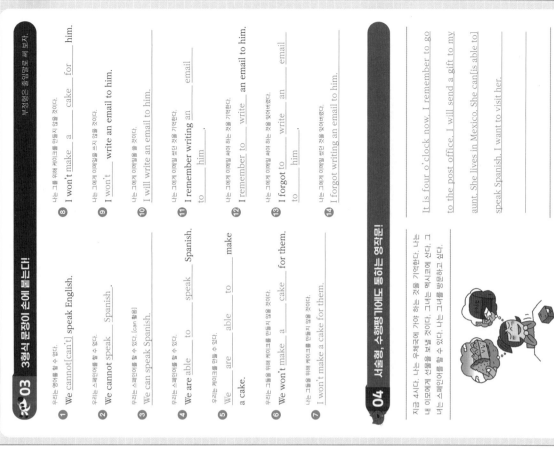

지금 4시다. 나는 우체국에 가야 하는 것을 기억한다. 나는 내 이모에게 선물을 보낼 것이다. 그녀는 멕시코에 산다. 그녀는 스페인어를 할 수 있다. 나는 그녀를 방문하고 싶다.

It is four o'clock now. I remember to go to the post office. I will send a gift to my aunt. She lives in Mexico. She can[is able to] speak Spanish. I want to visit her.

33 '~하기 위해'라는 목적을 나타내려면?

109쪽

확인 문제

❶ to buy ❷ to travel

110쪽

01 채우면 문장이 보인다!

❶

주어	동사	부사구	
그녀는 She	왔다 came	우리를 보기 위해 to see us.	1형식 문장

❷

주어	동사	부사구	
그녀는 She	공부하고 있다 is studying	시험에 통과하기 위해 to pass the exam.	1형식 문장

❸

주어	동사	목적어	부사구	
우리는 We	공부하고 있다 are studying	스페인어를 Spanish	여행하기 위해 to travel.	3형식 문장

❹

주어	동사	목적어	부사구	
우리는 We	살 것이다 will buy	약간의 밀가루를 some flour	케이크를 만들기 위해 to make a cake.	3형식 문장

02 쓰다 보면 어순 감각이 생긴다!

❶ 나는 / 살 것이다 / 약간의 밀가루를 / 케이크를 만들기 위해
I will buy some flour to make a cake.

❷ 나는 / 샀다 / 약간의 밀가루를 / 케이크를 만들기 위해
I bought some flour to make a cake.

❸ 나는 / 샀다 / 약간의 밀가루를 / 피자를 만들기 위해
I bought some flour to make a pizza.

❹ 그는 / 샀다 / 약간의 밀가루를 / 피자를 만들기 위해
He bought some flour to make a pizza.

❺ 그는 / 왔다 / 이곳에 / 피자를 만들기 위해
He came here to make a pizza.

❻ 그는 / 왔다 / 이곳에 / 우리를 보기 위해
He came here to see us.

❼ 그는 / 오고 있다 / 이곳에 / 우리를 보기 위해
He is coming here to see us.

❽ 그는 / 오고 있다 / 이곳에 / 공부하기 위해
He is coming here to study.

❾ 그는 / 온다 / 이곳에 / 공부하기 위해
He comes here to study.

❿ 그는 / 간다 / 도서관에 / 공부하기 위해
He goes to the library to study.

⓫ 그는 / 간다 / 도서관에 / 책을 읽기 위해
He goes to the library to read a book.

⓬ 그는 / 갔다 / 도서관에 / 책을 읽기 위해
He went to the library to read a book.

111쪽

03 문장이 손에 붙는다!

❶ 그녀는 시험에 통과하기 위해 공부하고 있다.
She is studying to pass the exam.

❷ 우리는 시험에 통과하기 위해 공부하고 있다.
We are studying to pass the exam.

❸ 우리는 시험에 통과하기 위해 열심히 공부할 것이다.
We will study hard to pass the exam.

❹ 우리는 스페인어를 배우기 위해 열심히 공부할 것이다.
We will study hard to learn Spanish.

❺ 우리는 스페인어를 배우기 위해 열심히 공부했다.
We studied hard to learn Spanish.

❻ 우리는 여행하기 위해 스페인어를 공부했다.
We studied Spanish to travel.

❼ 그녀는 여행하기 위해 스페인어를 공부했다.
She studied Spanish to travel.

❽ 그녀는 여행하기 위해 스페인어를 배웠다.
She learned Spanish to travel.

❾ 그녀는 여행하기 위해 영어를 배웠다.
She learned English to travel.

❿ 그녀는 여행하기 위해 영어를 배우고 있다.
She is learning English to travel.

04 서술형, 수행평가에도 통하는 영작문!

◆ STEP 01

크리스와 나는 오늘 오후에 함께 공부하려고 도서관에 갔다. 우리는 함께 스페인어를 공부했다. 우리는 여행하기 위해 스페인어를 공부하고 있었다. 그 후, 우리는 자전거를 타기 위해 공원에 갔다.

Chris and I went to the library to study together this afternoon. We studied Spanish together. We were learning Spanish to travel. After that, we went to the park to ride a bike.

after that: 그 후

◆ STEP 02

사라[Sarah]와 나는 지금 도서관에 있다. 우리는 내일 시험이 있다. 우리는 시험에 통과하기 위해 열심히 공부하고 있다. 그 후, 우리는 배드민턴을 치러 공원에 갈 것이다.

Sarah and I are in the library now. We have an exam tomorrow. We are studying hard to pass the exam. After that, we will go to the park to play badminton.

play badminton: 배드민턴을 치다

112쪽

확인 문제

❶ him an email ❷ us Spanish

113쪽

01 채우면 4형식 문장이 보인다!

동사 바로 다음에 '~에게'에 해당하는 말을 쓰고 그다음에 '~을/를'에 해당하는 말을 쓰는 거 잊지 말자!

	주어	동사	간접 목적어	직접 목적어
❶	나는 I	주었다 gave	그들에게 them	몇 장의 사진을 some pictures.
❷	그들은 They	가져다 주었다 brought	내게 me	주스를 좀 some juice.
❸	송 선생님은 Ms. Song	보여주고 있다 is showing	그에게 him	지도를 a map.
❹	김 선생님은 Mr. Kim	가르칠 것이다 will teach	우리에게 us	수학을 math.

Mr.(~씨, 선생님): 남자 이름 앞에 붙이는 말
Ms.(~씨, 선생님): 여자 이름 앞에 붙이는 말

02 쓰다 보면 어순 감각이 생긴다!

문제를 푼 후 간접 목적어에 동그라미 표시를 해 보자.

❶ 김 선생님은 / 가르쳐 줄 것이다 / 우리에게 / 수학을
Mr. Kim will teach (us) math.

❷ 김 선생님은 / 가르쳐 주었다 / 우리에게 / 수학을
Mr. Kim taught (us) math.

❸ 김 선생님은 / 가르쳐 주었다 / 내게 / 수학을
Mr. Kim taught (me) math.

❹ 김 선생님은 / 주었다 / 내게 / 수학 교과서를
Mr. Kim gave (me) a math textbook.

❺ 송 선생님은 / 주었다 / 내게 / 수학 교과서를
Ms. Song gave (me) a math textbook.

❻ 송 선생님은 / 주었다 / 내게 / 책 몇 권을
Ms. Song gave (me) some books.

❼ 송 선생님은 / 가져다 주었다 / 내게 / 책 몇 권을
Ms. Song brought (me) some books.

❽ 송 선생님은 / 가져다 주었다 / 그들에게 / 책 몇 권을
Ms. Song brought (them) some books.

❾ 송 선생님은 / 가져다 줄 것이다 / 그들에게 / 책 몇 권을
Ms. Song will bring (them) some books.

❿ 나는 / 가져다 줄 것이다 / 그들에게 / 책 몇 권을
I will bring (them) some books.

⓫ 나는 / 가져다 줄 것이다 / 그에게 / 주스를 좀
I will bring (him) some juice.

⓬ 나는 / 가져다 드릴 것이다 / 김 선생님[Mr. Kim]에게 / 주스를 좀
I will bring (Mr. Kim) some juice.

114쪽

03 4형식 문장이 손에 붙는다!

❶ 나는 김 선생님에게 큰 지도를 가져다 드릴 것이다.
I will bring Mr. Kim a big map.

❷ 나는 김 선생님에게 큰 지도를 보여 드릴 것이다.
I will show Mr. Kim a big map.

❸ 그녀는 김 선생님[Mr. Kim]에게 큰 지도를 보여 드릴 것이다.
She will show Mr. Kim a big map.

❹ 그녀는 김 선생님[Mr. Kim]에게 큰 지도를 보여 드리고 있다.
She is showing Mr. Kim a big map.

❺ 그녀는 김 선생님에게 사진을 몇 장 보여 드리고 있다.
She is showing Mr. Kim some pictures.

❻ 그녀는 김 선생님[Mr. Kim]에게 사진을 몇 장 보여 드렸다.
She showed Mr. Kim some pictures.

❼ 그녀는 김 선생님에게 사진을 몇 장 보내 드렸다.
She sent Mr. Kim some pictures.

❽ 그녀는 그에게 사진을 몇 장 보내 주었다.
She sent him some pictures.

❾ 그녀는 그에게 이메일을 보냈다.
She sent him an email.

❿ 그녀는 송 선생님[Ms. Song]에게 이메일을 보낼 것이다.
She will send Ms. Song an email.

TIP • 4형식 문장을 3형식 문장으로 바꾸기
이 단원의 문장들은 간접 목적어를 전치사 to 뒤로 보내 3형식 문장으로도 쓸 수 있어.
〈give/send/bring/write/show/teach+직접 목적어+to+간접 목적어〉로 쓰는 거야.
I sent him an email.(4형식) = I sent an email to him.(3형식)

04 서술형, 수행평가에도 통하는 영작문!

◆ STEP 01

나는 오늘 오후에 바빴다. 우선 나는 내 친구에게 이메일을 보냈다. 그다음 나는 백화점에 가서 선물을 샀다. 나는 그것을 내 남동생에게 주었다. 또한 나는 그에게 수학을 가르쳤다.

I was busy this afternoon. First, I sent my friend an email. Then I went to the department store, and bought a gift. I gave it to my brother. Also, I taught him math.

it(그것을)은 직접 목적어 자리에 올 수 없기 때문에 'I gave it to my brother.'처럼 3형식 문장으로 써야 해.

◆ STEP 02

나는 어제 바빴다. 우선 나는 백화점에 가서 지도를 샀다. 나는 그것을 내 여동생에게 주었다. 또한 나는 그녀에게 영어를 가르쳐 주었다. 그다음 나는 내 친구에게 이메일을 보냈다.

I was busy yesterday. First, I went to the department store, and bought a map. I gave it to my sister. Also, I taught her English. Then I sent my friend an email.

35 '누구를 위해 무엇을 해 준다'는 문장을 써 보자

115쪽

확인 문제

❶ me a gift ❷ them some cookies

◆ 꼭 알아야 할 단어

buy 사다(-bought)	song 노래	doghouse 개집	build 짓다(-built)
kite 연	make 만들다(-made)	sing 노래하다(-sang)	bread 빵

116쪽

01 채우면 4형식 문장이 보인다!

	주어	동사	간접 목적어	직접 목적어
❶	그녀는 She	만들어 주었다 made	그에게 him	연을 a kite.
❷	아빠는 Dad	사 주었다 bought	내게 me	자전거를 a bike.
❸	나는 I	불러 주었다 sang	엄마에게 mom	노래 한 곡을 a song.
❹	엄마는 Mom	구워 줄 것이다 will bake	우리에게 us	쿠키를 cookies.

02 쓰다 보면 어순 감각이 생긴다!

부정형은 줄임말로 써 보자.

❶ 엄마는 / 구워 주었다 / 우리에게 / 쿠키를 좀
Mom baked us some cookies.

❷ 엄마는 / 구워 주었다 / 우리에게 / 빵을 좀
Mom baked us some bread.

❸ 알렉스는 / 구워 주었다 / 우리에게 / 빵을 좀
Alex baked us some bread.

❹ 알렉스는 / 사 주었다 / 우리에게 / 빵을 좀
Alex bought us some bread.

❺ 알렉스는 / 사 주었다 / 그녀에게 / 빵을 좀
Alex bought her some bread.

❻ 알렉스는 / 사 줄 것이다 / 그녀에게 / 빵을 좀
Alex will buy her some bread.

❼ 알렉스는 / 사 주지 않을 것이다 / 그녀에게 / 빵을
Alex won't buy her any bread.

❽ 알렉스는 / 사 주지 않았다 / 그녀에게 / 빵을
Alex didn't buy her any bread.

❾ 알렉스는 / 만들어 주지 않았다 / 그녀에게 / 빵을
Alex didn't make her any bread.

❿ 알렉스는 / 만들어 주지 않았다 / 그들에게 / 빵을
Alex didn't make them any bread.

⓫ 알렉스는 / 만들어 주지 않았다 / 그들에게 / 연을
Alex didn't make them a kite.

⓬ 알렉스는 / 만들어 주었다 / 그들에게 / 연을
Alex made them a kite.

117쪽

03 4형식 문장이 손에 붙는다!

❶ 엄마는 그에게 연을 몇 개 만들어 주었다.
Mom made him some kites.

❷ 사라는 그에게 연을 몇 개 만들어 주었다.
Sarah made him some kites.

❸ 사라는 그에게 새장을 만들어 주었다.
Sarah made him a birdhouse.

❹ 사라는 그에게 새장을 지어 주었다.
Sarah built him a birdhouse.

❺ 사라는 그에게 개집을 지어 주고 있다.
Sarah is building him a doghouse.

❻ 사라는 내게 개집을 지어 주고 있다.
Sarah is building me a doghouse.

❼ 아빠는 내게 개집을 지어 주고 있다.
Dad is building me a doghouse.

❽ 아빠는 내게 노래를 불러 주고 있다.
Dad is singing me a song.

❾ 아빠는 내게 노래를 불러 주었다.
Dad sang me a song.

❿ 아빠와 엄마는 내게 노래를 불러 주었다.
Dad and mom sang me a song.

TIP

4형식 문장을 3형식 문장으로 바꾸기

이 단원의 문장들은 모두 간접 목적어를 전치사 for 뒤로 보내 3형식 문장으로도 쓸 수 있어.
〈make/buy/build/sing/bake + 직접 목적어 + for + 간접 목적어〉로 쓰는 거야.
Mom made me a cake.(4형식) = Mom made a cake for me.(3형식)

04 서술형, 수행평가에도 통하는 영작문!

◆ STEP 01

지난주 일요일 우리 가족은 함께 시간을 보냈다. 아빠는 내게 새장을 만들어 주었다. 엄마는 우리에게 쿠키를 좀 구워 주었다. 나는 그들에게 노래를 몇 곡 불러 주었다. 우리는 즐거운 시간을 보냈다!

last Sunday: 지난주 일요일에
때를 나타내는 말은 문장 맨 앞에 쓰기도 해.

Last Sunday, my family spent time together. Dad made me a birdhouse. Mom baked us some cookies. I sang them some songs. We had a good time!

◆ STEP 02

지난 주말 우리 가족은 함께 시간을 보냈다. 아빠는 내게 개집을 지어 주었다. 엄마는 우리에게 케이크를 좀 만들어 주었다. 내 언니와 나는 그들에게 노래를 불러 주었다. 우리는 즐거운 시간을 보냈다!

Last weekend, my family spent time together. Dad built me a doghouse. Mom made us some cakes. My sister and I sang them a song. We had a good time!

118쪽

확인 문제

❷ am going to make ❸ are going to bring

◆ 꼭 알아야 할 단어

email 이메일	some 약간의	doll 인형
any 아무	fruit 과일	water 물

119쪽

01 채우면 4형식 문장이 보인다!

부정형은 줄임말로 써 보자.

be going to: ~할 예정이다, ~할 것이다

	주어	동사	간접 목적어	직접 목적어
❶	나는 I	줄 예정이다 am going to give	그녀에게 her	인형을 a doll.
❷	그는 He	만들어 줄 예정이다 is going to make	그녀에게 her	인형을 a doll.
❸	그는 He	만들어 주지 않을 예정이다 isn't going to make	그녀에게 her	인형을 a doll.
❹	그들은 They	사 주지 않을 예정이다 aren't going to buy	그녀에게 her	인형을 a doll.

부정문일 때는 be동사 뒤에 not을 넣어.
I am not going to ~
We/You/They are not[aren't] going to ~
He/She is not[isn't] going to ~

02 쓰다 보면 어순 감각이 생긴다!

부정형은 줄임말로 써 보자.

❶ 그들은 / 사 줄 예정이다 / 그에게 / 선물을
They are going to buy him a gift.

❷ 나는 / 사 줄 예정이다 / 그에게 / 선물을
I am going to buy him a gift.

❸ 나는 / 사 주지 않을 예정이다 / 그에게 / 선물을
I am not going to buy him a gift.

❹ 우리는 / 사 주지 않을 예정이다 / 그에게 / 선물을
We aren't going to buy him a gift.

❺ 우리는 / 보내지 않을 예정이다 / 그에게 / 선물을
We aren't going to send him a gift.

❻ 우리는 / 보낼 예정이다 / 그녀에게 / 선물을
We are going to send her a gift.

❼ 에밀리는 / 보낼 예정이다 / 그녀에게 / 이메일을
Emily is going to send her an email.

❽ 에밀리는 / 쓸 예정이다 / 그녀에게 / 이메일을
Emily is going to write her an email.

❾ 에밀리는 / 쓰지 않을 예정이다 / 그녀에게 / 이메일을
Emily isn't going to write her an email.

❿ 에밀리는 / 쓰지 않을 예정이다 / 나에게 / 이메일을
Emily isn't going to write me an email.

120쪽

03 4형식 문장이 손에 붙는다!

부정형은 줄임말로 써 보자.

❶ 크리스는 나에게 카드를 만들어 주지 않을 예정이다.
Chris isn't going to make me a card.

❷ 크리스는 나에게 인형을 만들어 주지 않을 예정이다.
Chris isn't going to make me a doll.

❸ 크리스는 나에게 인형을 만들어 줄 예정이다.
Chris is going to make me a doll.

❹ 우리 부모님은 나에게 인형을 만들어 줄 예정이다.
My parents are going to make me a doll.

❺ 우리 부모님은 나에게 인형을 가져다 줄 예정이다.
My parents are going to bring me a doll.

❻ 우리 부모님은 나에게 과일을 좀 가져다 줄 예정이다.
My parents are going to bring me some fruit.

❼ 그들은 나에게 과일을 좀 가져다 줄 예정이다.
They are going to bring me some fruit.

❽ 그들은 우리에게 과일을 가져다 주지 않을 예정이다.
They aren't going to bring us any fruit.

❾ 그들은 우리에게 물을 가져다 주지 않을 예정이다.
They aren't going to bring us any water.

❿ 그들은 그에게 물을 가져다 주지 않을 예정이다.
They aren't going to bring him any water.

04 서술형, 수행평가에도 통하는 영작문!

◆ STEP 01

우리 삼촌은 제주도에 사신다. 나는 8월에 그를 방문할 예정이다. 나는 오늘 그에게 이메일을 쓸 예정이다. 이번 주 일요일이 그의 생일이어서 나는 오늘 그에게 선물도 보낼 예정이다.

My uncle lives in Jeju island. I am going to visit him in August. I am going to write him an email today. This Sunday is his birthday, so I am going to send him a gift today, too.

◆ STEP 02

우리 이모는 도쿄[Tokyo]에 사신다. 나는 1월에 그녀를 방문할 예정이다. 다음 주 일요일이 그녀의 생일이어서 나는 오늘 그녀에게 선물을 보내고, 이메일을 쓸 예정이다.

My aunt lives in Tokyo. I am going to visit her in January. Next Sunday is her birthday, so I am going to send her a gift and write her an email today.

37 '~하는 방법'을 나타낼 때는?

121쪽

◆ 꼭 알아야 할 단어

where 어디에	ride 타다	swim 수영하다	what 무엇을
ski 스키를 타다	when 언제	how 어떻게	soccer 축구

122쪽

01 채우면 4형식 문장이 보인다!

	주어	동사	간접 목적어	직접 목적어
1	나는 I	가르쳐 줄 예정이다 am going to teach	그들에게 them	수영하는 방법을 how to swim.
2	나는 I	보여 줄 예정이다 am going to show	그들에게 them	어디로 갈지 where to go.
3	나는 I	보여 주었다 showed	그에게 him	무엇을 할지 what to do.
4	나는 I	말해 주었다 told	그에게 him	언제 갈지 when to go.

02 쓰다 보면 어순 감각이 생긴다!

부정형은 줄임말로 써 보자.

1. 나는 / 말해 줄 예정이다 / 그들에게 / 언제 갈지
I am going to tell them when to go.
2. 나는 / 말해 줄 예정이다 / 그들에게 / 어디에 갈지
I am going to tell them where to go.
3. 그는 / 말해 줄 예정이다 / 그들에게 / 어디에 갈지
He is going to tell them where to go.
4. 그는 / 말해 주지 않을 예정이다 / 그들에게 / 어디에 갈지
He isn't going to tell them where to go.
5. 그는 / 말해 주지 않을 예정이다 / 그들에게 / 무엇을 할지
He isn't going to tell them what to do.
6. 그는 / 말하지 않았다 / 그들에게 / 무엇을 할지
He didn't tell them what to do.
7. 그는 / 말하지 않았다 / 우리에게 / 무엇을 할지
He didn't tell us what to do.
8. 그는 / 말하지 않았다 / 우리에게 / 그것을 어떻게 할지
He didn't tell us how to do it.
9. 그는 / 보여 주지 않았다 / 우리에게 / 그것을 어떻게 할지
He didn't show us how to do it.
10. 그는 / 보여 주었다 / 우리에게 / 그것을 어떻게 할지
He showed us how to do it.

123쪽

03 4형식 문장이 손에 붙는다!

1. 그녀는 우리에게 수영하는 방법을 보여 주었다.
She showed us how to swim.
2. 그녀는 나에게 수영하는 방법을 보여 주었다.
She showed me how to swim.
3. 그녀는 나에게 수영하는 방법을 보여 줄 것이다.
She will show me how to swim.
4. 그녀는 나에게 스키 타는 방법을 보여 줄 것이다.
She will show me how to ski.
5. 사라는 나에게 스키 타는 방법을 보여 줄 것이다.
Sarah will show me how to ski.
6. 사라는 나에게 스키 타는 방법을 가르쳐 줄 것이다.
Sarah will teach me how to ski.
7. 사라는 나에게 자전거 타는 방법을 가르쳐 줄 것이다.
Sarah will teach me how to ride a bike.
8. 알렉스는 나에게 자전거 타는 방법을 가르쳐 줄 것이다.
Alex will teach me how to ride a bike.
9. 알렉스는 나에게 자전거 타는 방법을 가르쳐 주었다.
Alex taught me how to ride a bike.
10. 알렉스는 나에게 축구하는 방법을 가르쳐 주었다.
Alex taught me how to play soccer.

04 서술형, 수행평가에도 통하는 영작문!

◆ STEP 01

우리 가족은 방학 동안에 나에게 몇 가지를 가르쳐 주었다. 우리 아버지는 내게 수영하는 방법을 가르쳐 주셨다. 우리 어머니는 내게 자전거 타는 방법을 가르쳐 주셨다. 내 형은 내게 축구하는 방법을 가르쳐 주었다.

My family taught me a few things during the vacation. My father taught me how to swim. My mother taught me how to ride a bike. My brother taught me how to play soccer.

during: 동안에

◆ STEP 02

가족들이 미리 계획해서 가르쳐 주는 의미가 강하니까 be going to를 활용해서 글을 써 봐.

우리 가족은 방학 동안에 나에게 몇 가지를 가르쳐 줄 예정이다. 우리 아버지는 내게 자전거 타는 방법을 가르쳐 줄 예정이다. 우리 어머니는 내게 스키 타는 방법을 가르쳐 줄 예정이다. 내 형은 내게 농구 하는 방법을 가르쳐 줄 예정이다.

My family is going to teach me a few things during the vacation. My father is going to teach me how to ride a bike. My mother is going to teach me how to ski. My brother is going to teach me how to play basketball.

124쪽

01. 채우면 4형식 문장이 보인다!

❷ made, me ❸ I, am going to write, her, an email ❹ He, taught, me, how to swim ❺ He, will tell, her, what to do ❻ She, can make, them, a pizza

125쪽

02 쓰다 보면 어순 감각이 생긴다!

❶ 그녀는 / 만들어 줄 수 있다 / 우리에게 / 피자를
She can make us a pizza.

❷ 그 요리사는 / 만들어 줄 수 있다 / 우리에게 / 피자를
The cook can make us a pizza.

❸ 그 요리사는 / 만들어 줄 수 있다 / 나에게 / 피자를 [can 활용]
The cook can make me a pizza.

❹ 그는 / 만들어 줄 수 있다 / 나에게 / 피자를
He can make me a pizza.

❺ 그는 / 만들어 줄 수 있다 / 나에게 / 새집을
He can make me a birdhouse.

❻ 그는 / 만들어 줄 수 있다 / 그녀에게 / 새집을 [can 활용]
He can make her a birdhouse.

❼ 그는 / 사 줄 수 있다 / 그녀에게 / 새집을
He can buy her a birdhouse.

❽ 그는 / 사 줄 예정이다 / 그녀에게 / 새집을
He is going to buy her a birdhouse.

❾ 에밀리의 아버지는 / 사 줄 예정이다 / 그녀에게 / 새집을
Emily's father is going to buy her a birdhouse.

❿ 에밀리의 아버지는 / 사 줄 예정이다 / 그녀에게 / 책을
Emily's father is going to buy her a book.

⓫ 에밀리의 아버지는 / 줄 예정이다 / 그녀에게 / 책을 [be going to 활용]
Emily's father is going to give her a book.

⓬ 알렉스의 아버지는 / 줄 예정이다 / 그에게 / 책을
Alex's father is going to give him a book.

⓭ 알렉스의 아버지는 / 주었다 / 그에게 / 책을
Alex's father gave him a book.

⓮ 그의 아버지는 / 주었다 / 그에게 / 책을
His father gave him a book.

⓯ 그 선생님은 / 주었다 / 그에게 / 책을
The teacher gave him a book.

⓰ 그 선생님은 / 보냈다 / 그에게 / 책을
The teacher sent him a book.

⓱ 그 선생님은 / 보냈다 / 그들에게 / 몇 권의 책을
The teacher sent them some books.

⓲ 그 선생님은 / 보냈다 / 그들에게 / 몇 대의 컴퓨터를
The teacher sent them some computers.

⓳ 우리는 / 보냈다 / 그들에게 / 몇 대의 컴퓨터를
We sent them some computers.

⓴ 우리는 / 보낼 예정이다 / 그들에게 / 몇 대의 컴퓨터를 [be going to 활용]
We are going to send them some computers.

TIP 시제 정리

	현재 시제	과거 시제	미래 시제(be going to로 표현)
I/You/We	I send him a book. 나는 그에게 책을 보낸다.	I sent him a book. 나는 그에게 책을 보냈다.	I am going to send him a book. 나는 그에게 책을 보낼 예정이다.
He/She/It	She sends him a book. 그녀는 그에게 책을 보낸다.	She sent him a book. 그녀는 그에게 책을 보냈다.	She is going to send him a book. 그녀는 그에게 책을 보낼 예정이다.

126쪽

03 4형식 문장이 손에 붙는다!

❶ 우리는 그들에게 몇 개의 책상을 보낼 것이다.
We will send them some desks.

❷ 우리는 그들에게 몇 개의 책상을 보여 줄 것이다.
We will show them some desks.

❸ 우리는 그들에게 지도를 하나 보여 줄 것이다.
We will show them a map.

❹ 우리는 그에게 지도를 하나 보여 줄 것이다. [will 활용]
We will show him a map.

❺ 우리는 그에게 무엇을 할지 보여 줄 것이다.
We will show him what to do.

❻ 나는 그에게 무엇을 할지 보여 줄 것이다. [will 활용]
I will show him what to do.

❼ 나는 그에게 무엇을 할지 보여 주었다.
I showed him what to do.

❽ 나는 그에게 스키 타는 방법을 보여 주었다.
I showed him how to ski.

❾ 나는 그에게 스키 타는 방법을 가르쳐 주었다.
I taught him how to ski.

❿ 그녀는 그에게 스키 타는 방법을 가르쳐 주었다.
She taught him how to ski.

⓫ 그녀는 그에게 수영하는 방법을 가르쳐 주었다.
She taught him how to swim.

⓬ 그녀는 그에게 수영하는 방법을 가르쳐 줄 수 있다. [can 활용]
She can teach him how to swim.

⓭ 그들은 그에게 수영하는 방법을 가르쳐 줄 것이다.
They will teach him how to swim.

⓮ 우리 아버지는 그에게 수영하는 방법을 가르쳐 줄 예정이다. [be going to 활용]
My father is going to teach him how to swim.

04 서술형, 수행평가에도 통하는 영작문!

우리 부모님은 지난 주말에 나와 함께 시간을 보냈다. 우리 아버지는 토요일에 내게 수영하는 법을 가르쳐 주셨다. 우리 어머니는 일요일에 내게 피자를 만들어 주셨다. 그래서 나는 오늘 그들에게 감사 카드[thank-you card]를 썼다.

My parents spent time with me last weekend. My father taught me how to swim on Saturday. My mother made me a pizza on Sunday. So, I wrote a thank-you card to them today. [So, I wrote them a thank-you card today.]

39 '~하니?', '~할 거니?'라고 물어볼 때는?

128쪽

01 채우면 문장이 보인다!

❶

~하니	그들은	일하다	오늘	
Do	they	work	today?	1형식 문장
의문문 조동사	주어	동사	부사	

❷

~하니	그녀는	보이다	걱정스러운	
Does	she	look	worried?	2형식 문장
의문문 조동사	주어	동사	보어	

❸

~할 거니	너는	쓰다	카드를	
Will	you	write	a card?	3형식 문장
조동사	주어	동사	목적어	

❹

~할 거니	너는	쓰다	그에게	카드를	
Will	you	write	him	a card?	4형식 문장
조동사	주어	동사	간접 목적어	직접 목적어	

02 쓰다 보면 어순 감각이 생긴다!

❶ ~할 거니 / 너는 / 쓰다 / 그녀에게 / 카드를
Will you write her a card?

❷ ~할 거니 / 너는 / 쓰다 / 그녀에게 / 이메일을
Will you write her an email?

❸ ~할 거니 / 너는 / 쓰다 / 이메일을 / 그녀에게
Will you write an email to her?

❹ ~할 거니 / 너는 / 보내다 / 이메일을 / 그녀에게 [3형식으로]
Will you send an email to her?

❺ ~할 거니 / 너는 / 보내다 / 선물을 / 그녀에게
Will you send a gift to her?

❻ ~할 거니 / 너는 / 사다 / 선물을 / 그녀를 위해
Will you buy a gift for her?

❼ ~할 거니 / 그는 / 사다 / 선물을 / 그녀를 위해 [3형식으로]
Will he buy a gift for her?

❽ ~할 거니 / 그는 / 사 주다 / 그녀에게 / 선물을
Will he buy her a gift?

❾ ~할 거니 / 그는 / 사 주다 / 그녀에게 / 케이크를
Will he buy her a cake?

❿ ~할 거니 / 그는 / 만들어 주다 / 그녀에게 / 케이크를
Will he make her a cake?

⓫ ~할 거니 / 그는 / 만들다 / 케이크를
Will he make a cake?

⓬ ~할 거니 / 그는 / 먹다 / 케이크를
Will he eat a cake?

129쪽

03 문장이 손에 붙는다!

❶ 그는 토요일에 학교에 가니?
Does he go to school on Saturday?

❷ 그녀는 토요일에 학교에 가니?
Does she go to school on Saturday?

❸ 그들은 토요일에 학교에 가니?
Do they go to school on Saturday?

❹ 너는 토요일에 도서관에 가니?
Do you go to the library on Saturday?

❺ 너희 오빠는 도서관에 가니?
Does your brother go to the library?

❻ 너희 오빠는 잘생겨 보이니?
Does your brother look handsome?

❼ 너희 아버지는 잘생겨 보이니?
Does your father look handsome?

❽ 너희 아버지는 걱정스러워 보이니?
Does your father look worried?

❾ 너희 부모님은 걱정스러워 보이니?
Do your parents look worried?

❿ 그들은 걱정스러워 보이니?
Do they look worried?

04 서술형, 수행평가에도 통하는 영작문!

◆ STEP 01

너는 아침에 늦게 일어나니? 너는 아침을 거르니? 너는 매일 학교에 가니? 너는 오후에 운동하니? 안 하니? 나와 같이 수영 배울래? 우리 아버지가 내게 수영하는 방법을 가르쳐 주고 있어.

get up: 일어나다 / late: 늦게 ↔ early: 일찍 / skip breakfast: 아침을 거르다 / exercise: 운동하다

Do you get up late in the morning? Do you skip breakfast? Do you go to school every day? Do you exercise in the afternoon? You don't? Will you learn to swim with me? My father is teaching me how to swim.

◆ STEP 02

너는 아침에 일찍 일어나니? 너는 아침을 먹니? 너는 매일 학교에 가니? 너는 방과 후에 운동하니? 안 하니? 나와 축구 배울래? 우리 아버지가 내게 축구하는 방법을 가르쳐 주고 있어.

Do you get up early in the morning? Do you have[eat] breakfast? Do you go to school every day? Do you exercise after school? You don't? Will you learn to play soccer with me? My father is teaching me how to play soccer.

after school: 방과 후에

130쪽

확인 문제

❶ Alex ❷ our friends

◆ 꼭 알아야 할 단어

baby 아기	pet bird 애완용 새	name 이름을 짓다
call 부르다	hero 영웅	champion 챔피언

131쪽

01 채우면 5형식 문장이 보인다!

	주어	동사	목적어	목적격 보어
❶	그는 He	불렀다 called	그녀를 her	그의 친구라고 his friend.
❷	그녀는 She	불렀다 called	그를 him	그녀의 오빠라고 her brother .
❸	그들은 They	이름을 지을 예정이다 are going to name	그들의 아기를 their baby	알렉스라고 Alex.
❹	무엇이 What	만들었는가 made	그를 him	스타가 a star?

어떻게 해서 그는 스타가 되었는가?

02 쓰다 보면 어순 감각이 생긴다!

문제를 푼 후 목적격 보어에 동그라미 표시를 해 보자.

❶ 그녀는 / 이름을 지을 예정이다 / 그녀의 아기를 / 크리스라고
She is going to name her baby Chris.

❷ 그녀는 / 이름을 지었다 / 그녀의 아기를 / 크리스라고
She named her baby Chris.

❸ 그들은 / 이름을 지었다 / 그들의 아기를 / 크리스라고
They named their baby Chris.

❹ 우리는 / 이름을 지었다 / 우리의 아기를 / 크리스라고
We named our baby Chris.

❺ 우리는 / 이름을 지었다 / 우리의 애완용 새를 / 비키라고
We named our pet bird Beaky.

❻ 그는 / 이름을 지었다 / 그의 애완용 새를 / 비키라고
He named his pet bird Beaky.

❼ 그는 / 불렀다 / 그의 애완용 새를 / 비키라고
He called his pet bird Beaky.

❽ 그는 / 부를 예정이다 / 그의 애완용 새를 / 비키라고
He is going to call his pet bird Beaky.

❾ 나는 / 부를 예정이다 / 나의 애완용 새를 / 비키라고 [be going to 활용]
I am going to call my pet bird Beaky.

❿ 나는 / 불렀다 / 그녀를 / 내 언니라고
I called her my sister.

132쪽

03 5형식 문장이 손에 붙는다!

❶ 어떻게 해서 그는 영웅이 되었는가? [무엇이 그를 영웅으로 만들었는가?]
What made him a hero?

❷ 어떻게 해서 그녀는 영웅이 되었는가? [무엇이 그녀를 영웅으로 만들었는가?]
What made her a hero?

❸ 어떻게 해서 그녀는 스타가 되었는가? [무엇이 그녀를 스타로 만들었는가?]
What made her a star?

❹ 어떻게 해서 그들은 스타가 되었는가? [무엇이 그들을 스타로 만들었는가?]
What made them stars?

❺ 그것 덕분에 그들은 스타가 되었다. [그것이 그들을 스타로 만들었다.]
It made them stars.

❻ 그것 덕분에 그들은 영웅이 되었다. [그것이 그들을 영웅으로 만들었다.]
It made them heroes.

❼ 그것 덕분에 그녀는 영웅이 되었다. [그것이 그녀를 영웅으로 만들었다.]
It made her a hero.

❽ 그것 덕분에 그는 영웅이 되었다. [그것이 그를 영웅으로 만들었다.]
It made him a hero.

❾ 그것 덕분에 그는 챔피언이 되었다. [그것이 그를 챔피언으로 만들었다.]
It made him a champion.

❿ 그것 덕분에 나는 챔피언이 되었다. [그것이 나를 챔피언으로 만들었다.]
It made me a champion.

이때 it은 물건이 아니라 이 문장 앞에서 설명되었을 어떤 상황이나 이유 전체를 나타내는 거야.

04 서술형, 수행평가에도 통하는 영작문!

◆ STEP 01

브라운 씨 부부는 우리 이웃이었다. 그들은 아기가 한 명 있었다. 그들은 그들의 아기를 존이라고 불렀다. 존은 노래하는 것을 좋아했다. 그는 가수가 되고 싶어 했다. 그는 많이 연습했다. 마침내 그것 덕분에 그는 가수가 되었다.

Mr. and Ms.+성: ~ 씨 부부

Mr. and Ms. Brown were my neighbors. They had a baby. They called their baby John. John liked singing. He wanted to be a singer. He practiced a lot. Finally, it made him a singer.

finally: 마침내

◆ STEP 02

나의 삼촌과 외숙모는 서울에 살았다. 그들은 아기가 한 명 있었다. 그들은 그들의 아기를 에이미[Amy]라고 불렀다. 에이미는 춤추는 것을 좋아했다. 그녀는 댄서가 되고 싶어 했다. 그녀는 많이 연습했다. 마침내 그 덕분에 그녀는 댄서가 되었다.

My uncle and aunt lived in Seoul. They had a baby. They called their baby Amy. Amy liked dancing. She wanted to be a dancer. She practiced a lot. Finally, it made her a dancer.

41 누구(목적어)를 어떤 감정 상태가 되게 할 때

133쪽

확인 문제

❶ made her sad ❷ make me happy

◆ 꼭 알아야 할 단어

bored 지루한, 따분한	movie 영화	story 이야기
play 연극	sleepy 졸린	upset 마음이 상한

134쪽

01 채우면 5형식 문장이 보인다!

	주어	동사	목적어	목적격 보어	
❶	너는 You	만들었다 made	나를 me	기쁜 happy.	너로 인해 나는 기뻤다.
❷	너는 You	만들었다 made	나를 me	화나는 angry.	너 때문에 나는 화가 났다.
❸	이 이야기는 This story	만들었다 made	우리를 us	지루한 bored.	이 이야기 때문에 우리는 지루해졌다.
❹	그 영화는 The movie	만들었다 made	우리를 us	슬픈 sad.	그 영화 때문에 우리는 슬펐다.

이야기를 읽었는데 지루했거나 영화를 봤는데 슬펐다면 그 이야기나 영화로 인해 그런 느낌을 갖게 된 거잖아. 이럴 때 사물 주어와 사역동사를 활용해 이런 문장을 만들 수 있어.

02 쓰다 보면 어순 감각이 생긴다!

❶ 그 영화는 / 만들었다 / 그들을 / 슬픈
The movie made them sad.

❷ 그 영화는 / 만들었다 / 그녀를 / 슬픈
The movie made her sad.

❸ 그 노래는 / 만들었다 / 그녀를 / 슬픈
The song made her sad.

❹ 그 노래는 / 만들었다 / 그녀를 / 지루한
The song made her bored.

❺ 그 노래는 / 만들었다 / 우리를 / 지루한
The song made us bored.

❻ 그 연극은 / 만들었다 / 우리를 / 지루한
The play made us bored.

❼ 그 연극은 / 만들었다 / 우리를 / 졸린
The play made us sleepy.

❽ 그 연극은 / 만들었다 / 그를 / 졸린
The play made him sleepy.

❾ 그 이야기는 / 만들었다 / 그를 / 졸린
The story made him sleepy.

❿ 그 이야기는 / 만들었다 / 그를 / 행복한
The story made him happy.

⓫ 그 이야기는 / 만들었다 / 나를 / 행복한
The story made me happy.

⓬ 그 책은 / 만들었다 / 나를 / 행복한
The book made me happy.

135쪽

03 5형식 문장이 손에 붙는다!

❶ 너로 인해 나는 매우 행복했다. [너는 나를 매우 행복하게 해 주었다.]
You made me so happy.
(so: 매우 형용사를 강조해 주는 부사야.)

❷ 너 때문에 나는 매우 기분 상했다. [너는 나를 매우 기분 상하게 했다.]
You made me so upset.

❸ 내 남자친구 때문에 나는 매우 기분 상했다. [내 남자친구는 나를 매우 기분 상하게 했다.]
My boyfriend made me so upset.

❹ 그녀의 남자친구 때문에 그녀는 매우 기분 상했다. [그녀의 남자친구는 그녀를 매우 기분 상하게 했다.]
Her boyfriend made her so upset.

❺ 그녀의 남동생 때문에 그녀는 매우 기분 상했다. [그녀의 남동생은 그녀를 매우 기분 상하게 했다.]
Her brother made her so upset.

❻ 내 남동생 때문에 나는 매우 기분 상했다. [내 남동생은 나를 매우 기분 상하게 했다.]
My brother made me so upset.

❼ 내 여자친구 때문에 나는 매우 화났다. [내 여자친구는 나를 매우 화나게 했다.]
My girlfriend made me so angry.

❽ 그의 여자친구 때문에 그는 화났다. [그의 여자친구는 그를 화나게 했다.]
His girlfriend made him angry.

❾ 그녀의 남자친구 때문에 그녀는 화났다. [그녀의 남자친구는 그녀를 화나게 했다.]
Her boyfriend made her angry.

❿ 그녀의 남자친구로 인해 그녀는 행복했다. [그녀의 남자친구는 그녀를 행복하게 해 주었다.]
Her boyfriend made her happy.

04 서술형, 수행평가에도 통하는 영작문!

◆ STEP 01

지난주 토요일에 우리는 매우 따분했다. 우리는 할 일이 없었다. 우리는 영화를 보러 가기로 결정했다. 영화는 매우 재미있었다. 그것(영화) 덕분에 우리는 행복했다. 우리는 정말 영화를 즐겁게 보았다[영화 보는 것을 즐겼다].

Last Saturday, we were very bored. We didn't have anything to do. We decided to go to the movies. The movie was very interesting. It made us happy. We really enjoyed seeing the movie.

◆ STEP 02

지난 주말에 나는 매우 따분했다. 나는 할 일이 없었다. 나는 책을 읽었다. 그 책은 매우 재미있었다. 그것(책) 덕분에 나는 행복했다. 나는 정말 책을 즐겁게 읽었다[책 읽는 것을 즐겼다].

Last weekend, I was very bored. I didn't[did not] have anything to do. I read a book. The book was very interesting. It made me happy. I really enjoyed reading the book.

136쪽

확인 문제

❶ makes me cry ❷ made them laugh

◆ 꼭 알아야 할 단어

son 아들	laugh 웃다	think 생각하다
cry 울다	daughter 딸	shop 가게, 상점

137쪽

01 채우면 5형식 문장이 보인다!

	주어	동사	목적어	목적격 보어	부사구	
❶	이 노래는 This song	만들었다 made	나를 me	울다 cry.		이 노래 때문에 나는 울었다.
❷	이 이야기는 This story	만들었다 made	나를 me	웃다 laugh.		이 이야기 때문에 나는 웃었다.
❸	우리 어머니는 My mother	만들었다 made	나를 me	가다 go	그 가게에 to the shop.	우리 어머니는 나를 그 가게에 가도록 했다.
❹	무엇이 What	만든다 makes	너를 you	그렇게 생각하다 think so?		뭐 때문에 너는 그렇게 생각하는 거니?

02 쓰다 보면 어순 감각이 생긴다!

❶ 무엇이 / 만들었다 / 당신을 / 생각하게 / 그렇게
What made you think so?

❷ 무엇이 / 만든다 / 당신을 / 생각하게 / 그렇게
What makes you think so?

❸ 무엇이 / 만들었다 / 그들을 / 생각하게 / 그렇게
What made them think so?

❹ 그것이 / 만들었다 / 그들을 / 생각하게 / 그렇게
It made them think so.

❺ 그것이 / 만들었다 / 그들을 / 그곳에 가다
It made them go there.

❻ 그것이 / 만들었다 / 나를 / 그곳에 가다
It made me go there.

❼ 우리 어머니가 / 만들었다 / 나를 / 그 가게에 가다
My mother made me go to the shop.

❽ 그의 어머니가 / 만들었다 / 그를 / 그 가게에 가다
His mother made him go to the shop.

❾ 그의 어머니가 / 만들었다 / 그를 / 그 학교에 가다
His mother made him go to the school.

특정한 학교니까 the가 붙었어.

❿ 그녀의 어머니가 / 만들었다 / 그녀를 / 그 학교에 가다
Her mother made her go to the school.

138쪽

03 5형식 문장이 손에 붙는다!

❶ (그녀의) 딸 때문에 그녀는 웃었다.
Her daughter made her laugh.
우리말은 '그녀의' 딸이라고 꼭 언급하지 않아도 되지만, 영어는 'her' daughter라고 소유격을 명사 앞에 써 줘야 해.

❷ (그의) 딸 때문에 그는 웃었다.
His daughter made him laugh.

❸ (그의) 아들 때문에 그는 웃었다.
His son made him laugh.

❹ 그 영화 때문에 그는 웃었다.
The movie made him laugh.

❺ 그 영화 때문에 알렉스는 웃었다.
The movie made Alex laugh.

❻ 그 영화 때문에 알렉스는 울었다.
The movie made Alex cry.

❼ 그 노래 때문에 알렉스는 울었다.
The song made Alex cry.

❽ 그 노래 때문에 그녀는 울었다.
The song made her cry.

❾ 이 이야기 때문에 그녀는 울었다.
This story made her cry.

❿ 이 이야기 때문에 나는 울었다.
This story made me cry.

04 서술형, 수행평가에도 통하는 영작문!

◆ STEP 01

존슨 씨 부부에게는 딸이 하나 있었다. 그녀는 매우 귀여웠다. 그녀 때문에 그들은 행복했다. 그녀는 항상 그들을 웃게 해 주었다. 나중에, 그녀는 작곡가가 되었다. 그녀는 많은 노래를 만들었고, 그녀의 노래 덕분에 사람들은 행복했다.

Mr. and Mrs. Johnson had a daughter. She was very cute. She made them happy. She always made them laugh. Later, she became a song writer. She made a lot of songs, and her songs made people happy.

later: 나중에, 후에
부사라서 문장 맨 앞에 올 수 있어.

◆ STEP 02

밀러[Miller] 씨 부부에게는 아들이 하나 있었다. 그는 매우 귀여웠다. 그 때문에 그들은 행복했다. 그는 항상 그들을 웃게 해 주었다. 나중에, 그는 코미디언이 되었다. 그는 매일 텔레비전에 나왔고, 그의 쇼 덕분에 사람들은 행복했다.

Mr. and Mrs. Miller had a son. He was very cute. He made them happy. He always made them laugh. Later, he became a comedian. He was on TV every day, and his show made people happy.

comedian: 코미디언
be on TV: 텔레비전에 나오다
show: 쇼, 프로그램

43 누구(목적어)에게 어떤 행동을 하게 할 때(2)

139쪽

◆ 꼭 알아야 할 단어

fix 고치다	man 남자	woman 여자
hair 머리	cut 자르다	rest 휴식하다

140쪽

01 채우면 5형식 문장이 보인다!

1

나는	시켰다	그에게	내 차를 수리하다
I	had	him	fix my car.
주어	동사	목적어	목적격 보어

나는 그에게 차 수리를 받았다.

2

나는	시킬 것이다	그녀에게	내 머리를 자르다
I	will have	her	cut my hair.
주어	동사	목적어	목적격 보어

나는 그녀에게 머리를 자를 것이다.

3

그녀는	~하게 해 주었다	내가	수영하러 가다
She	let	me	go swimming.
주어	동사	목적어	목적격 보어

그녀는 내가 수영하러 가게 해 주었다.

4

그녀는	~하게 해 주지 않았다	그들이	쉬다
She	didn't let	them	take a rest.
주어	동사	목적어	목적격 보어

그녀는 그들이 쉬게 해 주지 않았다.

take a rest: 휴식을 취하다, 쉬다

02 쓰다 보면 어순 감각이 생긴다!

1 그녀는 / ~하게 해 주었다 / 그들이 / 쉬다
She let them take a rest.

2 그녀는 / ~하게 해 주었다 / 우리가 / 쉬다
She let us take a rest.

3 밀러 선생님은 / ~하게 해 주었다 / 우리가 / 쉬다
Mr. Miller let us take a rest.

4 밀러 선생님은 / ~하게 해 주었다 / 우리가 / 수영하러 가다
Mr. Miller let us go swimming.

5 밀러 선생님은 / ~하게 해 주었다 / 내가 / 수영하러 가다
Mr. Miller let me go swimming.

go+동사-ing: ~하러 가다
go swimming: 수영하러 가다
go skiing: 스키 타러 가다

6 밀러 선생님은 / ~하게 해 주지 않았다 / 내가 / 수영하러 가다
Mr. Miller didn't let me go swimming.

7 밀러 선생님은 / ~하게 해 주지 않았다 / 내가 / 스키 타러 가다
Mr. Miller didn't let me go skiing.

8 그녀의 아버지는 / ~하게 해 주지 않았다 / 그녀가 / 스키 타러 가다
Her father didn't let her go skiing.

9 그녀의 부모님은 / ~하게 해 주지 않았다 / 그녀가 / 스키 타러 가다
Her parents didn't let her go skiing.

10 그녀의 부모님은 / ~하게 해 주었다 / 그녀가 / 스키 타러 가다
Her parents let her go skiing.

141쪽

03 5형식 문장이 손에 붙는다!

1 그녀의 부모님은 그에게 그들의 차를 수리 받았다.
Her parents had him fix their car.

2 그녀는 그에게 그녀의 차를 수리 받았다.
She had him fix her car.

3 그녀는 그에게 그녀의 자전거를 수리 받았다.
She had him fix her bike.

4 나는 그에게 내 자전거를 수리 받았다.
I had him fix my bike.

5 나는 그에게 내 자전거를 수리 받을 것이다.
I will have him fix my bike.

6 나는 그에게 내 머리를 자를 것이다.
I will have him cut my hair.

7 크리스는 그 남자에게 그의 머리를 자를 것이다.
Chris will have the man cut his hair.

8 크리스는 그 남자에게 그의 머리를 잘랐다.
Chris had the man cut his hair.

9 사라는 그 남자에게 그녀의 머리를 잘랐다.
Sarah had the man cut her hair.

10 사라는 그 여자에게 그녀의 머리를 잘랐다.
Sarah had the woman cut her hair.

TIP • 5형식 구문 <주어+동사+목적어+목적격 보어> 쉽게 이해하기
주어 다음의 동사는 항상 주어의 상태나 주어가 하는 행동에 대해 말해. 목적어의 상태나 목적어가 하는 행동은 목적어 바로 뒤의 목적격 보어로 나타내지.

주어 → 동사 / 목적어 → 목적격 보어
I had him fix my bike.
(내가 시킨 거야) (그가 내 자전거를 수리하도록)

04 서술형, 수행평가에도 통하는 영작문!

◆ STEP 01

내 머리가 너무 길다. 내 이모가 미용사다. 나는 그녀에게 내 머리를 자를 것이다. 우리 어머니가 곧 집에 돌아오실 것이다. 그녀는 내가 미용실에 가도록 해 주실 것이다.

My hair is too long. My aunt is a hairdresser. I will have her cut my hair. My mother will come back home soon. She will let me go to the hairdresser's.

◆ STEP 02

내 머리가 너무 길다. 내 삼촌이 미용사다. 나는 그에게 내 머리를 자를 것이다. 우리 아버지가 곧 집에 돌아오실 것이다. 그는 내가 미용실에 가도록 해 주실 것이다.

My hair is too long. My uncle is a hairdresser. I will have him cut my hair. My father will come back home soon. He will let me go to the hairdresser's.

142쪽

확인 문제

❶ fixed ❷ stolen

◆ 꼭 알아야 할 단어

fix(고치다)-fixed-fixed	steal(훔치다)-stole-stolen	hurt(다치게 하다)-hurt-hurt
break(부러뜨리다)-broke-broken	paint(페인트칠하다, 그리다)-painted-painted	

143쪽

01 채우면 5형식 문장이 보인다!

	주어	동사	목적어	목적격 보어	
❶	나는 I	시켰다[have 활용] had	내 차가 my car	수리된 fixed.	나는 내 차가 수리되도록 했다.
❷	나는 I	시켰다 got	내 시계가 my watch	수리된 fixed.	나는 내 시계가 수리되도록 했다.
❸	나는 I	당했다 had	내 자전거가 my bike	도둑맞은 stolen.	나는 내 자전거를 도둑맞았다.
❹	나는 I	당했다[have 활용] had	내 팔이 my arm	부러진 broken.	나는 팔이 하나 부러졌다.

한 팔을 다치면 ~ arm, 양팔을 다치면 ~ arms.

물건을 도난당하거나, 몸의 어딘가를 다쳤을 때도 사역동사 have를 사용할 수 있어. 이때 have는 '~당하다'는 의미로 쓰이는 거야.

02 쓰다 보면 어순 감각이 생긴다!

❶ 나는 / 당했다 / 내 다리가 / 부러진 [have 활용]
I had my leg broken.
(한쪽 다리를 다치면 ~ leg, 양다리를 다치면 ~ legs로 써.)

❷ 그는 / 당했다 / 그의 다리가 / 부러진 [have 활용]
He had his leg broken.

❸ 그는 / 당했다 / 그의 팔이 / 부러진
He had his arm broken.

❹ 그는 / 당했다 / 그의 팔을 / 다친
He had his arm hurt.

❺ 그녀는 / 당했다 / 그녀의 팔을 / 다친 [have 활용]
She had her arm hurt.

❻ 그녀는 / 당했다 / 그녀의 머리를 / 다친
She had her head hurt.

❼ 나는 / 당했다 / 내 머리를 / 다친 [have 활용]
I had my head hurt.

❽ 나는 / 당했다 / 내 머리를 / 다친
I got my head hurt.

❾ 나는 / 당했다 / 내 다리를 / 다친
I got my leg hurt.

❿ 그는 / 당했다 / 그의 다리가 / 부러진 [get 활용]
He got his leg broken.

⓫ 그녀는 / 당했다 / 그녀의 다리가 / 부러진 [get 활용]
She got her leg broken.

⓬ 그녀는 / 당했다 / 그녀의 다리가 / 부러진 [have 활용]
She had her leg broken.

144쪽

03 5형식 문장이 손에 붙는다!

have를 활용하여 영작을 해 보자.

❶ 그녀는 자신의 시계를 도둑맞았다.
She had her watch stolen.

❷ 그는 자신의 시계를 도둑맞았다.
He had his watch stolen.

❸ 그는 자신의 차를 도둑맞았다.
He had his car stolen.

❹ 나는 내 차를 도둑맞았다.
I had my car stolen.

❺ 나는 내 차를 페인트칠 받았다.
I had my car painted.

❻ 나는 내 집을 페인트칠 받았다.
I had my house painted.

❼ 나는 내 자전거를 페인트칠 받았다.
I had my bike painted.

❽ 나는 내 자전거를 수리 받았다.
I had my bike fixed.

❾ 나는 내 자전거를 수리 받을 것이다.
I will have my bike fixed.

❿ 나는 내 시계를 수리 받을 것이다.
I will have my watch fixed.

04 서술형, 수행평가에도 통하는 영작문!

have를 활용하여 영작을 해 보자.

◆ STEP 01

나는 오늘 끔찍한 하루를 보냈다. 나는 아침에 지하철에서 가방을 도둑맞았다. 나는 방과 후에 축구를 연습했다. 불행하게도, 나는 넘어져서 다리 하나가 부러졌다.

I had a terrible day today. I had my bag stolen on the subway in the morning. I practiced soccer after school. Unfortunately, I fell down and had my leg broken.

(on the subway: 지하철에서 / on the bus: 버스에서)

◆ STEP 02

알렉스[Alex]는 오늘 끔찍한 하루를 보냈다. 그는 아침에 버스에서 가방을 도둑맞았다. 그는 방과 후에 야구를 연습했다. 불행하게도, 그는 넘어져서 팔 하나가 부러졌다.

Alex had a terrible day today. He had his bag stolen on the bus in the morning. He practiced baseball after school. Unfortunately, he fell down and had his arm broken.

45 누가(목적어) 어떤 행동을 하는 것을 보거나 들을 때

145쪽

확인 문제

① He saw her sing. ② They heard him come.

◆ 꼭 알아야 할 단어

hear(듣다)-heard	see(보다)-saw	flute 플루트	moon 달
sun 해, 태양	cello 첼로	rise 뜨다, 오르다	set (해, 달이) 지다

146쪽

01 채우면 5형식 문장이 보인다!

①

나는	보았다	그녀가	춤추다
I	saw	her	dance.
주어	동사	목적어	목적격 보어

②

나는	보았다	해가	뜨다
I	saw	the sun	rise.
주어	동사	목적어	목적격 보어

③

그는	들었다	우리가	노래하다
He	heard	us	sing.
주어	동사	목적어	목적격 보어

④

그는	들었다	내가	플루트를 연주하다
He	heard	me	play the flute.
주어	동사	목적어	목적격 보어

목적격 대명사의 조사는 '~을/를'이나 '~에게'가 주로 쓰이지만, 5형식 문장에서는 목적격 보어의 의미상 주어가 되기 때문에 우리말 해석이 '~가/이'가 되는 거야.

02 쓰다 보면 어순 감각이 생긴다!

부정형은 줄임말로 써 보자.

① 그는 / 들었다 / 그녀가 / 플루트를 연주하다
He heard her play the flute.

② 나는 / 들었다 / 그녀가 / 플루트를 연주하다
I heard her play the flute.

③ 나는 / 듣지 못했다 / 그녀가 / 플루트를 연주하다
I didn't hear her play the flute.

④ 나는 / 듣지 못했다 / 그녀가 / 첼로를 연주하다
I didn't hear her play the cello.

⑤ 나는 / 듣지 못했다 / 그가 / 첼로를 연주하다
I didn't hear him play the cello.

⑥ 나는 / 보지 못했다 / 그가 / 첼로를 연주하다
I didn't see him play the cello.

⑦ 나는 / 보지 못했다 / 그가 / 기타를 연주하다
I didn't see him play the guitar.

⑧ 나는 / 보지 못했다 / 내 언니가 / 기타를 연주하다
I didn't see my sister play the guitar.

⑨ 나는 / 보지 못했다 / 내 언니가 / 춤추다
I didn't see my sister dance.

⑩ 나는 / 보았다 / 내 언니가 / 춤추다 / 어젯밤에
I saw my sister dance last night.

⑪ 나는 / 보았다 / 우리 부모님이 / 춤추다 / 어젯밤에
I saw my parents dance last night.

⑫ 나는 / 보았다 / 우리 부모님이 / 노래하다 / 어젯밤에
I saw my parents sing last night.

147쪽

03 5형식 문장이 손에 붙는다!

① 나는 어제 해가 지는 것을 보았다.
I saw the sun set yesterday.

② 그들은 어제 해가 지는 것을 보았다.
They saw the sun set yesterday.

③ 그들은 지난주 일요일에 해가 지는 것을 보았다.
They saw the sun set last Sunday.

④ 그들은 지난주 일요일에 해가 뜨는 것을 보았다.
They saw the sun rise last Sunday.

⑤ 우리는 지난주 일요일에 해가 뜨는 것을 보았다.
We saw the sun rise last Sunday.

sunrise, sunset 등은 하나의 단어로 쓰기도 해. 이럴 때는 3형식 문장이 되는 거지.

⑥ 우리는 지난주 일요일에 달이 뜨는 것을 보았다.
We saw the moon rise last Sunday.

⑦ 그는 지난주 일요일에 달이 뜨는 것을 보았다.
He saw the moon rise last Sunday.

⑧ 그는 어젯밤에 달이 뜨는 것을 보았다.
He saw the moon rise last night.

⑨ 그는 아침 6시에 달이 지는 것을 보았다.
He saw the moon set at 6:00 a.m.

⑩ 그녀는 아침 6시에 달이 지는 것을 보았다.
She saw the moon set at 6:00 a.m.

04 서술형, 수행평가에도 통하는 영작문!

◆ STEP 01

우리는 오늘 파티를 열었다. 내 언니는 바이올린 연주자다. 우리는 그녀가 바이올린을 연주하는 것을 들었다. 우리는 그녀가 음악에 맞춰 춤추는 것도 보았다. 우리는 저녁에 해가 지는 것을 보았다. 우리는 내일 해가 뜨는 것도 볼 것이다.

We had a party today. My sister is a violinist. We heard her play the violin. We saw her dance to the music, too. We saw the sun set in the evening. We are going to see the sun rise tomorrow, too.

to the music: 음악에 맞춰

◆ STEP 02

어제는 내 누나의 생일이었다. 내 누나는 기타 연주자다. 우리는 그녀가 기타를 연주하는 것을 들었다. 우리는 그녀가 음악에 맞춰 춤추는 것도 보았다. 우리는 저녁에 해가 지는 것을 보았다. 우리는 오늘 아침에 해가 뜨는 것도 보았다.

Yesterday was my sister's birthday. My sister is a guitarist. We heard her play the guitar. We saw her dance to the music, too. We saw the sun set in the evening. We saw the sun rise this morning, too.

this morning: 오늘 아침
this afternoon: 오늘 오후
this evening: 오늘 저녁

148쪽

확인 문제

❶ him singing ❷ them lying

◆ 꼭 알아야 할 단어

(-ie로 끝나는 동사는 ie를 y로 바꾸고 +ing)

cry(울다)-crying	sing(노래하다)-singing	lie(눕다)-lying
flow(흐르다)-flowing	sleep(자다)-sleeping	laugh(웃다)-laughing

149쪽

01 채우면 5형식 문장이 보인다!

❶

주어	동사	목적어	목적격 보어
그녀는 She	보았다 saw	꼬마 여자아이가 the little girl	울고 있는 crying.

❷

주어	동사	목적어	목적격 보어
너는 You	볼 수 있다 can see	꼬마 여자아이가 the little girl	노래하고 있는 singing.

❸

주어	동사	목적어	목적격 보어
너는 You	들을 수 있다 can hear	시냇물이 the stream	흐르고 있는 flowing.

❹

주어	동사	목적어	목적격 보어
그는 He	들었다 heard	시냇물이 the stream	흐르고 있는 flowing.

02 쓰다 보면 어순 감각이 생긴다!

❶ 그녀는 / 들었다 / 시냇물이 / 흐르고 있는
She heard the stream flowing.

❷ 나는 / 들었다 / 시냇물이 / 흐르고 있는
I heard the stream flowing.

❸ 나는 / 들었다 / 강이 / 흐르고 있는
I heard the river flowing.

❹ 나는 / 듣는다 / 강이 / 흐르고 있는
I hear the river flowing.

❺ 나는 / 듣는다 / 새들이 / 지저귀고 있는
I hear birds singing.

❻ 나는 / 들을 수 있다 / 새들이 / 지저귀고 있는
I can hear birds singing.

❼ 너는 / 들을 수 있다 / 새들이 / 지저귀고 있는
You can[are able to] hear birds singing.

❽ 너는 / 볼 수 있다 / 새들이 / 지저귀고 있는
You can see birds singing.

❾ 너는 / 볼 수 없다 / 새들이 / 지저귀고 있는 / 여기에서
You cannot see birds singing here.

❿ 나는 / 볼 수 없다 / 새들이 / 지저귀는 / 여기에서
I cannot[am not able to] see birds singing here.

⓫ 나는 / 보지 못했다 / 새들이 / 지저귀고 있는 / 여기에서
I didn't see birds singing here.

⓬ 나는 / 보지 못했다 / 그 여자아이가 / 노래하고 있는 / 여기에서
I didn't[did not] see the girl singing here.

150쪽

03 5형식 문장이 손에 붙는다!

❶ 나는 그 여자아이가 자고 있는 것을 보았다.
I saw the girl sleeping.

❷ 나는 그 꼬마 여자아이가 자고 있는 것을 보았다.
I saw the little girl sleeping.

❸ 나는 그 꼬마 여자아이가 잔디에 누워 있는 것을 보았다.
I saw the little girl lying on the grass.

❹ 나는 그 꼬마 남자아이가 잔디에 누워 있는 것을 보았다.
I saw the little boy lying on the grass.

❺ 그녀는 그 꼬마 남자아이가 잔디에 누워 있는 것을 보았다.
She saw the little boy lying on the grass.

❻ 그녀는 그 꼬마 남자아이가 울고 있는 것을 보았다.
She saw the little boy crying.

❼ 그녀는 그 남자아이가 나무 아래에서 울고 있는 것을 보았다.
She saw the boy crying under the tree.

❽ 그녀는 그 남자아이가 나무 아래에서 울고 있는 것을 들었다.
She heard the boy crying under the tree.

❾ 그녀는 그 남자아이가 나무 아래에서 웃고 있는 것을 들었다.
She heard the boy laughing under the tree.

❿ 그는 그 남자아이가 나무 아래에서 웃고 있는 것을 들었다.
He heard the boy laughing under the tree.

04 서술형, 수행평가에도 통하는 영작문!

◆ STEP 01

지난 주말에 우리는 소풍을 갔다. 우리 주위의 모든 것이 아름다웠다. 우리는 시냇물이 흐르고 있는 것을 보았다. 우리는 새들이 지저귀고 있는 것을 들었다. 우리는 귀여운 꼬마 여자아이가 잔디 위에 앉아 웃고 있는 것도 보았다.

(go on a picnic: 소풍 가다)

We went on a picnic last weekend. Everything around us was beautiful. We saw the stream flowing. We heard some birds singing. We saw a cute little girl sitting and laughing on the grass.

Everything around us was beautiful.
(주어 / 형용사구 / 동사 / 보어)
<전치사+대명사>로 된 형용사구[전치사구]가 주어 everything을 뒤에서 꾸며 주고 있어.

◆ STEP 02

지난주 일요일에 우리는 소풍을 갔다. 우리 주위의 모든 것이 아름다웠다. 우리는 시냇물이 흐르고 있는 것을 들었다. 우리는 새들이 지저귀고 있는 것도 들었다. 우리는 귀여운 꼬마 남자아이가 잔디 위에서 놀면서 웃고 있는 것도 보았다.

We went on a picnic last Sunday. Everything around us was beautiful. We heard the stream flowing. We heard some birds singing, too. We saw a cute little boy playing and laughing on the grass.

47 누구(목적어)에게 무언가를 하라고 말하거나 요청할 때

151쪽

확인 문제

❶ I want him to come ❷ She told me to wash

152쪽

01 채우면 5형식 문장이 보인다!

	주어	동사	목적어	목적격 보어
❶	나는 I	말했다 told	그녀에게 her	오라고 to come.
❷	나는 I	부탁했다 asked	그에게 him	와 달라고 to come.
❸	나는 I	허락했다 allowed	그가 him	캠핑하러 가는 것을 to go camping.
❹	나는 I	원했다 wanted	그들이 them	나를 도와주기를 to help me.

02 쓰다 보면 어순 감각이 생긴다!

❶ 그녀는 / 원했다 / 내가 / 그녀를 도와주기를
She wanted me to help her.

❷ 그녀는 / 원했다 / 그가 / 그녀를 도와주기를
She wanted him to help her.

❸ 그녀는 / 원한다 / 그가 / 그녀를 도와주기를
She wants him to help her.

❹ 그녀는 / 원한다 / 그가 / 설거지하기를
She wants him to wash the dishes.

❺ 그녀는 / 부탁했다 / 그에게 / 설거지를 해 달라고
She asked him to wash the dishes.

❻ 나는 / 부탁했다 / 그에게 / 설거지를 해 달라고
I asked him to wash the dishes.

❼ 나는 / 말했다 / 그에게 / 설거지를 하라고
I told him to wash the dishes.

❽ 나는 / 말했다 / 그들에게 / 설거지를 하라고
I told them to wash the dishes.

❾ 나는 / 말할 것이다 / 그들에게 / 설거지를 하라고
I will tell them to wash the dishes.

❿ 나는 / 말할 것이다 / 그들에게 / 오라고 / 여기에
I will tell them to come here.

⓫ 나는 / 허락할 것이다 / 그들이 / 오는 것을 / 여기에
I will allow them to come here.

⓬ 그는 / 허락할 것이다 / 그들이 / 오는 것을 / 여기에
He will allow them to come here.

153쪽

03 5형식 문장이 손에 붙는다!

부정형은 줄임말로 써 보자.

❶ 그는 그들이 캠핑하러 가는 것을 허락할 것이다.
He will allow them to go camping.

❷ 그는 그들이 캠핑하러 가는 것을 허락하지 않을 것이다.
He won't allow them to go camping.

❸ 그는 그들이 쇼핑하러 가는 것을 허락하지 않을 것이다.
He won't allow them to go shopping.

❹ 그는 그의 딸이 쇼핑하러 가는 것을 허락하지 않을 것이다.
He won't allow his daughter to go shopping.

❺ 그는 그의 딸이 하이킹하러 가는 것을 허락하지 않았다.
He didn't allow his daughter to go hiking.

❻ 그는 그의 딸이 하이킹하러 가는 것을 허락했다.
He allowed his daughter to go hiking.

❼ 그는 그녀가 오는 것을 허락했다.
He allowed her to come.

❽ 그는 그녀에게 와 달라고 부탁했다.
He asked her to come.

❾ 그는 그녀에게 물 좀 갖다 달라고 부탁했다.
He asked her to bring some water.

❿ 그는 나에게 물 좀 갖다 달라고 부탁했다.
He asked me to bring some water.

04 서술형, 수행평가에도 통하는 영작문!

◆ STEP 01

밖은 매우 추웠다. 우리 부모님은 내가 밖에 나가서 노는 것을 허락하지 않았다. 우리 어머니는 내게 집에 있으라고 말했다. 우리 아버지는 내가 그를 도와주기를 원했다. 우리 어머니는 내게 설거지를 해 달라고 (부탁)하셨다.

(날씨를 나타낼 때는 비인칭주어를 쓰는 것을 기억해.)

It was very cold outside. My parents didn't allow me to go out and play. My mother told me to stay home. My father wanted me to help him. My mother asked me to wash the dishes.

◆ STEP 02

밖은 매우 춥고 바람이 불었다. 우리 부모님은 내가 스키 타러 가는 것을 허락하지 않았다. 우리 아버지는 내게 집에 있으라고 말했다. 우리 어머니는 내가 그녀를 도와주기를 원했다. 우리 아버지는 내게 마실 것을 갖다 달라고 (부탁)하셨다.

It was very cold and windy outside. My parents didn't[did not] allow me to go skiing. My father told me to stay home. My mother wanted me to help her. My father asked me to bring something to drink.

154쪽

확인 문제

❶ He helped her study. ❷ I helped them clean

◆ 꼭 알아야 할 단어

garage 창고	solve 풀다, 해결하다	roof 지붕
repair 수리하다	wall 벽	problem 문제

155쪽

01 채우면 5형식 문장이 보인다!

원형부정사로 문장을 써 보자.

	주어	동사	목적어	목적격 보어
❶	나는 I	도왔다 helped	그녀가 her	공부하는 것을 study.
❷	우리는 We	도왔다 helped	그녀가 her	집 청소하는 것을 clean the house.
❸	우리는 We	도울 것이다 will help	그들이 them	집 청소하는 것을 clean the house.
❹	우리는 We	도울 수 있다 can help	그들이 them	그들의 집 짓는 것을 build their house.

02 쓰다 보면 어순 감각이 생긴다!

원형부정사로 문장을 써 보자.

❶ 우리는 / 도와주었다 / 그가 / 그의 집 짓는 것을
We helped him build his house.

❷ 에밀리는 / 도와주었다 / 그가 / 그의 집 짓는 것을
Emily helped him build his house.

❸ 에밀리는 / 도와주었다 / 그가 / 차고 청소하는 것을
Emily helped him clean the garage.

❹ 에밀리는 / 도와준다 / 그가 / 차고 청소하는 것을
Emily helps him clean the garage.

❺ 에밀리는 / 도와준다 / 그들이 / 차고 청소하는 것을
Emily helps them clean the garage.

❻ 에밀리는 / 도와준다 / 그들이 / 벽에 페인트칠하는 것을
Emily helps them paint the wall.

❼ 에밀리는 / 도와주고 있다 / 그들이 / 벽에 페인트칠하는 것을
Emily is helping them paint the wall.

❽ 존슨 씨는 / 도와주고 있다 / 그들이 / 벽에 페인트칠하는 것을
Mr. Johnson is helping them paint the wall.

❾ 존슨 씨는 / 도와주고 있다 / 그들이 / 지붕 수리하는 것을
Mr. Johnson is helping them repair the roof.

❿ 존슨 씨는 / 도와줄 것이다 / 그들이 / 지붕 수리하는 것을
Mr. Johnson will help them repair the roof.

⓫ 존슨 씨[Mr. Johnson]는 / 도와줄 것이다 / 내가 / 지붕 수리하는 것을
Mr. Johnson will help me repair the roof.

156쪽

03 5형식 문장이 손에 붙는다!

원형부정사로 문장을 써 보자.

❶ 존슨 씨는 내가 영어 공부하는 것을 도와줄 것이다.
Ms. Johnson will help me study English.

❷ 존슨 씨는 내가 영어 공부하는 것을 도와줄 수 있다.
Ms. Johnson can help me study English.

❸ 존슨 씨[Ms. Johnson]는 그녀가 영어 공부하는 것을 도와줄 수 있다. [can 활용]
Ms. Johnson can help her study English.

❹ 존슨 씨는 그녀가 스페인어 배우는 것을 도와줄 수 있다.
Ms. Johnson can help her learn Spanish.

❺ 나는 그녀가 스페인어 배우는 것을 도와줄 수 있다. [can 활용]
I can help her learn Spanish.

❻ 나는 그녀가 스페인어 배우는 것을 도와줄 예정이다.
I am going to help her learn Spanish.

❼ 나는 그녀가 문제 푸는 것을 도와줄 예정이다.
I am going to help her solve the problems.

❽ 알렉스는 그녀가 문제 푸는 것을 도와줄 예정이다. [be going to 활용]
Alex is going to help her solve the problems.

❾ 알렉스는 우리가 문제 푸는 것을 도와줄 예정이다.
Alex is going to help us solve the problems.

❿ 알렉스는 우리가 문제 푸는 것을 도와주었다.
Alex helped us solve the problems.

04 서술형, 수행평가에도 통하는 영작문!

원형부정사로 문장을 써 보자.

◆ STEP 01

내 형과 나는 서로 자주 돕는다. 내 형은 언어를 잘한다. 그는 매일 내가 영어 공부하는 것을 도와준다. 나는 수학을 잘한다. 나는 가끔 그가 문제 푸는 것을 도와준다.

My brother and I often help each other. (each other: 서로 보통 둘 사이일 때 사용해.)

My brother is good at languages. (be good at: ~을 잘하다)

He helps me study English every day. I am good at math. I sometimes help him solve the problems. (sometimes: 가끔, 때때로)

◆ STEP 02

내 언니와 나는 서로 자주 돕는다. 내 언니는 영어를 잘한다. 그녀는 매일 내가 영어 공부하는 것을 도와준다. 나는 수학을 잘한다. 나는 자주 그녀가 문제 푸는 것을 도와준다.

My sister and I often help each other. My sister is good at English. She helps me study English every day. I am good at math. I often help her solve the problems.

157쪽

01. 채우면 5형식 문장이 보인다!

❷ He, made, me, angry ❸ had, him, fix my bike ❹ I, let, him, ride my bike ❺ I, had, my bike, fixed ❻ I, saw, him, dance ❼ He, told, me, to come

158쪽

02 쓰다 보면 어순 감각이 생긴다!

1. 그녀는 / 만들었다 / 나를 / 행복한
She made me happy.
2. 그녀는 / 만들었다 / 나를 / 화나는
She made me angry.
3. 그는 / 만들었다 / 나를 / 화나는
He made me angry.
4. 그는 / 만들었다 / 나를 / 울다
He made me cry.
5. 그들은 / 만들었다 / 나를 / 울다
They made me cry.
6. 그들은 / 보았다 / 내가 / 울다
They saw me cry.
7. 그들은 / 보았다 / 내가 / 춤추다
They saw me dance.
8. 그들은 / 보았다 / 우리가 / 춤추다
They saw us dance.
9. 그들은 / 보았다 / 우리가 / 춤추고 있는
They saw us dancing.
10. 그들은 / 보았다 / 그들의 딸이 / 춤추고 있는
They saw their daughter dancing.
11. 우리는 / 보았다 / 우리의 딸이 / 춤추고 있는
We saw our daughter dancing.
12. 우리는 / 보았다 / 우리의 딸이 / 플루트를 연주하고 있는
We saw our daughter playing the flute.
13. 나는 / 들었다 / 내 딸이 / 플루트를 연주하고 있는
I heard my daughter playing the flute.
14. 나는 / 들었다 / 내 딸이 / 플루트를 연주하다
I heard my daughter play the flute.
15. 나는 / 당했다 / 내 플루트를 / 도둑맞은
I had my flute stolen.
16. 나는 / 당했다 [have 활용] / 내 스마트폰을 / 도둑맞은
I had my smartphone stolen.
17. 그는 / 당했다 [have 활용] / 그의 스마트폰을 / 도둑맞은
He had his smartphone stolen.
18. 그는 / 당했다 [have 활용] / 그의 팔이 / 부러진
He had his arm broken.
19. 그녀는 / 당했다 [have 활용] / 그녀의 팔이 / 부러진
She had her arm broken.
20. 그녀는 / 당했다 / 그녀의 팔을 / 다친
She had her arm hurt.
21. 그녀는 / 당했다 [have 활용] / 그녀의 다리를 / 다친
She had her leg hurt.
22. 나는 / 당했다 [have 활용] / 내 다리를 / 다친
I had my leg hurt.

TIP 필수 단어 stolen 도둑맞은 hurt 다친 daughter 딸

159쪽

03 5형식 문장이 손에 붙는다!

1. 그녀의 아버지는 그녀가 수영하러 가게 해 줄 것이다.
Her father will let her go swimming.
2. 나는 그녀가 수영하러 가게 해 줄 것이다.
I will let her go swimming.
3. 나는 그녀가 내 자전거를 타도록 해 줄 것이다.
I will let her ride my bike.
4. 나는 내 남동생이 내 자전거를 타도록 해 줄 것이다.
I will let my brother ride my bike.
5. 나는 내 남동생이 내 자전거를 타도록 해 주었다.
I let my brother ride my bike.
6. 나는 그가 내 자전거를 타도록 해 주었다.
I let him ride my bike.
7. 나는 그에게서 자전거를 수리 받았다.
I had him fix the bike.
8. 나는 그들에게서 자전거를 수리 받았다. [have 활용]
I had them fix the bike.
9. 나는 그녀에게서 자전거를 수리 받았다. [have 활용]
I had her fix the bike.
10. 나는 그녀에게 자전거를 가져오라고 말했다.
I told her to bring the bike.
11. 그는 그녀에게 테이블을 옮기라고 말했다.
He told her to move the table.
12. 그는 내게 테이블을 옮기라고 말했다.
He told me to move the table.
13. 그는 내가 테이블을 옮기는 것을 도와주었다.
He helped me move the table.
14. 그들은 내가 테이블을 옮기는 것을 도와주었다. [원형부정사로]
They helped me move the table.

04 서술형, 수행평가에도 통하는 영작문!

나는 오늘 바쁠 것이다. 우선, 나는 화초에 물을 줄 것이다. 우리 어머니가 내게 그것을 하라고 말씀하셨다. 그다음 나는 자전거를 수리 받을 것이다. 나는 내 여동생이 숙제하는 것도 도와줄 것이다.

I will be busy today. First, I will water the plants. My mother told me to do it. Then I am going to [will] have my bike fixed. I will help my sister do her homework, too.

160쪽

확인 문제

② Did the pizza smell bad? ③ Did he want to travel?
④ Did you write her an email?

161쪽

01 채우면 문장이 보인다!

①

~했니 Did	그들은 they	일하다 work	어제 yesterday?	1형식 문장
의문문 조동사	주어	동사	부사	

②

~했니 Did	그것은 it	~한 맛이 나다 taste	좋은 good?	2형식 문장
의문문 조동사	주어	동사	보어	

③

~했니 Did	너는 you	말하다 tell	그 이야기를 the story	그녀에게 to her?	3형식 문장
의문문 조동사	주어	동사	목적어	부사구	

④

~했니 Did	너는 you	말하다 tell	그녀에게 her	그 이야기를 the story?	4형식 문장
의문문 조동사	주어	동사	간접 목적어	직접 목적어	

02 쓰다 보면 어순 감각이 생긴다!

① ~했니 / 너는 / 말하다 / 그들에게 / 그 이야기를
Did you tell them the story?

② ~했니 / 너는 / 말하다 / 그에게 / 그 이야기를
Did you tell him the story?

③ ~했니 / 너는 / 말하다 / 그에게 / 그 사실을
Did you tell him the truth?

④ ~했니 / 너는 / 말하다 / 그녀에게 / 그 사실을
Did you tell her the truth?

⑤ ~했니 / 너는 / 말하다 / 그녀에게 / 공부하라고
Did you tell her to study?

⑥ ~했니 / 너는 / 도와주다 / 그녀가 / 공부하는 것을
Did you help her study?

⑦ ~했니 / 너는 / 도와주다 / 그가 / 공부하는 것을
Did you help him study?

⑧ ~했니 / 너는 / 도와주다 / 그가 / 숙제하는 것을
Did you help him do his homework?

⑨ ~했니 / 너는 / 도와주다 / 그녀가 / 숙제하는 것을
Did you help her do her homework?

⑩ ~했니 / 너는 / 도와주다 / 그녀를
Did you help her?

⑪ ~했니 / 너는 / 도와주다 / 그들을
Did you help them?

⑫ ~했니 / 너는 / 하다 / 너의 숙제를
Did you do your homework?

162쪽

03 문장이 손에 붙는다!

① 그 피자는 맛있었니?
Did the pizza taste good?

② 그것은 맛있었니?
Did it taste good?

③ 그것은 감촉이 좋았니?
Did it feel good?

④ 너는 기분이 좋았니?
Did you feel good?

⑤ 그들은 기분이 좋았니?
Did they feel good?

⑥ 그들은 어제 일했니?
Did they work yesterday?

⑦ 그는 지난 주말에 일했니?
Did he work last weekend?

⑧ 그는 지난 주말에 여행했니?
Did he travel last weekend?

⑨ 그는 그의 가족과 여행했니?
Did he travel with his family?

⑩ 너는 너희 가족과 여행했니?
Did you travel with your family?

04 서술형, 수행평가에도 통하는 영작문!

◆ STEP 01

너는 지난 주말에 몇 가지 일을 하고 싶다고 했잖아, 맞지? 그 모든 것들을 다 했어? 네 친구에게 이메일을 썼어? 자전거 수리는 했어[받았어]? 그리고 네 남동생이 숙제하는 것을 도와주었니?

You wanted to do a few things last weekend, right? Did you do all those things? Did you write an email to your friend? Did you have your bike fixed? And, did you help your brother do his homework?

a few: 몇 개의
thing: 일, 것
all those things: 그 모든 것들
~, right?: 문장 끝에 right?라고 붙이면 자신이 한 말이 '맞지?'라는 의미야.

◆ STEP 02

너는 지난 주말에 몇 가지 일을 하고 싶다고 했잖아, 맞지? 그 모든 것들을 다 했어? 공부는 했니? 그 책은 읽었어? 네 삼촌에게 이메일을 썼어? 그리고 네 여동생이 숙제하는 것을 도와주었니?

You wanted to do a few things last weekend, right? Did you do all those things? Did you study? Did you read the book? Did you write an email to your uncle? And, did you help your sister do her homework?